JN437300

# 국제무역의 이해

권 오 | 홍승린 공저

도서출판 두남

# 머리말

무역을 처음 접하게 되면 무역은 어떻게 발생하였는가? 무역을 하면 어떠한 좋은 점이 있는 것인가? 기업은 무역에 어떻게 참여하고 있는가? 무역을 시작하는 경우에는 준비할 사항이 무엇이며, 어떻게 무역을 하는가? 등 끊임없는 의문점들이 발생한다. 그래서 무역에 관심을 두고 있거나 무역에 종사하려는 사람들에게 무역에 대한 기초정보를 제공하여 무역을 이해하는 데 도움을 주고자 집필하였다. 이를 위하여 무역과 관련된 분야, 특히 전국 대학의 무역 관련 학과에서 강의를 하는 분야를 점검하여 가장 기초적인 내용만 함축하여 다음과 같이 설명하였다.

제1부 국제무역론에서는 국가가 무역에 어떠한 역할을 하는가에 대한 내용을 이해하는 데 도움을 주려고 무역의 발생이론, 무역정책의 변천, 관세와 비관세장벽, 경제통합과 지역경제, 외환거래와 국제금융, 무역과 국제수지 등에 관한 기초적인 내용들을 설명하였다.

제2부 국제무역경영론에서는 무역을 위하여 기업은 어떻게 활동하는가에 대한 내용을 이해하는 데 도움을 주려고 기업의 국제경영과 국제화, 국제경영과 위험관리, 다국적기업의 해외진출, 기업의 해외투자, 국제마케팅 전략과 운용 등에 대한 기초적인 내용들을 설명하였다.

제3부 국제무역실무론에서는 개인이 무역을 위하여 어떻게 활동하는가에 대한 내용을 이해하는 데 도움을 주려고 무역거래와 무역관리제도, 무역계약체결과 계약조건, 신용장 발행과 조건변경, 수출화물의 집화·검사·포장, 화물의 국제운송, 해상보험과 무역보험, 수출입통관과 화물의 선적, 무역대금결제와 환어음, 무역거래분쟁과 해결 등에 대한 기초적인 내용을 무역거래 이행과정에 맞추어 설명하였다.

제4부 전자무역거래론에서는 국제무역실무를 근간으로 하여 개인이 전자수단을 활용하여 무역을 하는 경우에는 어떻게 하는가에 대한 내용을 이해하는 데 도움을 주려고 전자문서교환체제와 전자상거래, 전자무역거래, 전자거래분쟁과 해결 등에 대한 기초적인 내용을 전자무역거래 이행과정에 맞추어 설명하였다.

이와 같은 구성으로 무역에 관한 내용들을 설명하였으나 무역의 범위가 광범위하고 무역의 변화가 극심한 까닭에 충분하게 설명하지는 못하였다. 더욱이 이 책은 국제무역에 관련된 국제무역론, 국제경영이론, 국제무역실무, 전자무역이론 등을 포괄적으로 이해하는 데 주목적을 두고 있기 때문에 국내외의 무역 관련 전공서적들을 근거로 하여 무역 전 분야에 대한 내용들 중에서 기초적인 부분만 설명하였기 때문에 논리의 비약이나 설명이 충분하지 못한 점도 보이고 있다. 이러한 부족한 점들은 발간된 내용을 근거로 연구를 거듭하면서 독자 여러분들의 비판과 지도를 수렴하여 개정할 때 수정하려고 한다.

끝으로 이 책은 한성대학교 교내학술연구비의 지원을 받아 발간되었음을 밝히며, 출판계의 어려운 실정 속에서도 이 책을 간행하는 데 적극 협조해 준 도서출판 두남의 전두표 사장님과 편집부 직원에게 감사를 드린다.

2014. 8.

저자 씀

# 차 례

## 제 1 부 국제무역론

## 제 2 부 국제무역경영론

# 제3부 국제무역실무론

## 제12장 무역거래와 무역관리제도 / 151



## 제13장 무역계약 체결과 계약조건 / 156

## 제14장 신용장 발행과 조건변경 / 174



## 제15장 수출화물의 집화·검사·포장 / 180

## 제16장 화물의 국제운송 / 189



## 제17장 해상보험과 무역보험 / 201



## 제18장 수출입통관과 화물의 적양 / 214

## 제19장 무역대금결제와 환어음 / 229



## 제20장 무역거래분쟁과 해결 / 235



# 제 4 부 전자무역거래론

## 제21장 전자문서교환체제와 전자상거래 / 243

# 국제무역론

# 제 1 장 무역의 발생이론

## 제 1 절 무역과 경제

### 1. 무역의 의의

무역은 무엇인가. 무역은 서로 장사를 하는 것이다. 장사는 이익을 얻으려고 물건을 파는 일이라고 한다. 국내에서 장사를 한다면 일반적으로 상업이라는 용어를 구사하게 된다. 장사를 하기 위해서는 물건을 사는 사람이 있어야 한다. 물건을 팔고 사는 사람사이에 흥정을 붙여주는 중개인, 과거에는 거간꾼이라고도 했던 사람들도 있어야 한다. 그렇지만 중요한 것은 사람과 물건이 존재한다는 것이다. 무역이라고 할 때는 물건을 파는 사람이나 물건을 사는 사람이 동일한 국가 내에 존재하지 않는다는 것이다. 국내에서 물건을 팔고 사는 과정 중에 물건이 부족하거나 물건의 값이 너무 비싼 경우가 발생한다면 부족한 물건을 외국에서 사오거나, 물건 값이 싼 외국에서 물건을 사오게 되는 경우도 발생할 것이다. 국내에서만 이루어지는 장사인가 아니면 외국과 연계된 장사인가에 따라 무역이라는 용어를 사용하게 되는 것이다. 그러므로 무역은 서로 다른 국가에 존재하는 사람들 간에 이루어지는 장사라고 할 수 있다.

## 2. 무역을 하는 이유

사람들이 자급자족을 하는 환경에 있다면 사람들 사이에 거래는 발생하지 않았을 것이다. 자급자족을 할 수 있는 상황은 물자가 풍부하여 거래가 필요하지 않거나 거래자체가 불가능하여 어쩔 수 없이 자급자족을 할 수 밖에 없는 상황을 가정할 수밖에 없다. 그러면 전자는 풍족한 상황 속의 자급자족이고 후자는 빈한함 상황 속의 자급자족이라고 할 수 있다. 후자의 경우 소비욕구가 아무리 크더라도 공급량이 한정되어 있다면 충족시킬 수 없게 된다. 또 공급량이 많더라도 소비욕구가 적다면 초과 공급량을 해소시킬 방도가 없게 된다. 이러한 상황에 처하여 있다면 그것이 자의적이건 타의적이건간에 소비자의 욕구변화를 충족시킬 수 없게 된다.

그렇지만 신석기 시대의 패총이 발견되어 조개를 거래의 수단으로 사용하였다는 것이 주장되는 만큼 거래는 사람들의 생활 속에서 자연스럽게 발생하였을 것으로 추정된다. 문자가 없던 시절에도, 사람들 간에 공통된 언어가 존재하지 않았을 시절에도 거래는 발생하였을 것이다. 그래서 사람들은 거래를 통하여 경제적 욕구를 해결하면서 수요와 공급을 조절하는 시장원리를 터득하였을 것이다.

무역은 이러한 원리에 근간을 두고 있다. 무역은 국가와 국가 사이의 경제적 필요성에 의하여 이루어지는 거래이다. 그래서 무역은 국경을 넘는 상거래라고 하여 국내거래와 구별을 하는 것이다. 무역의 의미에서 사용되는 경제적 국경, 물품, 상거래라는 용어는 다음과 같은 뜻이 있다. 경제적 국경은 세관행정이 수행되는 관세선을, 물품은 외국환거래법에서 정하는 지급수단·증권 및 채권을 추상화한 서류 외의 동산을, 상거래는 물품의 수출과 수입을 의미한다. 따라서 무역은 좁은 의미로는 단순히 물품의 수출입을 의미하지만, 넓은 의미로는 물품 등이 국제적으로 이동하는 모든 경제거래를 의미한다.

거래가 한 국가 또는 지역으로 한정되면 생산자와 소비자를 연결하여 주는 과정은 단순화될 수 있다. 대금지급에 사용되는 통화 및 거래와 관련한 법률의 적용 등과 같은 측면에서도 제약이 거의 없다. 무역거래에서는 한 국가 내에서 다른 국가로 물품이 이동하게 된다. 따라서 물품의 생산에서 운송, 보관, 분배, 소비에 이르는 전 과정이 매우 복잡하기 마련이다. 결국 무역거래는 국내거래와는 다른 경제 환경 속에서 이루어지는 것이다.

## 3. 무역의 국내경제 효과

### (1) 수출측면

무역의 효과를 수출측면에서 본다면, 즉 물건을 파는 사람의 입장에서 보면 돈이 생긴다는 것이다. 물물교환시대에서는 필요한 물자를 확보한다는 측면이었을 것이다. 화폐가 존재하지 않았던 시절에는 필요한 물건을 구하는 대가로 물건을 파는 것이었기 때문에 소비의 필요성이 무엇보다도 크게 작동하였을 것이고 오늘날 경제적으로 표현하는 이익을 추구하는 목적으로 거래가 이루어졌을 가능성은 그보다 시기적으로 오래 후의 일이었을 것이다. 더구나 물물교환시대에서는 지역적으로 물자가 이동되는 측면보다는 한정된 지역이었기 때문에 가능하였을 것이다. 물론 오늘날에도 복합적인 상황 속에서 물물교환, 즉 구상무역이 이루어지기도 하는데 여기서 이야기 하는 것은 인간의 초기의 생활 속에서 거래가 태동하기 시작된 상황을 말하는 것이다.

오늘날에도 수출은 외화를 마련하는 데에 중요한 역할을 한다. 오늘날의 거래는 그 매개체가 화폐이기 때문에 이를 얼마나 확보하고 있느냐가 부의 척도가 되고 있다. 그런데 무역에서는 국제적으로 가장 많이 통용되는 화폐, 즉 국제통화의 확보가 필요하기 때문에 경제부국, 이를테면 미국, 중국, 유럽연합 등에서 발행하는 통화를 선호하게 되는 것이다.

국가가 무역을 통하여 국제통화를 확보하게 되면 필요한 물건, 즉 자국에는 없는 원자재 등을 사와서 소비욕구를 충족시킬 수가 있다. 국가에 다음 단계로 생각할 수 있는 것은 물건 등을 사와서 소비욕구를 충족시키는 것보다는 스스로 만들어서 해결하는 방법을 모색할 것이다. 그래서 수출산업에 대한 투자가 증대하여 생산구조의 발전을 초래하게 될 것이다. 즉 수출산업분야에 대한 투자증대는 생산규모의 확대를 가져오고 산업기반의 구축에 기여할 수 있게 된다. 수출산업의 생산증대는 시설의 증대이기 때문에 고용의 기회를 창출하게 된다. 고용기회의 창출은 고용된 근로자들의 소득을 증대시키게 된다. 근로자들의 소득증대는 생활의 안정을 가져오게 된다. 더 나아가서는 한 국가의 국제수지를 개선하고 경제규모를 확대시키는 데에 기여한다. 국제수지를 개선한다는 것은 빈국에서 부국으로 탈바꿈을 할 수 있는 계기가 되는 원천이 되는 것이다.

### (2) 수입의 효과

무역을 접하는 초기에는 수출만이 그 나라의 경제에 도움이 되고 수입은 무엇인가 도움이 되지 않는 다는 인식이 강하다. 그런데 소비자의 입장에서 물건을 사는 것과 국가가 외국에서 물자를 사들여 오는 것을 같은 이치로 생각하면 수입이 필요한 이유와 그 효과를 충분하게 이해할 수 있을 것이다.

수입하는 경우에는 대가를 지불해야 하는 것이기 때문에 국제통화가 외국으로 유출되는 것은 분명하다. 이와 같이 소비자가 필요한 물건을 구매하는 데에도 대금을 지급하는 것도 마찬가지이다. 대가없이 물자를 확보하려면 서로 충돌이 발생할 수밖에 없다. 그러므로 무엇을 얻는 데에는 대가가 필요하다는 것이 시장경제의 기초원리이다. 우리나라의 경우 산업발전의 원동력이 되는 기초 자원이 부족하여 수입을 통하여 조달하고 있다. 그러므로 대가를 지불하고 이루어지는 수입은 수출용 원자재의 조달을 통하여 수출산업을 활성화시킨다는 관점에서 중요한 역할을 하는 것이다.

수입은 국민의 후생복지 수준을 향상시킨다. 소비자들은 저렴하고도 품질이 우수한 제품을 사용할 권리가 있다. 소비자의 경제력이 향상되면 소비욕구도 다양해질 수밖에 없다. 소비욕구의 향상은 단순하게 필요한 물건을 구비하는 단계에서 벗어나 물건에 대한 소유자로서의 정신적 만족감 등을 충족시키는 것이기 때문에 단순한 경제원리로는 이야기 할 수 없는 복잡성을 가지고 있다. 그러므로 국내에서 그 욕구를 충족시켜 주지 못한다면 외국에서 원하는 수준의 물건을 구비하여 그 욕구를 충족시킬 수밖에 없는데 수입이 그 역할을 하는 것이다.

수입은 국내생산업계에 경쟁요인을 제공하게 된다. 소비자가 국내생산업계가 생산하는 제품을 마다하고 경쟁관계에 있는 외국의 제품을 수입한다면 국내생산업계는 경쟁에 밀리게 된 것이다. 그러면 생산업계에서는 그 문제점을 찾아내어 불리한 점을 개선하고 우수한 품질의 제품을 생산하게 될 것이다. 즉 기업들은 수입한 물품과 경쟁할 수 있는 체제를 구축하여 대외경쟁력 제고에 주력하게 된다. 따라서 기업들은 시설확대와 기술혁신 등을 꾀하게 된다. 그래서 수입은 기업의 경영합리화를 돕고 국제환경변화에 대처하는 기반을 구축하는 데에 기여하게 된다. 아울러 동종 산업 사이의 구조조정 등을 통하여 산업구조를 효율적으로 개선함으로써 경제발전에 기여하게 된다.

## 4. 무역과 국제경제

### (1) 긍정적 효과

무역은 국제경제에 국제분업을 촉진시키는 역할을 하여 왔다. 국가마다 동종의 물품을 생산한다면 국가와 국가 사이에서 무역은 발생하지 않았을 것이다. 생산업자가 옷을 생산하는 업자가 존재하고 그들이 모두 동일한 형태의 옷을 생산한다면 옷에 대한 효용가치도 없을뿐더러 공급과잉이 되어 생산업자와 소비자 모두에게 불이익을 안겨 줄 것이다. 즉 각국마다 산업의 구소, 산업의 규모, 산업의 기술력 등이 다를 때에 서로 필요성에 의하여 거래가 이루어지는 것이지 모두 동일한 형태이고 수준이라면 거래는 발생하지 않는 것이다. 바로 이러한 차별성을 통하여 각국은 필요한 물품들을 서로 교환하는 무역을 하였던 것이다.

### (2) 부정적 효과

무역은 국제경제에 부국은 더욱 큰 부국으로 빈국은 더 작은 빈국으로 성장시키는 부정적 영향을 주었다. 무역의 시작은 서로 분업을 할 수 있는 체제를 유지하면서 상호발전을 추구한다는 목적이 있었다. 선진국은 선진국에 유리한 산업에 치중하여 생산한 물품을, 후진국은 후진국에 유리한 산업에 치중하여 생산한 물품을 서로 교환하자는 것이었다. 산업발전 측면에서 선진국은 공업에 후진국은 농업에 치중하여 생산한 물품을 서로 교환하면 상호이익이 창출된다는 논리이다. 그런데 선진국에는 농업에 종사하는 사람이 없고, 후진국은 공업에 종사하는 사람이 없을 것이며 선진국의 정부는 공업만 발전시키고 농업은 등한시하고, 후진국은 농업의 발전에만 치중하고 공업의 발전에는 등한시할 것인가라는 문제점이 있는 것이다. 각국은 두 분야 모두의 발전에 치중할 것인데 선진국의 산업규모나 기술 등을 고려하다면 후진국은 공업에 절대적으로 불리하게 되어 일정한 단계에 이르면 공업국으로의 발전기회는 박탈당한다는 것이다. 후진국은 선진수출국의 이윤 및 이자 획득을 위한 독점력 행사로 인하여 후진국은 무역에 의한 경제적 효과를 얻지 못하게 된다는 것이다.

## 5. 무역의 대상

### (1) 물품거래

무역은 좁은 의미에서 단순히 물품의 수출입을 의미하지만, 넓은 의미로는 용역(services), 자본(capitals), 기술(technical) 등이 국제적으로 이동하는 모든 경제거래를 의미한다. 무역거래는 상이한 국가와 국가 사이에 물품의 국제적 이동을 수반하는 물품거래가 주종을 이룬다. 용역이나 자본 그리고 기술의 국제적 이동에서는 해외진출, 해외투자, 기술이전 등과 같은 용어를 사용하여 물품의 거래와는 구별을 한다.

### (2) 용역거래

용역거래는 운송, 보험, 통신, 금융, 관광 등의 서비스(service)와 관련된 대가의 지급이나 수취를 의미한다. 즉 물품을 외국에 운송하는 수송서비스 및 보험서비스의 제공에 대한 대가로 주고받게 되는 운임(freight) · 보험료(insurance premium) 및 수수료(commission) 등을 의미한다. 따라서 용역거래는 무형재를 대상으로 하기 때문에 무형무역(invisible trade)이라고 하는데, 서비스 거래만을 부를 때는 무역외거래라고도 한다.

### (3) 자본거래

자본거래는 한 국가에서 다른 국가로 자본이 단기 또는 장기에 걸쳐 국제적으로 이동하는 현상을 의미한다. 따라서 자본거래의 대상은 외국에 자본을 대여하여 주거나 투자를 한 후에 이자 · 배당금 등을 받는 행위 등이다.

### (4) 기술거래

기술거래는 국제와 국가 사이에 물품의 매매나 서비스의 제공과는 직접적인 관계없이 외국과 기술원조 및 기술제휴계약을 체결하고, 그 제공한 기술의 대가를 받는 거래이다. 즉 특허권이나 상표권 등과 같은 공업소유권(industrial property rights)을 양도하거나 비법(秘法, know-how)을 제공하고 그 대가를 수취하는 형태의 국제거래를 의미한다.

# 제 2 절 무역의 발생과 고전적 이론

## 1. 절대생산비설

### (1) 절대생산비설의 논지

#### 1) 절대생산비설의 의의

애덤 스미스(A. Smith)는 그의 저서 국부론(*The Wealth of Nations*)1)에서 국민이 생산하는 생산물을 국가의 부(富)로 보았으며 부의 원천이 되는 것은 노동이라고 하였다. 이 때 국가의 부가 되는 노동은 노동의 질과 노동의 양에 따라 수준이 다르고 노동의 생산력은 숙련이나 기교 등의 수준이 다르기 때문에 분업을 하면 그 생산성이 향상되고 이익이 증가한다고 하였다. 국가와 국가 사이에도 자국에 절대적으로 우위에 있는 산업을 특화하여 정부의 간섭 없이 무역을 하면 무역이익이 발생한다는 것이다. 특화 또는 전문화라는 의미는 생산 할 때에 그 특성에 따라서 생산과정을 세분화하여 생산하는 것을 의미한다. 애덤 스미스의 이러한 주장을 절대생산비설(theory of absolutely advantage)이라고 한다. 절대생산비설에서의 절대우위는 한 국가가 다른 국가에 비하여 어떤 재화의 생산에 소요되는 노동투입량이 더 적은 경우이다. 그래서 절대생산비설을 절대우위설이라고도 한다.

#### 2) 절대생산비설의 요지

절대생산비설에서는 두 국가가 서로 절대우위에 있는 재화만을 생산하고 절대열위에 있는 생산을 포기하면 세계적으로는 한 국가에서 자본재만 생산하고 상대 국가는 노동재만 생산하는 결과를 초래하게 된다. 그러면 자본재를 생산한 국가에서는 자국에서 소비하고 남은 재화를 상대 국가에 수출하고 상대 국가는 노동재를 생산한 부분에서 소비하고 남은 재화를 수출함으로써 서로 생산하지 않는 재화는 생산하지 않고 수입을 하여 해결하고도 무역이익이 발생한다는 것이 이론의 요지이다.

---

1) Smith, A., *An Inquiry into the Nature and Causes of the Wealth of Nations*, London, 1776.

## (2) 절대생산비설의 실증

### 1) 절대생산비설의 가정

절대생산비설에서 가정을 전제로 내세우는 이유는 가정에 해당하는 내용을 의문으로 제시하면 이론 자체가 성립하지 못하기 때문이다. 절대생산비설에서는 각국의 생산비에는 차이가 있다는 것이다. 세계에는 2국, 2재, 1생산요소가 존재한다는 것이다. 물품을 생산하는 데에는 노동만이 유일한 생산요소라는 것이다. 재화의 생산비는 투하노동량에 의해서만 결정되며 생산요소가 국가와 국가 사이에는 이동이 없다는 것이다.

### 2) 절대생산비설에서의 무역이익 도출

절대생산비설에서 국제분업을 통하여 무역이익이 발생하는 관계를 수치로 설명하면 다음과 같다.

먼저 A국과 B국이 존재한다고 가정한다. 단위당 생산비는 재화생산에 투입되는 노동자의 수로 한다. 현재 A국은 옷감 1단위 생산에 100명, 쌀 1단위 생산에 120명의 노동력이 필요하다. B국의 경우는 옷감 1단위 생산에 110명, 쌀 1단위 생산에 80명의 노동력이 필요하다. 두 국가의 생산비 차를 산정하여 보면 옷감 생산에서 A국은 B국보다 10명이 적은 노동력으로 1단위를 생산할 수 있는 우위성이 있다. 옷감 생산에서 A국은 B국보다 생산비가 저렴한 것이다. 쌀 생산에서 B국은 A국보다 40명이 적은 노동력으로 1단위를 생산할 수 있는 우위성이 있다. 쌀 생산에서 B국은 A국보다 생산비가 저렴한 것이다.

그러므로 국가와 국가 사이의 분업에 의하여 A국은 절대우위에 있는 옷감 생산에 모든 노동력을 투입하여 특화하고 B국은 절대우위에 있는 쌀 생산에 모든 노동력을 투입하여 특화한다.

〈표 1-1〉 특화생산 전 물품 1단위 생산에 소요되는 노동량

| 국 가 | 옷감 1단위<br>생산에 투입되는 노동자수 | 쌀 1단위<br>생산에 투입되는 노동자수 |
|---|---|---|
| A국 | 100명 | 120명 |
| B국 | 110명 | 80명 |

그러면 A국은 220명의 노동력으로 옷감을 생산하여 2.2단위의 옷감을 생산할 수 있다. B국은 190명의 노동력으로 2.375단위의 쌀을 생산할 수 있다. 즉 국가와 국가 사이의 절대생산비 차이에 따른 분업에 의하여 두 국가의 총재화생산량은 증가하는 것이다.

〈표 1-2〉 절대생산비 차이에 의한 무역이익 발생

| 국가 | 특화에 의한<br>옷감 총생산 단위효과 | 특화에 의한<br>쌀 총생산 단위효과 |
|---|---|---|
| A국 | 220명/100명<br>(총생산투입 노동자수/<br>단위생산투입 노동자수=2.2단위) | |
| B국 | | 190명/80명<br>(총생산투입 노동자수/<br>단위생산투입 노동자수=2.375단위) |

그러므로 A국은 옷감 총생산량 중 자국에 필요한 1단위를 사용하고 1단위는 상대국 B국으로 수출하면 0.2단위가 남게 된다. 이것이 절대우위에 따라 옷감생산에 특화하여 발생한 국제무역 이익이다. 또한 B국은 쌀 총생산량에서 자국에 필요한 1단위를 사용하고 1단위는 상대국 A국으로 수출하면 0.375단위가 남게 된다. 이것이 절대우위에 따라 쌀 생산에 특화하여 발생한 국제무역 이익이다. 결국 양국은 절대우위에 있는 물품을 분업에 의하여 특화 생산하여 교환함으로써 무역이익이 발생된 것이다.

### (3) 절대생산비설의 한계

절대생산비설은 경제학적으로 무역을 왜 하는가에 대한 문제를 해결하려고 접근하였다는 데에 있다. 절대생산비설에서는 2국 2재가 존재하고 한 재화는 우위에, 한 재화는 열위에 있고 생산요소는 국제간에 이동이 없다는 것을 전제조건으로 한다. 그런데 이를 따르면 한 국가에서는 경제발전에 관계없이 영원히 한 재화만을 생산하는 국가로 전락하게 된다는 것이다. 절대생산비설에서는 노동을 유일한 생산요소로 가정한다. 그런데 생산을 위한 투입요소는 노동 이외의 노동기술, 자본, 용역 등과 같은 여러 요소들이 존재하고 있다는 점이다. 절대생산비설에서는 무역이 교환가치에 의하여 이루어지는 것으로만 판단한다. 그런데 무역이 이루어지는 데에는 무역의 대상 물품에 대한 사용가치도 중요한 작용을 하고 있다.

## 2. 비교생산비설

### (1) 비교생산비설의 논지

#### 1) 비교생산비설의 의의

리카르도(D. Ricardo)는 그의 저서 정치경제 및 조세의 원리(*Principles of Political Economy and Taxation*)[2]에서 한 국가가 모든 재화의 생산에 있어서 절대우위에 있고 다른 국가가 절대열위에 있다고 하더라도 두 국가와 국가 사이에 비교생산비 혹은 비교우위의 차이가 있다면 무역이 발생할 수 있다고 하였다. 리카르도의 이러한 주장을 비교생산비설(theory of comparative advantage)이라고 한다.

비교생산비설은 무역의 발생원인과 무역의 경향 그리고 무역의 이익을 규명한 이론이다. 비교생산비설에서 비교우위는 한 국가가 특정 재화를 생산하는 데에 있어 다른 국가에 비하여 기회비용이 적은 경우를 말한다. 즉 한 국가에서 어떠한 재화를 생산할 때에 상대 국가에서 동일한 재화를 생산하는 것과 비교하여 생산을 위하여 포기하는 양이 더 적은 경우 비교우위에 있다고 한다.

#### 2) 비교생산비설의 요지

비교생산비설에 의하면 자본재를 생산하는 경우 한 국가에서 포기하여야 하는 노동량이 상대 국가에서 포기하여야 하는 노동량보다 적다면 비교우위에 있는 것이다. 노동재의 경우에서도 두 국가의 요소부존량이 동일한 상태인 경우 자본재가 비교우위에 있는 국가는 노동재가 비교열위에 있게 되고, 자본재가 비교열위에 있는 국가는 노동재가 비교열위에 있게 된다. 그러므로 양국 모두에게 비교우위에 있는 재화를 집중 생산하고 비교열위에 있는 상품은 생산하지 않는 상태에서 무역을 하면 무역이익이 발생한다는 것이 비교생산비설의 요지이다. 결국 비교생산비설은 절대생산비설에서 밝혀내지 못하였던 양국에서 생산하는 두 재화가 있을 때에 한 국가에서 생산하는 두 재화 모두가 절대우위에 있고 상대 국가에서 생산하는 재화 모두가 절대열위에 있다면 무역이 발생할 수 있다는 것이다.

---

2) Ricardo, D., *The Works and Correspondence of David Ricardo*, Cambridge University Press, 1951, vol. Ⅰ, on the Principles of Political Economy and Taxation, Chapter Ⅶ.

## (2) 비교생산비설의 실증

### 1) 비교생산비설의 가정

리카르도는 비교생산비설을 제시하면서 몇 가지의 가정을 하였다. 세계에서는 두 국가만 존재하고 각국에서는 자본재와 노동재 두 재화만을 생산한다는 것이다. 생산요소는 노동 한 가지만 존재하고 두 국가의 생산요소 부존규모는 동일하다는 것이다. 재화의 생산비는 투입되는 노동량에 의하여 결정되는데 생산요소가 국내에서의 이동이 자유롭지만 국가와 국가 사이에는 이동이 없다는 것이다. 각국에서는 완전경쟁과 완전고용이 이루어지고 고용과 생산은 불변비용의 조건에서 이루어지면 동일 재화의 생산함수는 두 국가가 서로 다르다는 것이다. 불변비용의 조건이라는 것은 물품을 생산하는 데에 두 재화의 양이 일정하다는 의미이다. 물품무역만이 고려되고 무역외 거래 및 자본거래는 제외하며 수송비가 무시되며 일체의 무역장애는 존재하지 않는다는 것이다.

### 2) 비교생산비설에서의 무역이익 도출

절대생산비설에 의한 국제무역에서의 이익을 수치로 설명하면 다음과 같다. 먼저 A국과 B국이 존재한다고 가정하고 단위당 생산비는 재화생산에 투입되는 노동자의 수로 한다.

현재 A국은 옷감 1단위 생산에 100명, 쌀 1단위 생산에 120명의 노동력이 필요하다. B국의 경우는 옷감 1단위 생산에 90명, 쌀 1단위 생산에 80명의 노동력이 필요하다. 두 국가의 생산비 차를 산정하여 보면 옷감 생산에서 A국은 B국보다 10명이 많은 노동력으로 1단위를 생산할 수 있는 열위에 있다. 쌀 생산에서도 A국은 B국보다 40명이 많은 노동력으로 1단위를 생산하여야 하는 열위에 있다. 즉 A국은 두 재화 생산에 모두 열위에 있고 B국은 두 재화 생산에 모두 우위에 있다.

〈표 1-3〉 특화생산 전 물품 1단위 생산에 소요되는 노동량

| | 옷감 1단위 생산에 투입되는 노동자수 | 쌀 1단위 생산에 투입되는 노동자수 |
|---|---|---|
| A국 | 100명 | 120명 |
| B국 | 90명 | 80명 |

그런데 양국의 물품 1단위 생산에 투입되는 노동비를 비교할 때 옷감 1단위의 생산비를 쌀 1단위의 생산비를 기준으로 하여 비교하면, A국에서는 옷감 1단위의 생산비가 0.833(=100/120)이고 B국의 경우에는 옷감 1단위의 생산비가 1.125(=90/80)이기 때문에 A국이 B국보다 저렴한 가격으로 생산할 수 있다. 또한 양국의 물품 1단위 생산에 투입되는 노동비를 비교할 때 쌀 1단위의 생산비를 옷감 1단위의 생산비를 기준으로 하여 비교하면, A국에서는 쌀 1단위의 생산비가 1.2(=120/100)이고 B국의 경우에는 쌀 1단위의 생산비가 0.889(=80/90)이기 때문에 B국이 A국보다 저렴한 가격으로 생산할 수 있다.

그러므로 A국은 비교우위에 있는 옷감 생산에 모든 노동력을 투입하여 특화하고 B국은 비교우위에 있는 쌀 생산에 모든 노동력을 투입하여 특화한다. 그러면 A국은 220명의 노동력으로 옷감을 생산하여 2.2단위의 옷감을 생산할 수 있다. B국은 170명의 노동력으로 2.125단위의 쌀을 생산할 수 있다. 이에 따라 두 국가의 총재화생산량은 증가하는 것이다.

〈표 1-4〉 비교생산비 차이에 의한 무역이익 발생

| 국가 | 특화에 의한<br>옷감 총생산 단위효과 | 특화에 의한<br>쌀 총생산 단위효과 |
|---|---|---|
| A국 | 220명/100명<br>(총생산투입 노동자수/단위생산투입 노동자수=2.2 단위) | |
| B국 | | 170명/80명<br>(총생산투입 노동자수/단위생산투입 노동자수 = 2.125 단위) |

그러므로 A국은 옷감 총생산량에서 자국에 필요한 1단위를 사용하고 1단위는 상대국 B국으로 수출하면 0.2단위가 남게 된다. 이것이 비교우위에 따라 옷감생산에 특화하여 발생한 국제무역 이익이다. 또한 B국도 총생산량에서 자국에 필요한 1단위를 사용하고 1단위는 상대국 A국으로 수출하면 0.125단위가 남게 된다. 결국 양국이 비교우위에 있는 물품을 특화 생산하여 교환함으로써 무역이익이 발생된 것이다.

### (3) 비교생산비설의 한계

비교생산비설은 노동가치설을 전제로 하여 현실성이 없고, 무역의 발생요인 및 무역이익이 당사국 사이에 어떻게 분배되는가에 대한 언급이 미흡하였다.

## 3. 상호수요설

### (1) 상호수요설의 논지

#### 1) 상호수요설의 의의

밀(J. S. Mill)은 그의 저서 정치경제의 원리(Principles of Political Economy)[3]에서 교역조건은 자국 물품에 대한 외국의 수요와 외국 물품에 대한 자국의 수요가 일치하는 선에서 결정된다고 하였다. 즉 무역의 균형을 이루는 교역조건은 두 국가의 상호수요가 같아지는 점에서 결정된다는 것이다. 이를 상호균등의 법칙(law of equation of reciprocal demand)이라고 한다.

상호균등의 법칙에 따른 상호수요설의 관점에서 도출한 두 국가의 오퍼곡선(offer curves)을 그려 서로 교차하는 점과 원점을 이은 직선의 기울기는 교역조건이 된다. 오퍼곡선은 수입되는 상품의 양과 상품을 수입하기 위해 포기하는 자국 상품의 양과의 교환관계를 나타낼 수 있기 때문이다. 이를 통해 교역규모와 교역조건 그리고 교역당사국간에 대한 무역이익의 배분비율을 밝혔다는 점에서 상호수요설은 그 가치를 인정받고 있다.

#### 2) 상호수요설의 요지

밀의 상호수요설은 무역이 발생하는 이유를 규명한 절대우위설이나 비교우위설에서 밝혀내지 못한 무역이익의 배분비율에 대하여 언급한 이론이다. 밀의 이전까지는 무역이 발생하고 무역이익이 창출된다는 것까지는 언급하였으나 그 이익이 양국에 어떻게 배분되는가에 대해서는 설명하지 못한 점을 찾아낸 이론이다.

밀은 상호수요설에서 무역규모는 교역조건에 따라 다르다고 하였다. 즉 물품에 대한 각국의 수요규모가 교역조건을 결정한다는 것이다. 그러므로 교역상대국 물품에 대한 자국의 수요탄력성이 크면 자국의 교역조건이 불리해지고 탄력성이 작으면 자국의 교역조건이 유리하다고 하였다.

---

3) Mill, J. S., *Principles of Political Economy*, London, 1917, p. 588: 박병호, 국제무역론, 박영사, pp. 68-71 참조.

### (2) 상호수요설의 실증

상호수요설에서 무역이 성립하는 국가와 국가 사이의 교역조건을 수치로 설명하면 다음과 같다.

먼저 A국과 B국이 존재한다고 가정하고 단위당 투입노동량은 동일하다고 가정한다. 현재 A국은 동일한 노동량으로 나사(羅紗, 모직물, woolen cloth) 20야드 또는 린넨(亞痲紗, 아마실, linen) 30야드를 생산할 수 있다. B국은 동일한 노동량으로 나사 20야드 또는 린넨 40야드를 생산할 수 있다.

〈표 1-5〉 동일한 노동을 투입하였을 때의 생산량

(단위 : 야드)

| 국가 | 나사 생산량 | 린넨 생산량 |
|---|---|---|
| A국 | 20 | 30 |
| B국 | 20 | 40 |

무역이 성립되기 전 각국 내에서 나사와 린넨의 교환비율은 A국에서 20 : 30이 되고 B국은 20 : 40이 되는 것으로 한다. 두 국가를 비교하여 보면 나사생산에서 A국은 B국보다 우위성이 있다. 왜냐하면 나사 생산과 린넨 생산중 하나를 선택한다면 A국은 나사 20야드를 생산할 때 린넨 30야드를 포기하여야 하고 B국은 나사 20야드를 생산할 때 린넨 40야드를 포기하여야 하기 때문이다. 린넨 생산에서는 B국이 A국보다 우위성이 있다. 왜냐하면 A국은 린넨 30야드를 생산할 때 나사 20야드를 포기하여야 하고 B국은 린넨 40야드를 생산할 때 린넨 20야드를 포기하여야 하기 때문이다.

무역이 이루어지게 되면 A국은 나사 20야드의 수출 대가로 자국 생산량인 린넨 30야드보다 더 많은 양을 요구할 것이다. B국은 나사 20야드의 수입 대가로 자국 생산량인 린넨 40야드보다 더 적은 양을 지급하려 할 것이다. 이 조건이 받아들여지지 않는다면 A국과 B국은 교역을 할 이유가 없게 된다. 왜냐하면 A국이 나사 20야드의 수출대가로 린넨을 30야드나 그 이하로 받게 되면 자급자족의 상태와 같거나 더 불리한 교역조건이 되기 때문이다. 이는 B국에서도 마찬가지이다. 나사 20야드의 수입대가로 린넨을 40야드나 그 이상을 주게 되면 자급자족의 상태와 같거나 그 이하의 불리한 교역조건이 되기 때문이다.

〈표 1-6〉 상호수요에 의한 국제교역조건

(단위 : 야드)

| 국가 | 교환비율 | 국제무역 | 국제교역조건 | 양국의 입장 |
|---|---|---|---|---|
| A국 | 20 : 30 이하 | 불성립 | A국 불리 | A국 불응 |
| | 20 : 30(국내) | 성립가능 | 국내교환과 동일 | |
| | 20 : 30 ~ 20 : 40 | 성립 | 상호이익 | 교역 |
| B국 | 20 : 40(국내) | 성립가능 | 국내교환과 동일 | |
| | 20 : 40 이상 | 불성립 | B국 불리 | B국 불응 |

따라서 A국은 나사 20야드 수출로 린넨 30야드 이상의 대가를 받는 조건일 때, B국은 나사 20야드의 수입으로 린넨 40야드 이하의 대가를 지급하는 조건일 때 교역이 성립할 수 있다. 결국 국제교역조건은 A국의 국내 교환비율조건인 20 : 30과 B국의 국내교환비율조건인 20 : 40 사이에서 결정하게 된다.

결국, 두 국가의 이해상관관계에 의하여 두 국가의 수요가 일치하는 점에서 교역조건과 교역규모가 결정될 것이다.

### (3) 상호수요설의 한계

상호수요설은 교역규모와 교역조건 그리고 교역당사국 사이에 대한 무역이익의 배분비율을 밝혔다는 점에서 그 가치를 인정받고 있다. 즉 그동안의 이론들은 무역의 발생원인에만 치중하였기 때문에 어떠한 교역조건이어야 유리한 것인지 아니면 불리한 것인가에 대한 문제를 해결하지 못하였고 궁극적으로는 무역이익이 어떻게 배분하는가에 대하여 설명이 부족하였던 점을 규명한 점에서 가치가 있다. 그렇지만 다음과 같은 지적을 받았나.

상호수요설에서는 일정 노동을 기준으로 하여 얻을 수 있는 생산량을 상호 비교하였다. 이와 같이 절대생산비차와 상대적 생산력의 변화를 무시한 결과, 가격이 상호수요에 의하여 결정된다는 한계점을 노출시켰다. 상호수요설에서는 국제가치가 생산비와는 무관하다고 하였으나 봉쇄경제하에서는 가격을 생산비에 의하여 설명함으로써 모순점을 보이고 있다. 상호수요설에서는 수요의 탄력성도 교역조건을 결정한다고 하였으나 어떠한 영향을 주는가를 규명하지 못하였다. 밀은 상대국의 물품에 대한 수요의 측면만을 중요시하였다.

# 제3절 무역의 발생과 근대적 이론

## 1. 기회비용설

### (1) 기회비용설의 논지

허벌러(G. Haberler)는 그의 저서 국제무역이론(*The Theory of International Trade*)[4]에서 기회비용(opportunity cost) 혹은 대체비용(substitution cost)이라는 개념을 사용하여 국제무역의 성립과정을 설명하였다. 기회비용이란 한 행위의 가치를 평가할 때 실제적으로 취한 행위를 평가하는 것이 아니라 그 행위를 위하여 포기하여야 하는 다른 행위의 가치를 가지고 평가하는 개념이다.

한 국가의 총생산비용이 일정하다고 가정할 때 두 물품 사이의 생산 가능한 결합관계는 대체적 조합관계를 나타나게 된다. 즉 생산요소의 부존량이 한정되어 있는 경우 한 물품의 생산을 증가시키기 위해서는 다른 물품의 생산을 감소시켜야 한다. 그래서 한 재화의 비교우위는 생산물의 기회비용에 의하여 결정되기 때문에 무역상대국에 비하여 기회비용이 상대적으로 낮은 재화에 그 국가는 비교우위를 갖는다. 허벌러는 이와 같은 대체 관계의 측면에서 무역의 방향과 무역이익의 발생근거를 설명하였다.

### (2) 기회비용설과 국제무역

기회비용설에서는 두 국가가 비교우위 물품에 특화하여 무역을 하여 얻는 이익의 관계를 교환비율과 관련된 물품가치를 기회비용으로 보아 도출한 생산가능곡선을 사용하여 논의하고 있다. 그래서 생산가능곡선은 기회비용곡선이라고도 한다. 생산가능곡선은 생산함수의 성격에 따라 불변비용하의 생산가능곡선, 체증비용하의 생산가능곡선, 체감비용하의 생산가능곡선 등으로 구분된다.

---

4) Haberler, G., *The Theory of International Trade, with its Application to Commercial Policy*, London, William Hodge and Co., 1936.

## 2. 헥셔-오린의 이론

### (1) 헥셔-오린의 정리

#### 1) 헥셔-오린의 이론과 논지

헥셔(E. F. Heckscher)[5]와 오린(B. Ohlin)[6]의 이론은 무역의 발생원인을 각국의 요소부존도의 차이와 각 물품 사이의 요소집약도의 차이로서 설명함으로서, 리카르도가 무역의 발생원인을 비교생산비의 차이라고 하면서 그 차이가 발생하는 원인을 규명하지 못한 것을 규명한 이론이다.

#### 2) 제1명제(요소부존 이론)

헥셔-오린 이론의 제1명제는 국가와 국가 사이의 재화의 상대가격 차이와 비교우위가 존재하는 기본적인 원인은 두 국가 사이의 요소부존량에 있다는 것이다. 이에 따라 국가와 국가 사이에 생산요소의 부존 상태가 다르고 각 물품에 투입되는 생산요소의 비율이 달라 국가와 국가 사이에 비교생산비차가 발생한다는 것이다. 즉 생산요소의 부존 상태가 다르면 산업형태나 무역형태가 달라진다는 것이다. 이와 같이 헥셔-오린은 요소부존량과 같은 공급조건의 차이를 국제무역의 결정인자로 보았기 때문에 제1명제를 요소부존 이론(factor-endowment theorem) 혹은 요소비율 이론(factor-proportions theorem)이라고 한다.

#### 3) 제2명제(요소가격균등화 이론)

헥셔-오린 이론의 제2명제는 국가와 국가 사이에 생산요소의 부존 상태가 각각 다르고 각 물품에 투입되는 생산요소의 비율이 달라 국가와 국가 사이에 비교생산비차가 발생하여 무역이 이루어지면 국제간에 생산요소의 직접적인 이동이 이루어지지 않더라도 국가와 국가 사이에 생산요소의 가격이 균등화된다는 것이다. 이를 요소가격균등화 이론(factor-price equalization theorem)이라고 한다.

---

5) Heckscher, E. F., *The Effect of Foreign Trade on the Distribution of Income, Translated from Swedish and Reprinted in Redings in the Theory of International Trade* (American Economic Association Series), 1953.

6) Ohlin, B., *Interregional Trade*, Havard University Press (1933), Revised, ed., 1962.

## (2) 헥셔-오린의 이론과 보완

### 1) 레온티에프의 역설

헥셔-오린의 이론대로 하면 미국은 자본이 풍부하고 노동이 부족한 상태가 된다. 그러므로 이자가 낮고 임금은 높기 때문에 자본집약재가 비교우위에 있게 된다. 이에 따라 자본집약재는 수출하고 비교열위에 있는 노동집약재는 수입하여야 한다. 그러나 레온티에프(W. Leontief)는 실증적 검증을 통하여 정반대의 결론을 도출하였다. 이를 레온티에프의 역설이라고 한다.[7)]

### 2) 스톨퍼-새뮤얼슨 정리

스톨퍼(W. F. Stolper)와 새뮤얼슨(P. A. Samuelson)은 그들의 논문에서 헥셔-오린의 제2명제를 이론적으로 검토하였다.[8)] 스톨퍼-새뮤얼슨은 자본과 노동비율의 변화와 한계생산력의 체감에 의하여 2국 사이의 요소가격 비율이 균등화하는 과정을 체계적으로 설명하였다. 스톨퍼-새뮤얼슨 정리(Stolper-Samuelson therorem)의 논지는 자유무역에 의하여 어떤 재화의 상대가격이 상승하면 그 재화를 생산하는데 집약적으로 사용된 생산요소의 실질가격이 상승하고 다른 생산요소의 실질가격은 하락한다는 것이다. 이것은 국제분업에 의하여 생산요소에 대한 수요의 변화가 요소가격을 변화시키기 때문이라는 것이다.

### 3) 립친스키 정리

립친스키 정리는 수출증대의 방향을 제시하여 주고 있다는 점에서 가치가 인정되는 이론이다. 교역조건이 불변이면 수출산업에 집약적으로 사용되는 생산요소의 공급증대에 따른 경제발전은 수출산업의 증대와 수입경쟁산업의 생산감소를 초래한다. 그리고 수입경쟁산업에 집약적으로 사용되는 생산요소의 공급증대에 따른 경제발전은 수입경쟁산업의 생산증대와 수출산업의 생산감소를 초래하게 된다. 립친스키의 정리는 비현실적인 면도 있다. 그러나 한 국가에서 생산요소가 축적되면 이것이 그 국가의 무역형태에 어떠한 영향을 주는가를 규명하였다.

---

7) Leontief, W. W., Domestic Production and Foreign Trade, The American Capital Position Reexamined, Economica Internationale, 1954; Reprinted in Readings in International Economics) 1968, pp. 523-524 참조.

8) Stolper, W. F. and Samuelson P. A., *Protection and Real Wage*, R. E. Stat., Nov. 1941.

# 제 4 절 무역의 발생과 현대적 이론

## 1. 대표수요 이론

### (1) 대표수요 이론의 의의

린더(S. B. Linder)[9]는 공산품과 공산품 사이의 무역형태는 수요측면에서 원인을 찾아야 하며 수출하기 이전에 그 물품에 대한 상당한 정도의 국내수요가 선행되어야 한다고 하였다. 이에 의하여 각국의 국내시장에 존재하는 대규모의 수요를 대표수요라고 한다.

### (2) 대표수요 이론의 논지

대표수요 이론(theory of representative demand)의 논지는 요소의 부존 상태가 무역의 형태를 결정하는 것이 아니라는 것이다. 농산품과 농산품 사이의 무역형태는 요소부존도의 차이로 설명이 가능하나 공산품과 공산품 사이의 무역형태는 수요의 측면에서 파악하여야 한다는 것이다. 즉 각국의 국내수요가 상대적으로 큰 물품에 비교우위를 갖고 이를 수출하게 된다는 것이다. 이것은 국민소득수준이 비슷한 국가끼리는 수요조건도 비슷하여 서로 비슷한 필요물품을 생산할 기회가 증가하게 되면 무역량도 증가할 것으로 보는 것이다. 결국 대표수요 이론은 수요가 생산을 증가시키고 생산증가에 따른 초과공급량이 무역을 창출하게 된다고 보는 것이다. 물론 수출은 수요에 의하여 이루어지는 것으로 본다.

### (3) 대표수요 이론의 한계

대표수요 이론은 무역의 방향을 설명할 수 있으나 대표적 수요라는 것이 실증될 수 없다는 데에 문제가 있다. 더구나 수요가 비슷한 국가끼리는 생산도 비슷할 것이라는 사실을 간과하고 있다. 즉 대표수요 이론은 생산측면을 무시하였다는 점에서 한계가 있다.

---

9) Linder, S. B., *An Essay on Trade and Transformation*, Uppsala: Almqviet & Wiksells, 1961:小島淸・山澤逸平 譯, 國際貿易の新理論, グイヤモンド社, 1964.

## 2. 연구 · 개발요소 이론

### (1) 연구 · 개발요소이론의 의의

그루버(W. Gruber)와 메타(D. Mehta) 그리고 버논(R. Vernon)[10] 및 키싱(D. B. Keesing)은 선진국의 무역패턴은 연구개발 요소에 우위를 둔 기술혁신적 물품에 있다고 하였다. 연구 · 개발요소 이론(theory of research and development factor)은 근대적 이론들이 무역의 발생 원인을 규명하던 관점을 완전하게 벗어난 새로운 시도였다. 물론 근대적 이론의 근간이 있었기에 가능한 것이었지만 연구 · 개발이라는 관점에서 무역패턴을 규명하려 한 것은 새로운 연구의 분기점이라고 할 수 있다.

### (2) 연구 · 개발요소 이론의 논지

연구 · 개발요소 이론의 논지는 기술혁신이 신제품의 개발, 기존물품의 생산비절감 또는 품질향상 등을 초래하여 무역패턴에 영향을 준다는 것이다. 즉 무역패턴의 결정원인을 국가와 국가 사이의 연구개발에 투입하는 기술혁신에 두고 있다. 그루버, 버논, 메타, 키싱 등은 기술혁신이 발생하는 근본적인 이유를 연구 · 개발요소에 두고 있다. 그들은 연구를 통하여 산업에서 연구 · 개발에 사용된 비용과 연구 · 개발인력이 수출과 밀접한 관계가 있음을 규명하였다. 즉 비교우위가 있는 산업은 요소부존이론에서 주장하는 것과 같은 것이 아니라 연구개발에 종사하는 인력이나 연구개발에 지출된 연구개발비 등의 규모에 우위가 있는 산업이라고 하였다. 이에 따라 연구 · 개발에 대한 지출을 기업과 국가가 비교우위를 확보하기 위한 비용으로 간주하였다.

### (3) 연구 · 개발요소 이론의 한계

신제품의 발명이나 기존제품의 생산비 절감을 가져오는 기술혁신은 모든 국가에서 가능한 것이 아니다. 과학수준이 높고 그를 실용할 여건을 갖춘 국가에서나 가능한 것이다. 따라서 한 기업이 수출기업으로 성장할 수 있는 여건을 설명하는 이론으로서는 적합하다.

---

10) Gruber, W., Mehta, D., Vernon, R., The R&D Factor in International Trade and International Investment of United States Industries, *Journal of Political Economy*, February, 1967.

## 3. 기술격차 이론

### (1) 기술격차 이론의 의의

포스너(M. V. Posner)[11]는 기술격차 이론(theory of technological gap)의 모델을 제시하고 하우프바우어(G. C. Haufbauer)[12]는 포스너의 모델에 저임금무역을 추가하여 검증한 화학 합성원료의 시간적 경과에 따른 무역패턴의 변화와 요인에 대한 실증적 분석을 시도하였다.

### (2) 기술격차 이론의 논지

기술격차 이론의 논지에 따르면 기술선진국은 일시적으로는 신제품 창조자로서의 특정 이익을 가지며 기술후진국이 모방하는 기간을 가지는 동안 수출을 독점할 수 있다는 것이다. 즉 선진국이 신제품을 개발하여 이를 수출하게 되면 이 제품에 대하여 전혀 정보 또는 기술을 갖고 있지 않은 기술후진국들은 이를 수입할 수밖에 없기 때문에 기술선진국들은 수출을 독점할 수 있다는 것이다.

그런데 일정기간 후 기술후진국의 기술모방에 의하여 기술격차는 해소된다는 것이다. 즉 어느 정도 기술선진국들이 수출을 향유하는 동안 기술후진국들은 신제품에 대한 경쟁력 향상 차원에서 신제품에 대한 기술을 습득하거나 모방하여 생산을 하게 된다는 것이다. 이에 따라 기술후진국이 물품을 모방하여 생산하기 시작하면 최초로 신제품을 생산하여 수출한 기술선진국으로 역수출하게 된다는 것이다.

### (3) 기술격차 이론의 한계

기술격차 이론은 무역의 패턴 원인을 기술격차에 두고 기술격차의 극복을 통하여 무역패턴이 역전될 가능성을 제시하였다. 그러나 생산 이후의 기간성과에 따른 단계의 특징에 대해서는 언급을 하지 못한 데에 한계점이 있다.

---

11) Posner, M. V., *International Trade and Technical Change*, Oxford Economic Papers, Oct. 1961.

12) Haufbauer, G. C., *Synthetic Materials and the Theory of International Trade*, London, Gerald Duckworth & Co., Ltd., 1965.

# 4. 제품수명주기 이론

## (1) 제품수명주기 이론의 의의

버논(R. Vernon)[13]은 이론과 신제품의 3단계 이론을 결합시킨 제품주기이론, 즉 제품수명주기 이론(theory of product life cycle)을 제시하였다. 제품수명주기 이론은 무역패턴의 결정요인으로 생산기술의 변화와 시간의 경과, 시간변화를 통한 제조업분야의 비교우위의 변화를 밝혀 동종 산업 내의 무역패턴을 규명하였다. 즉 물품이 개발되고 일정기간이 경과되면 시장에서 쇠퇴하게 되는데 노동, 자본 이외에도 생산지식과 생산기술개발 등이 무역패턴을 결정하는 요인이라고 하였다.

## (2) 제품수명주기 이론의 논지

신제품단계는 소규모생산으로 제품을 소개하는 정도의 단계다. 신제품을 개발하여 출시하는 초기단계에서는 생산소요자금의 증가, 신제품에 대한 수요파악 불충분 등으로 인하여 소규모 생산 체제로 자본풍부국이나 기술선진국 등에서 주도하는 것이 대부분이다.

성숙단계는 제품에 대한 수요가 어느 정도 고정화되어 국제적으로 증가하는 단계다. 이에 따라 대량생산방법이 등장하게 된다. 대량생산에 의해 수출도 증가하게 되며 기업에서는 생산비 절감에 노력하게 된다. 그러나 성숙단계의 말기에 이르러서는 다른 선진국에서도 생산이 증가하게 되어  최초에 제품을 개발한 국가의 수출은 둔화된다.

표준화단계는 제품의 품질과 생산방법이 세계적으로 보편화된 단계이다. 신제품에 대한수요가 급감 등이 나타나게 된다. 이 단계에서는 생산비를 절감하는 것이 주요 관건이 된다. 이에 따라 신제품을 다시 개발하는 단계를 모색하게 된다.

## (3) 제품수명주기 이론의 한계

제품수명주기 이론은 특정산업이나 소수의 제품에 적용할 수 있는 이론이라는 데에 한계가 있다. 즉 제품수명주기 이론의 각 단계를 모든 제품에 대하여 적용할 수는 없다.

---

13) Vernon, R., International Investment and International Trade  in the Product Cycle, *Quarterly Journal of Economics*, May 1966.

# 제 2 장
# 무역정책의 변천

## 제 1 절 자유무역정책

### 1. 자유무역정책의 이론적 배경

#### (1) 중상주의와 중농주의

① 중상주의

중상주의(重商主義, mercantilism)는 16세기에서 18세기 동안 유럽제국에서 채택된 상업을 중시하는 국가본위의 간섭정책 내지 이를 기초로 한 경제사상을 의미한다. 중상주의는 무역정책적인 측면에서 중금주의 정책, 무역차액 정책, 산업보호 정책이라는 특성을 가지고 있다. 중금주의는 지금(地金)주의라고도 한다. 중금주의 사상은 무역이 발전함에 따라 변하였다. 무역차액 정책은 국가의 무역에서 일부 규모에 수입초과가 발생하였다고 하여도 전체 규모의 무역차액이 수출초과인 경우에는 무역을 통하여 금·은을 획득하여 국부를 증대시킬 수 있다는 것이다. 산업보호 정책은 대외무역에만 치중하지 않고 국내산업 및 노동문제에도 관심을 둔 정책이다.

② 중농주의

케네(F. Quesney)는 자연 법적 질서에 의하여 토지가 유일한 부의 원천이며 여기에서 생산된 농산물은 거래가 자유로워야 한다고 주장하였다. 농산물이 풍작으로 공급과잉이면 가격이 하락하므로 수출을 통하여 가격을 조정하고 농산물이 흉작이면 수요초과가 되므로 수입을 하여 가격을 조정하여야 하기 때문이라는 것이다.

### (2) 애덤 스미스의 자유무역론

애덤 스미스의 자유무역론은 국제분업론, 자유경쟁론, 소비자 이익론이라는 측면에서 설명되고 있다. 국제분업론은 국내분업의 원리를 국제무역에 적용한 것이다. 자유경쟁론은 국내산업의 경영방식이나 생산기술 등은 외국과의 자유경쟁을 통하여 개선하여야 한다는 논지이다. 소비자 이익론은 생산의 목적은 소비이므로 소비자의 이익이 우선되어야 한다는 것이다.

## 2. 자유무역정책의 실행목적

애덤 스미스는 자유무역론을 전개하면서 자유무역정책의 이행에 있어서는 예외조치를 인정하였다. 즉 국방산업에 대한 보호조치를 주장하였다. 국가는 외적의 침입으로부터 국가를 수호하고 불법으로부터 개개인을 보호하여야 한다는 것이다. 그리고 공공의 목적을 위하여 유익한 사업과 제도를 마련하는 것이 국가의 할 일이라고 보았다. 또한 관세부과에 있어서도 재정수입을 위한 재정관세, 외국의 보호무역에 대한 보복관세, 실업방지관세 등에 대해서는 예외를 인정하였다.

세계무역은 관세 및 무역에 관한 일반협정(General Agreement Tariffs Trade: GATT)이 출범하고 국제통화기금(International Monetary Fund: IMF)이 창설됨으로써 자유무역체제로 전환되었다. 이에 따라 회원국 사이에 관세를 인하하고 무역제한을 철폐하는 등과 같은 조치들이 이행되면서 세계교역량은 증가하기 시작하였다. 과거처럼 국민경제적 차원의 교역이 아니라 타국의 이익을 고려한 호혜주의에 따른 교역이었기에 세계경제의 발전에 기여하였다. 결국 자유무역정책의 실행목적은 자국의 경제발전을 근본으로 하는 것이었지만 세계무역시장의 확보 및 세계경제의 발전에 동참한다는 취지도 존재하였던 것이다.

## 3. 자유무역정책에 대한 평가

자유무역정책은 무역의 실행에 있어 국가의 간섭이나 규제를 받지 않는 형태를 의미한다. 그런데 애덤 스미스는 자유무역론을 제시하면서 전 산업의 무조건적 무역방임을 주장한 것은 아니고 예외적인 산업분야를 설정하였다. 이것은 완전한 자유무역이 이루어질 수 없다는 것을 암시한 것이다.

무역은 국가와 국가 사이의 무기 없는 전쟁이다. 국가의 부를 축적하고 국민들의 생활을 윤택하게 하려는 것은 모든 국가의 과제이다. 이를 위하여 국가는 무역에 대하여 간섭이나 규제를 할 수밖에 없게 된다. 그러므로 완전한 자유무역은 실행될 수 없는 것이다.

자유무역정책의 수행에 필요한 것은 생산요소의 자유로운 이전이다. 그런데 현실적으로 국가 사이에 생산요소의 자유로운 이전은 이루어질 수 없다. 그리고 무역에서는 국내물품시장과 요소시장의 왜곡이 존재하기 때문에 긍정적 효과만 발생하는 것은 아니다. 또한 자유무역정책의 근간이 되는 자유경쟁론의 이행도 같은 수준의 경제발전단계에 있는 국가와 국가 사이에는 가능하다.

따라서 선진국과 후진국과 같이 경제의 격차가 심한 국가 사이의 자유무역은 후진국에게 불리한 결과만을 가져다 줄 것이다. 즉 선진국과 후진국이 무역을 하게 되면 국가마다 경제발전 단계가 다르기 때문에 무역생산구조가 다르게 고착되는 경향을 보이게 된다. 이에 따라 후진국은 항상 농산품만 생산하는 국가의 수준에서 벗어날 수 없는 한계에 이른다. 결국 선진국과 후진국 사이에 자유무역은 후진국에 고유한 무역유형을 고착화시킴으로써 후진국의 교역조건은 오히려 악화시킬 수 있는 것이다.

그럼에도 불구하고 각국은 무역이익을 극대화하기 위하여 자유무역정책을 추진하였다. 세계경제발전과 밀접한 관계에 있는 자유무역정책이 성공하기 위해서는 각국의 교역대상과 수준 등 무역환경이 동일하여야 한다는 전제가 성립되어야 한다. 현실적으로 모든 국가의 경제발전단계를 비롯한 경제적 환경은 다르기 때문에 무역에 동참한 국가가 동시에 만족하는 결과가 발생할 수는 없게 된다. 이에 따라 세계 각국은 자유무역정책을 추진하면서 발생한 문제점들을 개선, 보완하면서 세계 각국이 만족하면서 세계경제의 발전을 추진할 수 있는 자유무역 이행체계를 끊임없이 모색하였던 것이다.

# 제 2 절 보호무역정책

## 1. 보호무역정책의 이론적 배경

### (1) 해밀턴의 공업보호론

해밀턴(A. Hamilton)이 공업보호론에서 주장하는 논지는 공업화가 이루어지면 생산물이 증대하고 국민소득이 증가하며 공업화의 이익이 보장된다고 하였다. 해밀턴은 제조업의 장래 및 보호에 관한 보고서(Report on Manufactures)[1]를 통하여 미국의 공업부문을 보호, 육성하기 위한 정부의 보호조치를 촉구하였다. 해밀턴은 보고서에서 공업부문의 보호 필요성과 공업부문의 보호방법, 공업부문의 보호대상들을 제시하였다..

해밀턴은 공업을 발전시켜 영국의 소비시장에서 벗어나 자립경제를 달성하여야 한다는 입장에서 공업보호론을 주장하였던 것이다. 해밀턴이 이러한 보고서를 제출하게 된 배경에는 당시의 미국의 상황을 대변하고 있다는 점에서 의의를 찾아야 할 것이다. 이 당시 미국은 영국의 경제지배권 영역에 있었기 때문에 유럽으로부터 공산물을 수입하는 고ㅓㅏ정에서 미국의 국익을 대변하려고 하였던 것이다. 즉 당시의 미국은 유럽에 공산물을 의존하고 있었기 때문에 그 영향권을 벗어나기 위한 견해였다. 그렇지만 미국의 현실은 분업의 원리를 원용한다면 농산물을 생산하여야 한다는 사상이 지배적이었던 시절에 과감한 제안을 하면서 많은 이의 공감을 얻게 되었다. 결국 미국은 해밀턴의 영향을 받아 자립경제에 입각한 보호무역정책을 실시하였다. 그러나 공업보호론을 실행에 옮기는 데에는 여러 가지의 문제점이 제기되어 실제적인 효과는 매우 미미하였다.

해밀턴의 이론은 캐리(H. C. Carry)와 같은 경제학자에 의하여 계승되어 미국 무역정책의 기조가 되었다. 또한 리스트(F. List)에게 영향을 주어 보호무역론의 근간을 이루게 되었다.

---

1) Hamilton, A., Report on Manufactures, 1971, reprinted in a Documentary History of American Economic Policy Since 1789, ed by W. Letwin, New York, 1961.

## (2) 리스트의 유치산업 보호론

### 1) 리스트의 유치산업 보호론 논지

리스트의 유치산업 보호론(infant industry protection argument)은 당시 미국이 지배한 세계시장의 독점에 대하여 대항력을 가져야 한다는 측면에서 비롯되었다. 리스트는 경제성장을 위하여 농업과 공업의 균형적 발전이 필요하다고 하였다. 농업생산에만 의존하면 결국 공업부문에서 외국의 영향을 받게 된다는 것이다. 그러므로 유치산업을 보호하여야 한다는 것이다. 유치산업을 보호하면 국민소득은 국내산업의 보호에 의하여 일시적으로 감소하지만 그 산업이 성장되면 국민소득은 증가하기 때문에 보호가 필요하다는 것이다.

### 2) 유치산업 선정기준 및 기간

리스트(F. List)는 한 국가 내에서 장래 성장 가능성이 있는 유치한 산업을 보호하고 그 산업의 성장을 촉진시켜야 한다고 하였다.[2] 리스트는 유치산업보호에 의하여 발생된 현재의 손실이 보호받는 산업의 발전에 따른 이익에 의하여 보상될 수 있는 부문에 대해서만 인정하였다. 밀(J. S. Mill)은 어떤 산업을 보호할 경우 보호되는 일정한 기간이 경과된 후에는 산업이 성장하여 더 이상의 보호조치가 필요 없게 되는 분야이어야 한다는 유치산업보호의 선정기준을 제시하였다.[3] 바스테이블(C. F. Bastable)은 보호받는 산업이 보호를 받는 일정한 기간이 경과된 후에는 더 이상의 보호조치를 받지 않고 자립할 수 있는 산업분야이어야 할 것을 전제조건으로 하였다.[4] 또한 바스테이블은 산업보호를 받는 기간 중에 발생된 손실이 그 산업의 발전에 의하여 획득된 장래의 이익에 의하여 보상될 가능성이 있는 산업분야이어야 한다는 유치산업보호의 선정기준을 제시하였다. 캠프(M. C. Kemp)는 생산비체증의 법칙이 지배받는 산업은 보호가 중단되면 이윤을 얻지 못하기 때문에 이러한 산업에 대한 보호가 필요하다는 유치산업보호의 선정기준을 제시하였다.[5]

---

2) List, F., Das National System der Politischen Ökonomie, Bd. I, Stuttgart u. Tübingen, 1841(Sammlung Sozialwissenschaftlich Meister von Meistern von H. Wäntig 1928); 정도영, 국제경제, 박영사, 1978, p. 180 참조.

3) Mill, J. S., *Principles of Political Economy*, London, 1917, p. 588, 정도영, 상게서, p. 181 참조 .

4) Bastable C. F., *The Theory of International Trade, 4th ed.*, London p. 140 참조.

5) Kemp M. C., The Mill-Bastable Infant-Industry Dogma, *Journal of Political Economy*, Feb. 1960.

## 2. 보호무역정책의 실행목적

유치산업의 보호를 목적으로 하는 국가에서는 보호관세를 부과하고 있다. 관세부과를 위한 이론적 기반은 유치산업 보호론이다. 자국의 유치산업을 보호하기 위하여 해당 산업에서 생산되는 제품과 경쟁관계에 있는 외국수입품에 대하여 보호관세를 부과하여야 한다는 것이다.[6] 국민경제 자립을 추구하는 국가에서는 보호무역정책을 실행하고 있다. 국민경제 자립론은 국제경제에 대한 의존도를 경감시키고 국민경제의 자급자족 체제를 구축하기 위하여 보호무역정책이 필요하다는 이론이다.[7]

소득분배를 달성하려는 국가에서는 보호무역정책을 실행하고 있다. 보호관세를 부과하면 소비자가 부담하는 잉여가 생산자에게로 분배되는 효과를 나타낸다. 이를 실행하는 이론적 기반은 소득분배론이다. 소득분배론은 자국의 노동자들에게 유리한 소득분배를 하려면 수입품에 대한 보호관세의 부과가 필요하다는 이론이다.

국제수지의 개선을 시도하는 국가에서는 보호관세 부과조치를 통하여 수입을 규제하고 있다. 수입이 증가하여 외화가 외국으로 유출되면 국제수지가 적자로 되어 대외지급능력이 약화된다. 이에 따라 국제수지가 적자인 국가에서는 관세를 부과하여 수입을 억제하고 수출에 변동이 없다면 국제수지는 개선된다. 즉 수출의 수준은 변동이 없는 상태에서 수입이 감소하는 것이기

교역조건은 교역당사국 사이의 수출품과 수입품의 교환비율이다. 교역조건이 유리하다는 것은 수출품의 가격이 수입품의 가격보다 상승하는 것을 의미한다. 따라서 교역조건이 불리한 국가에서는 교역조건을 개선하기 위하여 보호관세를 부과하는 보호무역정책을 실행한다. 교역조건이 불리한 국가에서는 수입품에 대한 관세부과로 상대국 수출업자로 하여금 공급가격을 인하시키게 하여 수입가격의 하락을 유도한다. 수출업자로서는 상대국에서 관세를 부과하면 수출시장의 확보를 위하여 수출가격을 인하하게 된다. 수입국가에서는 이와 같은 이론을 근거로 하여 관세를 부과함으로써 교역조건의 개선을 시도하는데 이 이론적 기반이 교역조건 개선론이다.

---

6) 신현종 · 노택환, 무역학개론, 박영사, 1989, p. 157 참조

7) 신현종, 무역정책론, 박영사, 1989, p. 78 참조.

## 3. 보호무역정책에 대한 평가

보호무역정책은 자국 산업을 보호하면서 경제발전을 추구한다는 기본적인 목표를 가지고 실행되었다. 제1차 세계 대전 기간 중에 전시 체제의 유지를 목적으로 실행되었던 보호무역정책 수단들은 1930년대의 세계공황과 더불어 더욱 강화되었다.

오늘날의 비관세장벽이 실행된 것도 이 시기이다. 당시의 주요 보호무역정책수단들은 관세, 평가절하, 수량제한 등이었다. 보호무역정책이 강력하게 시행될 수 있었던 이유 중의 하나는 각국에서 자국의 이익만을 추구하였다는 점이다. 이로 인하여 다음과 같은 문제섬들이 발생하였다.

첫째, 보호무역정책을 시행하면 성책시행에 따른 긍정적 효과가 일부에게만 나타날 수 있다. 유치산업 보호대상으로 선정된 산업부문은 외국의 산업과 경쟁력을 갖출 때까지만 보호하여야 한다. 그런데 관세보호를 받은 산업부문에서는 독점적 지위의 유지를 위하여 보호기간을 장기화하려는 경향이 있다. 이에 따라 일부 산업부문만 관세부과로 인한 보호의 특혜를 받을 가능성이 있다.

둘째, 보호무역정책을 시행하면 생산특화가 억제되어 생산자원이 비능률적으로 배분될 수 있다. 이에 따라 산업의 생산능률이 감소될 가능성이 있다.

셋째, 보호무역정책을 시행하면 국내외 산업 사이의 자유경쟁을 억제하여 산업의 경쟁심이 둔화되고 생산활동을 침체시킬 수 있다. 즉 신기술개발이나 경영합리화 등과 같은 경쟁력 배양을 등한시함으로써 자생력을 상실하는 것이다. 이에 따라 국제경쟁력을 갖추지 못하여 수출기반을 조성하지 못하는 폐단이 발생하기도 한다.

넷째, 보호무역정책에 추진에 의하여 외국 물품의 수입이 감소되지만 경쟁관계에 있는 국내물품의 가격이 상승되고 소비량에도 제한을 받게 되기 때문에 소비자의 효용수준이 감소된다

다섯째, 보호무역정책을 시행하면 과도한 수입제한조치로 인하여 교역상대국의 수출을 저해하며 상대국의 경제를 궁핍하게 만들 수 있다. 이에 따라 국제경제시장도 위축될 가능성이 있다.

# 제3절 신보호무역주의

## 1. 신보호무역주의의 의의

제2차 대전 이후 세계무역은 관세 및 무역에 관한 일반협정과 국제통화기금(IMF)을 중심으로 상호보완적 자유무역주의의 원칙을 가지고 이루어져 왔다. 그런데 1970년대 초에 발생한 석유파동은 세계경제에 심각한 경제불황을 발생시키는 계기가 되었다. 선진국은 대내적으로 대량 실업 등과 같은 경제문제가 발생하여 대내외적인 경제문제를 해결하기 위하여 자유무역정신에 입각한 무역정책을 포기하고 자국 산업을 보호하는 각종의 규제와 제한을 가하는 보호무역정책을 시작하였던 것이다. 이와 같이 1970년대 이후 선진국에서 실시하였던 무역사조를 신보호무역주의라고 한다.

## 2. 신보호무역주의의 대두배경

신보호무역주의의 발단은 1970년대의 석유파동에서 찾을 수 있다. 제1차 및 제2차 석유파동으로 인하여 세계경제는 급격하게 침체하였다. 선진국도 실업이 증가하는 등 경제불황이 발생하였다. 이에 따라 선진국은 실업구제 및 자국경제회생을 등을 위하여 보호무역조치를 강구하기 시작하였다.

제2차 대전 이후 자유무역의 원동력은 관세 및 무역에 관한 일반협정과 국제통화기금에서 찾을 수 있다. 그러나 선진국은 경제불황을 극복하기 위하여 이러한 자유무역 체제를 스스로 붕괴시키는 조치들을 취하기 시작하면서 세계경제는 결속력을 잃기 시작하였다. 이에 따라 선진국 중심의 보호무역주의가 대두되었던 것이다.

자유무역을 활성화시킨 것은 선진국과 후진국 사이의 산업구조에 대한 조정 및 협력이다. 그런데 후진국의 급속한 공업화는 선진국과의 산업구조 격차를 좁히게 만들어 상호 유사한 산업구조 체제를 가지게 되었다.

## 3. 신보호무역주의의 특성

신보호무역주의가 팽배할 때에 선진국이 사양산업으로 소외시하였던 1차 산업 또는 2차 산업에 종사하는 노동자의 실업이 증가하는 국내 문제가 대두되었기 때문에 그 분야의 산업들을 보호하기 시작하였다. 결국 후진국이 수출하였던 분야에 대한 선진국의 보호무역 조치로 인하여 후진국의 자유무역논리에 따른 무역이 한계점을 보임으로써 세계경제에 신보호무역주의라는 문제가 등장하게 되었다.

선진국은 자국과 불공정거래를 하는 교역상대국들에 대하여 보복조치를 취하기 시작하였다. 선진국은 수출자율규제나 시장질서협정 등과 같은 비관세장벽 수단을 활용하여 차별적인 보복조치를 취하였다. 더구나 선진국과 후진국 사이에 분업적 무역을 추진하는 행태와는 다르게 선진국은 후진국과의 무역에서 상호주의를 강요하였다. 선진국들은 과거의 보호무역과는 다르게 특정산업을 보호한다는 것과 같은 조치는 취하지 않았다. 선진국의 고용안정과 국제수지 개선을 위하여 강력하게 추진되었다. 이에 따라 후진국은 선진국과의 교역에서 산업이 발전되지 않은 분야까지 무역개방을 요구받았던 것이다.

## 4. 신보호무역주의의 영향

신보호무역주의의 초기에는 선진국이 국제경쟁력이 상실된 사양산업을 보호대상 산업으로 선정하였다. 그런데 신보호무역주의가 확산되면서 선진국은 사양산업 이외의 선진 기술분야까지 보호의 대상으로 하면서 국제경제는 선진국 주도의 무역 체제로 변질되었다.

그리고 선진국은 신보호무역주의의 이행에 있어서 상호주의의 표방아래 후진국에게 시장개방 압력을 가하기 시작하였다. 특히 선진국은 후진국이 발전시키지 못한 산업분야까지 시장개방을 요구하기에 이르렀다. 선진국이 중점적으로 개방을 요구하였던 것은 보험, 저작권, 물질 특허, 상표권 등과 같은 지적 산업분야이다. 이에 따라 선진국과 후진국 사이에 국제통상마찰은 심화될 수밖에 없었다. 이러한 국제통상문제를 해결하기 위하여 다자간무역협상이 개최되었으며 그 결과로 세계무역기구(World Trade Organization: WTO)가 출범하게 되었다.

# 제 4 절 신국제경제질서

## 1. 신국제경제질서의 의의

제2차 세계대전 이후 식민지 체제에서 독립하기 시작한 다수의 후진국들이 국제사회에 진출하면서 새로운 질서가 형성되기 시작하였다. 선진국 중심의 제1세계와 공산권 중심의 제2세계 이외에 개도국 중심의 제3세계가 등장한 것이다.

제2차 세계대전 이후 국제무역의 특징은 다변주의, 신자유주의, 다각주의로 요약할 수 있다. 이러한 국제무역환경에서 무역에 참여하였던 개도국들은 수입을 대체하려는 공업화 정책을 추진하였지만 대부분의 국가에서 실패하였다. 이에 따라 개도국들은 선진국 중심의 기존의 경제질서가 자국에게 불리하게 작용한다는 사실을 인식하면서 새로운 경제질서를 모색하였는데, 이를 신국제경제질서라고 한다. 개도국들이 요구하는 새로운 경제체제는 국제협력을 근간으로 하는 주권평등, 상호의존, 공동이익 등에 기초를 둔 것이다. 따라서 신국제경제질서는 개도국들이 경제개발을 통하여 국민소득을 향상시키고 자립경제를 달성하는 데에 목적을 둔 경제질서라고 할 수 있다.

## 2. 신국제경제질서의 방향

제2차 세계대전 이후 형성된 세계경제질서에서는 선진국이 후진국에서 생산되는 1차 산업 생산물을 수입하고 선진국이 생산하는 3차 산업 생산물은 후진국으로 수출함으로써 상호관계를 유지하여야 한다는 인식이 있었다. 그런데 신흥개도국들이 경제자립을 위한 정책을 수행하면서 천연자원의 확보와 관련한 자원민족주의가 나타나게 된 것이다. 또한 개도국들은 기존의 경제질서에 대하여 거부감을 표시하고 새로운 질서 체제의 구축을 요구하게 되었다. 개도국들이 시도하였던 방향은 경제주권의 확립, 국제분업 체제의 개혁, 소득의 국제적 평등화, 신흥주권국의 국제경제기구에의 참여 등이었다.

# 제 5 절 세계무역기구(WTO)

## 1. 세계무역기구의 의의와 특징

### (1) 세계무역기구의 의의

세계의 여러 국가들이 신보호무역주의를 비롯하여 국제통상마찰의 대상이 되었던 문제들을 해결하기 위하여 1986년 우루과이 라운드(Uruguay Round: UR)협상을 시작하였다. 이후 1994년에 마라케쉬 협정(Marrakasch Agreement)을 공표하고 1995년에 세계무역기구(World Trade Organization: WTO)가 출범하였다.

세계무역기구는 자유무역질서를 확대, 강화하며 이에 대한 제도화를 목적으로 하는 다자간 무역기구이다. 세계무역기구는 관세 및 무역에 관한 일반협정 체제를 확대 개편한 것으로 법적 구속력이 강한 권한을 행사할 수 있는 국제기구이다. 세계무역기구는 세계무역 사조의 변화에서 나타난 보호무역 체제를 자유무역 체제로 환원시키는 계기로 여겨지고 있다. 이에 따라 운영의 원칙도 기본적으로 최혜국대우 원칙, 내국민우대 원칙, 관세 및 비관세장벽의 철폐, 법제도의 공개성 원칙 등을 전제로 하였다.

### (2) 세계무역기구의 특징

세계무역기구는 서비스교역, 지적재산권, 무역 관련 투자 등과 같은 분야까지 협상대상을 확대하였다. 세계무역기구는 회원국 사이에 발생한 문제에 대하여 일정기간 내에 다수결원칙으로 해결하는 원칙을 적용하고 있기 때문에 의사결정이 신속하다는 장점이 있었다. 세계무역기구는 회원국이 협정내용을 엄격하게 준수하도록 하고 있다. 세계무역기구에서는 관세 및 비관세장벽 등 무역장벽을 대폭 축소 내지 철폐하는 입장이다. 세계무역기구에서는 회원국에 대하여 무조건적으로 협정내용을 적용하지는 않는다. 각 회원국의 경제발전 단계를 고려하여 협정을 적용하도록 하고 있다. 경우에 따라 개도국이나 최빈국에 대해서는 협정시행 유예기간을 설정하여 적용하고 있다.

## 2. 세계무역기구의 협정

### (1) 상품교역에 관한 다자간협정

시장접근분야에서는 관세인하 협정, 농산물에 관한 협정, 섬유 및 의류에 관한 협정 등이 이루어지고 있다. 규범분야에서는 관세 및 무역에 관한 일반협정 1994, 위생 및 식물위생조치에 대한 협정, 무역에 관한 기술장벽에 대한 협정, 무역 관련 투자조치에 관한 협정, 반덤핑 협정, 관세평가 협정, 선적 전 검사에 관한 협정, 원산지 규정에 관한 협정, 수입허가절차에 관한 협정, 보조금 및 상계조치 협정, 긴급수입제한조치 협정 등이 이루어지고 있다.

### (2) 서비스무역에 관한 일반협정과 기타

서비스무역에 관한 일반협정(general agreement on trade in services: GATS)은 국가마다 서비스의 정의 및 분류에 대한 차이로 인하여 발생하는 서비스무역의 문제를 해결하기 위하여 이루어진 협정이다. 서비스무역에 관한 일반협정은 정부가 구매하거나 제공하는 서비스를 제외한 모든 서비스교역을 규율한다.

무역 관련 지적재산권 협정(trade related intellectual property right: TRIPS)은 선진국과 개도국 사이에 발생하는 발명이나 창작과 같은 지적생산물에 대한 소유권 문제를 해결하기 위하여 이루어진 협정이다. 무역 관련 지적재산권 협정은 지적재산권에 대한 거래를 규율하는 포괄적인 협정이다.

분쟁해결절차는 세계무역기구 회원국 사이에 무역분쟁이 발생할 경우 이를 신속하게 해결하기 위한 제도이다. 분쟁해결기구 산하에 상설상소기구를 설치하여 분쟁절차의 지연을 막고 구속력 있는 중재절차를 이행하는데 주력하고 있다.

무역정책 검토제도는 회원국의 무역 관련 법규, 무역제도, 무역정책, 무역관행 등에 대하여 이해를 증진하고 다자간 무역협정의 규정을 준수하도록 한 것이다. 우루과이 라운드 무역정책 검토제도의 주요내용은 무역정책 검토기구 설치, 무역정책 검토기간의 설정, 각 회원국의 무역정책에 관한 보고서의 정기적 제출 등이다.

## 3. 세계무역기구와 라운드

환경라운드(green round: GR)는 세계무역기구가 무역과 환경의 관계를 설정할 무역환경위원회를 설치할 것을 합의한 이후에 환경기준의 국제표준화, 환경보존을 목적으로 한 각종의 무역규제조치규정과 분쟁해결절차 등을 해결하려는 다자간 협상이다.

노동라운드(blue round: BR)는 근로조건 및 노사관계에 대한 기준 설정과 그 기준의 준수를 위한 각종 제재조치 규정 등에 관한 협상을 목적으로 하는 다자간 협상이다.

경쟁라운드(competition round: CR)는 자유경쟁 및 공정경쟁을 정착시키기 위하여 국가와 국가 사이의 경쟁에 대한 실체의 규정과 경쟁의 조화를 위한 다자간 협상이다. 무역이 발전함에 따라 국가와 국가 또는 기업과 기업 사이의 경쟁은 치열해질 수밖에 없다. 이러한 경쟁으로 발생하는 통상마찰을 방지하거나 감소시키고, 자유경쟁과 공정한 경쟁을 기업관행 및 시장구조에 정착시키기 위한 협상이다.

기술라운드(technology round: TR)는 지적재산권 보호규범, 세계경제개발기구(organization for economic cooperation and development: OECD)의 국제기술규범, 우루과이 라운드의 기술개발에 대한 규범, 환경기술규범 등을 논의하는 다자간 협상이다.

부패라운드(corruption round: CR)는 세계무역기구 체제를 수립하는 과정에서 명명되었다. 국제거래에서 각국 정부의 부패행위를 방지하고 공정한 경제질서를 보장하기 위한 다자간 협상이다.

디자인라운드(design round: DR)는 디자인을 보호하기 위하여 시행하는 각국의 디자인 보호장치와 관련하여 발생하는 문제들을 논의하는 것을 목적으로 하는 다자간 협상이다.

인터넷라운드(internet round: IR)는 인터넷 전자상거래가 급증하고 기업이나 국가의 경쟁력 확보와 생존을 위한 필수적인 전략으로 인식됨에 따라 OECD, WTO, APEC 등의 국제기구와 미국, EU, 일본, 독일 등 선진국이 만든 다자간 협상이다. 전자상거래에 대한 국제규범의 필요성이 제기됨으로써 미국, 유럽연합 그리고 일본 등은 이미 각자의 입장을 국제규범에 반영하는 한편 자국 내의 경제환경도 전자상거래에 적합하도록 변화시키고 있다. 이에 따라 우리나라에서도 전자상거래의 영향을 파악하여 관련되는 법과 제도를 정비함으로써 전자상거래의 환경변화에 효과적으로 대처할 필요성이 새롭게 제기되고 있다.

제 3 장

# 관세와 비관세장벽

## 제1절 관 세

### 1. 관세의 의의

관세(tariff, custom duties)는 한 국가의 관세선을 통과하는 수출입 물품에 대하여 부과하는 세금을 의미한다. 보호무역에서는 정책수단으로 관세를 대표적으로 사용하여 왔다. 관세부과가 무역마찰의 대상이 되자 이의 해결을 위하여 관세 및 무역에 관한 일반협정(GATT)이 출범하였던 것이다.

관세 및 무역에 관한 일반협정의 최혜국대우(most favored nation treatment: MFNT) 조항은 회원국에 대해 동등한 대우, 무조건적 혜택을 부여하는 조항이다. 회원국의 경제상황에 따라서는 예외규정을 두어 회원국이 긴급수입제한이나 국제수지 악화에 따른 수입량 제한 등을 할 수 있게 하고 있다. 관세 및 무역에 관한 일반협정의 동결조항(standstill clause)은 개도국의 수출에 대한 무역장벽 완화, 수입제한 철폐 등을 허용하는 조항이다. 그러나 관세 및 무역에 관한 일반협정은 회원국들을 강제하거나 규제할 수 있는 기구가 아니기 때문에 관세와 관련한 통상마찰을 해결하기 위하여 세계무역기구가 출범하였다.

## 2. 관세의 분류

### (1) 수입관세와 통과관세

수입관세(import duty)는 무역거래에서 물품을 외국에서 수입할 때 부과하는 관세이다. 통과관세(transit duty)는 무역당사국이 아닌 제3국가에서 관세선을 통과하여 수송되는 물품에 대하여 부과하는 관세이다.

### (2) 재정관세와 보호관세

재정관세(revenue duty)는 정부의 재정수입을 확보하기 위하여 수출입 물품에 부과하는 관세이다. 보호관세(protective duty)는 국내의 유치산업을 보호, 육성하고 기존산업을 유지, 발전시킬 목적으로 외국 물품에 부과하는 관세이다.

### (3) 종가관세 · 종량관세 · 산택관세 · 복합관세

종가관세(ad valorem duty)는 수입물품의 가격을 과세표준으로 부과하는 관세이다. 종량관세(specific duty)는 수입물품의 수량을 과세표준으로 하여 부과하는 관세이다. 선택관세(alternative duty)는 한 가지 수입품에 대하여 관세율을 종가관세와 종량관세 두 가지 세율로 정하여 놓고 수입물품의 수입상태, 가격변동상태, 재정상태 등을 감안하여 그중 한 가지 세율을 선택적으로 적용하는 관세이다. 복합관세(compound duty)는 동일한 물품에 대하여 종량관세와 종가관세 두 가지를 결합한 상태로 적용하는 혼합관세이다. 수입되는 물품의 일정수량까지는 종량관세를 적용하고 일정수량이상에 대하여는 가격에 의하여 종가관세를 적용하는 관세이다.

### (4) 단일관세 · 복수관세

단일관세(single duty)는 동일한 물품에 대해서는 국가를 구분하지 않고 법률이 정한 일정률을 적용하는 관세이다. 복수관세(multi-line duty)는 동일한 물품에 대해서 두 가지 이상의 세율을 적용하는 관세이다. 즉 국가별로 차등을 두어 부과하는 관세이다.

### (5) 국정관세와 협정관세

국정관세(national duty)는 한 국가의 법령에 의하여 자주적으로 세율을 부과하는 관세이다. 협정관세(conventional duty)는 외국과의 통상조약 또는 관세조약에 의하여 부과하는 관세이다. 일정 국가와 협약에 의하여 결정한 후 부과하는 관세이다.

### (6) 탄력관세

#### 1) 탄력관세

탄력관세제도(flexible tariff system)는 국내외 경제여건변화에 신축적으로 대처하려고 과세대상, 과세율표, 적용기간 등에 대하여 탄력적으로 운영하는 관세제도이다. 차별관세(differential duty)는 동일한 물품에 대하여 국가별로 차이를 두어 적용하는 관세이다. 보복관세(retaliatory duty)는 교역상대국이 자국 물품에 대하여 불리한 관세율을 적용하는 경우 이에 상응하여 교역상대국으로부터의 수입물품에 대하여 부과하는 관세이다. 덤핑방지관세(anti-dumping duty)는 외국이 자국에서는 정상가격으로 판매하면서도 수출을 할 때에는 정상가격 이하로 수출함으로써 수입국의 국내시장이 교란될 때 부과되는 할증관세이다. 긴급관세(emergency duty)는 특정 물품의 수입을 긴급히 억제할 필요가 있는 경우에 그 수입품의 관세율을 인상하여 부과하는 관세이다. 조정관세(adjustment duty)는 산업구조의 변동 등으로 물품 사이의 세율이 현저히 불균형하여 시정할 필요가 있는 경우에 부과하는 할증관세이다. 농림축산물에 대한 특별 긴급관세는 농림축산물이 긴급하게 급증하는 경우에 대비하여 그 수입을 억제할 목적으로 관세율을 인상하여 부과하는 관세이다. 상계관세(compensatory duty)는 수출국에서 수출장려금이나 수출보조금을 받은 물품이 수입되어 국내산업을 저해하는 경우에 수입국이 이에 대항하여 수입물품이 받은 혜택을 상쇄시킬 목적으로 부과하는 관세이다. 편익관세(beneficial duty)는 조약에 의하여 관세 특혜를 받지 못하는 국가로부터 수입되는 물품에 대하여 기존의 타국과의 조약에 의한 관세 특혜를 한도로 관세 편익을 부여하는 관세제도이다. 할당관세(tariff quota)는 수입수량 또는 수입금액의, 일정 한도를 사전에 설정하여 두고 그 수량한도까지 수입될 때에는 저율의 관세를 부과하고 그 한도를 초과하는 것에 대해서는 고율로 부과하는 관세이다.

### 2) 물가평형관세

물가평형관세(parity price duty)는 국내물가의 안정을 위하여 특정 물품의 공급을 원활히 하고 특정 수입물품의 가격등귀를 억제할 목적으로 관세율을 인하하는 제도이다. 차액관세는 일정한 가격의 유지를 필요로 하는 물품의 경우에 기준가격에 비하여 수입가격이 낮은 경우에 그 차액에 대하여 부과하는 관세이다. 활척관세는 수입물품의 가격등락에 따라 국내물가가 영향을 받는 경우에 관세율을 인상 또는 인하시키는 관세이다. 계절관세는 계절에 따라 가격의 등락이 심한 물품의 수입에 있어서, 특히 출하량이 어느 계절에 집중되어 낮은 가격으로 수입되는 경우에 계절별로 차등을 두어 부과하는 관세이다.

## 3. 관세의 효과

관세를 부과하는 것은 경제적 효과를 기대하고 이루지는 조치이다. 그 효과로는 산업보호효과(protective effect), 소비효과(consumption effect), 재정수입효과(revenue effect), 소득재분배효과(redistribution effect), 교역조건효과(terms-of-trade effect), 교역조건효과, 고용효과(employment effect), 국제수지효과(balance of payment effect), 가격효과(price effect) 등이 있다.

산업보호효과는 수입품에 대한 관세부과로 수입이 억제되고 수입품의 가격이 상승되어 유사한 국내 물품의 가격까지 상승하여 국내산업의 생산량이 증대되어 보호를 받는 효과이다. 소비효과는 관세부과로 인하여 수입량이 감소하고 수입품 및 동종의 국내 물품가격이 상승되어 소비자가 불리한 영향을 받는 효과이다. 재정수입효과는 관세부과로 인하여 국가의 재정수입이 증가하는 효과를 의미한다. 소득재분배효과는 수입품에 대하여 관세가 부과됨으로 인하여 실질소득이 소비자로부터 생산자에게 재분배되는 효과이다. 교역조건효과는 관세부과로 인하여 수입국의 교역조건이 개선되어 그 국가의 무역이익이 관세부과 전보다 증가하는 효과이다. 고용효과는 관세부과로 인하여 국내산업의 활동이 활발하여져 고용이 증가하고 소득이 향상되는 효과이다. 국제수지효과는 관세부과로 인하여 수입량이 감소하여 국제수지가 개선되는 효과를 의미한다. 가격효과는 관세부과로 인하여 소비자가 관세부과 전의 가격보다 더 높은 가격을 지급하고 수입물품을 구입하는 효과를 의미한다.

# 제 2 절 비관세장벽

## 1. 비관세장벽의 의의

비관세장벽(non-tariff barriers: NTB)은 무역거래에서 보호무역정책수단으로 사용되는 관세 이외의 모든 무역장벽수단을 의미한다. 비관세장벽은 수입허가량을 제한하거나 수출업자에게 보조금이나 특혜금융 등을 실시하는 등 다양한 형태로 나타난다.

## 2. 비관세장벽의 특성

비관세장벽은 국가별로 실시하는 상황에 따라 각각 다른 형태로 나타난다. 그러므로 각국에서 실시하는 비관세장벽은 내용 및 형태별로 미치는 영향을 측정하기가 어렵게 된다. 통상부문에서 주도권을 갖고 있는 선진국이 행하는 비관세장벽 수단들은 매우 다양하고 교묘하여 후진국으로서는 대처하기가 매우 어려운 실정이며 일단 실시가 되면 그 수단을 완화하거나 철폐하기가 어렵게 된다. 그래서 비관세장벽은 통상마찰의 주요 원인이 되고 있는 것이다.

## 3. 비관세장벽의 수단

비관세장벽의 수단으로는 정부 관련 비관세장벽으로는 정부원조, 정부조달, 정부독점업무, 생산보조금, 수출보조금, 국영무역 등이 있다. 세관 및 행정업무 관련 비관세장벽으로는 관세평가, 구비서류 요구, 물품견본 요구 등이 있다. 수입물품 기준 관련 비관세장벽은 수입물품의 기준을 타국보다 높게 또는 엄격하게 적용하는 방법이다. 수입 및 수출 관련 비관세장벽으로는 수출자율규제, 수입할당제, 관세할당제, 외화할당제 등이 있다. 가격 관련 비관세장벽으로는 수입담보금제도, 국경세 조정, 차별적 세제의 적용 등이 있다.

# 제 4 장 경제통합과 지역경제

## 제 1 절 경제통합

### 1. 경제통합의 의의

경제통합(economic integration duty)은 한 국가의 자주적 경제정책의 한계를 국제협력에 의하여 극복하고 통합체 내부의 한 국가로서 경제의 균형적 성장을 도모하는 데에 목적이 있다.[1] 경제통합은 주권국가 사이에 이루어진 정책적 합의에 의하여 의도적인 정책을 수행함으로써 이루어진다. 경제통합을 할 때에는 정책수행과정상 단일시장이 형성되는 것이지 단순한 특혜지역을 형성하는 것은 아니다. 즉 경제통합은 한 국가가 가지고 있는 경제적 한계점을 국가 사이에 서로 협조하거나 협력하여 해결하기 위하여 결성된다.

따라서 경제통합은 국가 사이에 경제적 협정을 체결하여 하나의 자유시장 협력체를 결성한 후에, 물품 및 생산요소의 이동을 자유롭게 하여 경제의 조화적, 지속적, 균형적 발전을 추구하는 경제적 조직체라고 할 수 있다.

1) 신현종 · 노택환, 무역학개론, 박영사, 1996, p. 262.

## 2. 경제통합의 효과

### (1) 무역창출효과

#### 1) 무역창출효과의 성격

무역창출효과(trade creating effect)는 관세동맹으로 관세동맹국에 대한 관세가 철폐되면 종래 관세를 부과하여 보호를 할 때에 높은 비용으로 생산되던 역내 물품의 생산량은 감소하고 관세동맹국의 저렴한 물품이 수입되는 효과를 의미한다.

#### 2) 무역창출효과의 예

무역창출효과의 예를 설명하기 위하여 다음과 같은 가정을 한다. 같은 제품을 생산하는 우리나라와 A국 그리고 B국이 있다. 우리나라는 A국과 B국을 수입상대국으로 한다. 1단위 생산비는 우리나라가 US $120, A국은 US $110, B국은 US $100이다. 이들 국가들이 무역거래를 할 때 생산원가 이외에 영향을 주는 요소가 존재하지 않는 것으로 한다.

우리나라가 두 국가로부터 수입하는 물품에 대하여 관세를 100% 부과하는 경우 제품의 수입가격은 A국이 US $220, B국은 US $200이 되어 우리나라의 국내생산비보다 높게 된다. 그러므로 우리나라는 수입할 이유가 없게 되어 무역이 발생하지 않는다.

〈표 4-1〉 관세동맹 전의 수입대상국

| 국가 | 국가별 1단위 생산비 | 우리나라의 관세조치 | 관세부과 후 수입가격 | 우리나라의 수입대상국 | 우리나라의 1단위 생산비 |
|---|---|---|---|---|---|
| A국 | US $110 | 양국에 100% 관세부과 | US $220 | × | US $120 |
| B국 | US $100 | | US $200 | × | |

그런데 우리나라가 A국과 관세동맹을 체결하여 관세를 철폐하고 B국에만 100%의 차별관세를 부과하면 제품의 수입가격이 A국은 US $110, B국은 US $200이 되어 A국에서 수입을 하게 된다. 이 때 우리나라가 비교생산비의 원리에 의하여 다른 물품에 특화하여 A국에 수출하게 되면 A국과는 무역이 없었던 상태에서 새로운 무역상대국으로 등장하는 효과가 발생한다.

〈표 4-2〉 관세동맹 후의 수입대상국(무역창출효과 발생)

| 국가 | 국가별 1단위 생산비 | 우리나라의 관세조치 | 관세부과 후 수입가격 | 우리나라의 수입대상국 | 우리나라의 1단위 생산비 |
|---|---|---|---|---|---|
| A국 | US $110 | 관세동맹 | US $110 | ○ | US $120 |
| B국 | US $100 | 100% 부과 | US $200 | × | |

## (2) 무역전환효과

### 1) 무역전환효과의 성격

무역전환효과(trade diverting effect)는 관세동맹으로 관세동맹국에 대한 관세가 철폐되고 그 외의 국가에 대해서는 차별관세를 부과하여 종래 생산비가 저렴한 가격으로 물품을 공급하던 국가와의 무역이 관세동맹국의 생산비가 높은 물품을 공급하는 국가로 전환되는 효과를 의미한다.

### 2) 무역전환효과의 예

무역창출효과의 예를 설명하기 위하여 다음과 같은 가정을 한다. 같은 제품을 생산하는 우리나라와 A국 그리고 B국이 있다. 우리나라는 A국과 B국을 수입상대국으로 한다. 1단위 생산비는 우리나라가 US $125, A국은 US $110, B국은 US $100이다. 이들 국가들이 무역거래를 할 때 생산원가 이외에 영향을 주는 요소가 존재하지 않는 것으로 한다.

우리나라가 두 국가로부터 수입하는 물품에 대하여 관세를 20% 부과하는 경우 제품의 수입가격은 A국이 US $132, B국은 US $120이 되어 국내생산비보다 낮은 A국으로부터는 수입을 할 수 없고 B국에서 수입을 하게 된다.

〈표 4-3〉 관세동맹 전의 수입대상국

| 국가 | 국가별 1단위 생산비 | 우리나라의 관세조치 | 관세부과 후 변화가격 | 우리나라의 수입대상국 | 우리나라의 1단위 생산비 |
|---|---|---|---|---|---|
| A국 | US $110 | 양국에 20% 관세부과 | US $132 | × | US $125 |
| B국 | US $100 | | US $120 | ○ | |

그런데 우리나라가 A국과 관세동맹을 맺어 관세를 철폐하고 B국에만 50%의 차별관세를 적용하면 제품의 수입가격이 A국은 US $110, B국은 US $150이 된다. 그러므로 우리나라는 수입가격이 국내생산비보다 낮은 A국에서 물품을 수입하게 된다.

여기서 제품의 생산원가만을 비교하면 B국보다 A국이 높아 B국에서 수입하는 것이 당연하다. 그러나 관세부과에 의한 수입가격의 상승으로 인하여 수입가격이 낮은 A국에서 수입하게 된다. 이와 같이 관세동맹으로 인하여 수입상대국이 B국에서 A국으로 전환되는 효과가 발생하는 것이다.

〈표 4-4〉 관세동맹 후의 수입대상국(무역전환효과 발생)

| 국가 | 국가별 1단위 생산비 | 우리나라의 관세조치 | 관세부과 후 수입가격 | 우리나라의 수입대상국 | 우리나라의 1단위 생산비 |
|---|---|---|---|---|---|
| A국 | US $110 | 관세동맹 | US $110 | ○ | US $125 |
| B국 | US $100 | 50% 관세부과 | US $150 | × | |

### (3) 경제통합효과의 한계점

관세동맹에 의하여 무역창출효과와 무역전환효과가 발생한다고 하더라도 관세동맹이 반드시 복지수준을 향상시키는 수단이 되는 것은 아니다. 관세동맹을 체결하기 전에 복지수준을 향상시킬 수 있는 여건이 먼저 조성되어야 한다. 자유무역이 최적의 상태이고 관세동맹이 차선책이 되는 것이다. 사회의 후생복지효과는 관세장벽의 제거에서 시작한다. 그러므로 무차별적 관세정책이 효율적인 수단이 될 수 있다.

## 3. 경제통합의 유형

### (1) 자유무역지역

자유무역지역(free trade area)은 경제통합의 가장 초보적인 형태로 다수 국가들이 무역에 관한 협정을 체결하여 그들 국가영역을 하나의 광역적인 자유무역지역으로 설정한 후 이 지역 내의 수출입물품에 대하여 관세나 무역제한조치를 철폐하여 물품의 자유로운 이동을 보장하려고 하는 경제통합체이다.

### (2) 관세동맹

관세동맹(customs union)은 2개국 또는 다수 국가들이 관세에 관한 동맹을 체결하여 동맹국내에서는 서로 수출입물품에 대하여 관세를 감면 또는 철폐하여 무역자유화를 실현하고 동맹 외의 국가들에 대해서는 차별적인 공통관세제도를 채택하는 경제통합체이다.

### (3) 공동시장

공동시장(common market)은 다수 국가들이 무역 및 외환에 관한 협정을 체결하여 하나의 새로운 광역경제권을 결성한 후 역내 국가 사이의 물품 및 자본과 기술 등 생산요소의 자유로운 이동을 보장하는 경제통합체이다. 즉 공동시장은 종래의 관세동맹 개념을 확대하여 경제의 전 분야에 걸쳐 정책적 통합을 도모하는 것이다.

### (4) 경제동맹

경제동맹(economic union)은 다수 국가들이 산업, 재정, 금융, 통화, 무역, 외환 등에 관한 경제협정을 체결하고 이러한 여러 가지 부문의 경제정책을 상호 조정하면서 보조조치를 취하는 경제통합체이다. 각국에서 독자적으로 실시하는 대내외의 경제정책은 인근 국가와 마찰을 일으켜 경제적 갈등을 유발시킬 위험성이 있다. 이에 따라 여러 국가가 경제 전반에 관한 협정을 체결하여 경제 각 부문의 경제정책을 상호 조정함으로써 경제적 마찰을 방지하려고 경제동맹을 결성하게 된다.

### (5) 완전경제통합

완전경제통합(complete economic integration)은 다수 국가들이 경제동맹에 관한 협정을 체결하여 가맹국에서 실시되고 있는 경제정책을 조정하는 데만 그치지 않는 경제통합 형태이다. 초국가적 기구의 설립에 의하여 통화, 금융, 재정, 사회, 경기정책 등을 통합함으로써 사실상 새로운 국가를 결성하는 것과 다름없는 하나의 조직체를 구성하는 경제통합체이다. 따라서 완전경제통합은 경제적 통합뿐만 아니라 궁극적으로 정치적 통합까지 수반되는 가장 강력한 형태이다. 유럽공동체(European Union: EU)가 추구하는 경제통합체가 완전경제통합이다.

# 제 2 절 지역별 경제협력체

## 1. 북남미지역 경제협력체

### (1) 북미 경제협력체

#### 1) 북미자유무역지역협정기구

북미자유지역협정기구(North American Free Trade Association: NAFTA)는 북미지역의 경제협력체로서 1994년 공식 발효하였는데 미국의 고도기술과 방대한 자본, 캐나다의 천연자원과 멕시코의 저임노동력을 활용하여 역내 국가의 경제활동을 활성화하는 것을 목적으로 하고 있다. 즉 북미자유지역협정기구는 역내 무역장벽을 제거하여 미국은 첨단기술산업을, 캐나다는 자원산업을 멕시코는 노동산업을 특화하여 산업 사이의 협력을 도모하는 상호보완적인 경제결합 형태이다.

NAFTA의 출범 이후에 미국은 국제협상력을 강화하여 EU와 일본 등에 통상압력을 행사하는 등 세계경제질서의 개편과정에서 지도적 역할을 수행하였다. 캐나다는 미국시장 내의 경쟁력 향상을 이루고 멕시코 시장에 진출할 수 있었다. 멕시코는 미국시장을 확보하여 수출을 확대하고 고용을 증대시키는 성과를 거두었다.

#### 2) 미주자유무역지구

미주자유무역지구(Free Trade Area of the American: FTAA)는 정식적인 경제협력체는 아니고 미주지역 34개국이 모여 무역장벽, 보조금제도, 불공정관행 등을 철폐시키고 투자를 확대시키는 것을 목적으로 하여 2005년까지 결성이 추진되고 있는 협력구상체이다.

#### 3) 범태평양자유무역지대

범태평양자유무역지대(Transatlantic Free Trade Area: TAFTA)는 정식적인 경제협력체는 아니고 1994년 캐나다가 중심이 되어 EU와 NAFTA를 연계시키는 자유무역협정 체결을 목적으로 제안되어 검토단계에 있는 협력구상체이다.

## (2) 중남미 경제협력체

### 1) 중미공동시장

중미공동시장(Central American Common Market: CACM)은 중미지역의 경제협력체로서 1961년 공식 출범하였는데 코스타리카, 엘살바도르, 과테말라, 온두라스, 니카라과 등 5개국이 참여하였다. 중미공동시장은 역내 자유무역화, 역외 공동관세 설정, 통합산업제도 설치, 역내 재정정책과 공업정책 그리고 농업정책의 통일 등을 목적으로 하였다.

### 2) 카리브 공동시장

카리브 공동시장(Caribbean Common Market: CARICOM, CCM)은 1967년에 버뮤다, 바베이도스, 가이아나 등 3개국이 참여한 카리브 자유무역연합(Caribbean Free Trade Association: CARIFTA)이 모체가 되어 1973년에 창설된 회원국 15개국의 경제협력체이다. 카리브 공동시장은 역내 무역자유화 확대, 역외 공동관세 운용, 통화 및 재정정책의 조정, 회원국과 회원국 사이의 노동 및 자본 생산요소의 자유이동, 역내 후진국에 대한 특혜조치 부여 등을 목적으로 하였다.

### 3) 라틴아메리카통합연합

라틴아메리카통합연합(Latin American Integration Association: LAIA)은 남미지역의 경제협력체로서 1981년 공식 출범한 경제협력체인데 아르헨티나, 칠레, 브라질, 멕시코, 파라과이, 우루과이, 페루 등 7개국이 참여하였다. 라틴아메리카통합연합은 역내 자유무역 실현, 공동관세정책 실시, 회원국과 회원국 사이의 공업부문의 상호보완협정 체결 및 실시, 회원국 은행과 은행 사이의 청산결제기구의 운영, 경제정책의 조정 등을 목적으로 하였다.

### 4) 안데안 공동시장

안데안 공동시장(Andean Common Market: ANCOM)은 남미지역의 경제협력체로서 안데스 산맥을 중심으로 위치하고 있는 국가와 국가 사이에 1969년에 창설한 경제협력체인데 에콰도르, 페루, 볼리비아, 콜롬비아, 베네수엘라 등 5개국이 참여하였다. 안데안 공동시장은 역내 관세 인하, 대외 공동 최저관세 적용, 역내 공동통화 개발, 회원국과 회원국 사이의 정책조정, 공동정책 수립 등을 목적으로 하였다.

#### 5) 남미공동시장

남미공동시장(Mercado Conun del Sur: MERCOSUR)은 남미지역의 경제협력체로서 1995년에 창설되었는데 아르헨티나, 브라질, 파라과이, 우루과이 등 4개국이 참여하였다. 남미공동시장은 역내 관세 및 비관세장벽 철폐 서비스의 역내 이동 자유화, 역외 공동관세 설치, 대외 공동무역정책의 실시, 자본 및 노동 등 생산요소의 역내 이동 자유화, 역내 경제정책 조정 등을 목적으로 하였다.

## 2. 유럽지역 경제협력체

### (1) 유럽연합

유럽연합(European Union: EU)은 유럽지역의 대표적인 경제통합체이다. 유럽연합은 1958년에 창설한 유럽공동체(European Economic Community: EEC) 회원국 6개국과 1960년에 설립한 유럽자유무역연합(European Free Trade Association: EFTA) 회원국 7개국을 중심으로 유럽의 경제협력을 모색하는 과정에서 탄생한 것이다. 즉 1967년 유럽공동체와 유럽 석탄·철강공동체(European Coal and Steel Community: ECSC) 그리고 유럽원자력에너지공동체(European Atomic Energy Community: Eurotom)를 통합한 유럽공동체(European Community: EC)를 모체로 한 것이다.

유럽연합은 유럽공동체의 기능과 회원국과 회원국 사이의 경제, 외교, 안보, 내무, 사법, 금융, 동일 화폐발행 등 모든 분야에 걸쳐 통합을 추구하는 완전한 경제통합체이다. 유럽연합이 이러한 목적을 가지고 출범하는 데에 중요한 역할을 한 것은 단일유럽의정서(Single European Act: SEA)와 유럽연합조약(Treaty on European Union: TEU)이다.

### (2) 유럽경제지역

유럽경제지역(European Economic Area: EEA)은 유럽연합이 유럽자유무역연합과 시장통합수준으로 체결하여 1994년에 발효시킨 협정이다. 유럽경제지역은 초기의 유럽연합 회원국과 유럽자유무역연합 회원국과 회원국 사이에 물품, 서비스, 자본, 노동의 자유로운 이동을 목적으로 하는 경제협력체이다.

## 3. 아시아지역 경제협력체

### (1) 아시아 · 태평양 경제협력체

아시아 · 태평양 경제협력체(Asia Pacific Economic Cooperation: APEC)는 아시아 지역에서 1989년 공식 출범한 경제협력체이다. 아시아 · 태평양 경제협력체는 교역장벽의 제거, 개방적 교역질서 확립, 다자간 교역질서 확립, 무역정책협의 및 정보 교환, 교류의 촉진, 역내무역자유화 등을 목적으로 하였다.

### (2) 남아시아 국기연합

남아시아 국가연합(Association of South-East Asian Nations: ASEAN)은 남아시아 지역에서 1967년 태국, 인도네시아, 필리핀, 말레이시아, 싱가포르 등 5개국이 참여한 지역협력기구이다. 1984년 브루나이가 가입했고 최근에 베트남, 라오스, 미얀마가 가입하여 모두 9개국으로 구성되어 있다. 남아시아 국가연합은 동남아시아의 지역협력의 촉진, 외국의 간섭 배제, 역내 국가의 평화 및 안정 수호, 회원국과 회원국 사이의 경제, 사회, 기술, 문학 분야의 상호협력 등을 목적으로 하였다.

### (3) 아세안 자유무역지역

아세안 자유무역지역(ASEAN Free Trade Area: AFTA)은 남아시아 지역에서 1993년 태국, 인도네시아, 필리핀, 말레이시아, 싱가포르 브루나이 등 6개국이 참여한 경제협력체이다. 아세안 자유무역지역은 공동지역개발, 관세협력, 산업협력 등을 목적으로 하였다.

### (4) 아시아 · 유럽 정상회담

아시아 · 유럽 정상회담(Asia-Europe Meeting: ASEM)은 1996년 아시아 10개국과 EU 15개국, EU 집행위원회가 정상회담을 한 데에서 비롯된 명칭이다. 아시아 · 유럽 정상회담은 지역과 지역의 경제협력 확대와 다자주의 무역질서를 보완하고 강화하는 데에 기여하였다는 점에서 평가되고 있다.

### (5) 남아시아 지역협력연합

남아시아 지역협력연합(South Asian Association for Regional Cooperation : SAARC)은 남아시아 국가 사이에 1985년에 발족한 경제협력체이다. 남아시아 지역협력연합은 인도, 파키스탄, 방글라데시, 스리랑카, 네팔, 부탄, 몰디브 등 7개국을 회원국으로 하여 출범하였다. 남아시아 지역협력연합은 역내 국가 사이의 경제, 문화, 사회 등 제반분야의 협력강화와 국제무대에서의 상호협력증진을 목적으로 하였다.

## 4. 중동 및 호주지역 경제협력체

### (1) 걸프만 협력위원회

걸프만 협력위원회(Gulf Cooperation Council: GCC)는 중동지역에서 1981년 공식 출범한 경제협력체이다. 걸프만 협력위원회는 사우디아라비아, 쿠웨이트, 아랍에미레이트 연합, 카타르, 바레인, 오만 등이 회원국으로 하여 출범하였다. 걸프만 협력위원회는 역내 관세 철폐, 재정, 금융분야의 협력, 석유정책의 조정, 노동력 수급의 공동대응, 석유수출기구(Organization of Petroleum Exporting Countries: OPEC)의 기능강화 등을 목적으로 하였다.

### (2) 아랍공동시장

아랍공동시장(Arab Common Market: ACM)은 중동지역에서 1964년 공식 출범한 경제협력체이다. 아랍공동시장은 이집트, 이라크, 요르단을 회원국으로 하여 출범하였다. 아랍공동시장은 회원국과 회원국 사이의 자유무역지역 창설을 목적으로 하고 있다.

### (3) 호주 · 뉴질랜드 경제관계 긴밀화 무역협정

호주 · 뉴질랜드 경제관계 긴밀화 무역협정(Australia · New Zealand Closer Economic Relations Trade Agrement: ANZCERTA, CER)은 1983년에 양국 사이에 체결된 쌍무무역협정이다. 호주 · 뉴질랜드 경제관계 긴밀화 무역협정은 양국 사이에 자유무역지역 창설을 목적으로 하였다.

## 5. 아프리카지역 경제협력체

### (1) 아랍 · 마그렙 동맹

아랍 · 마그렙 동맹(Arab Maghreb Union: AMU)은 북부아프리카 지역에서 1989년 공식 출범한 경제협력체이다. 아랍 · 마그렙 동맹은 알제리, 리비아, 모로코, 모리타니, 튀니지를 회원국으로 하여 출범하였다. 아랍 · 마그렙 동맹은 역내 경제통합, 생산요소의 역내 이동 자유화, 자유무역지역, 관세동맹, 공동시장, 경제통합으로의 점진적 발전을 목적으로 하였다.

### (2) 서부아프리카 경제공동체

서부아프리카 경제공동체(Economic Community of Western African: CEAO)는 서부아프리카 지역에서 1973년 공식 출범한 경제협력체이다. 서부아프리카 경제공동체는 회원국과 회원국 사이의 무역촉진, 관세율 조율, 관세수입의 분배, 영세회원국 지원 등을 목적으로 하였다.

### (3) 서부아프리카국가 경제공동체

서부아프리카국가 경제공동체(Economic Community of Western African States: ECOWAS)는 서부아프리카 지역에서 1975년 공식 출범한 경제협력체이다. 서부아프리카국가 경제공동체는 서아프리카 경제공동체 회원국 기니, 라이베리아, 시에라리온 등을 중심으로 16개국이 참여하고 있다. 서부아프리카국가 경제공동체는 회원국과 회원국 사이의 산업, 금융, 사회, 경제 등의 협력을 목적으로 하였다.

### (4) 마노강 동맹

마노강 동맹(Mano River Union: MRU)은 서부아프리카 지역의 마노강 유역에 위치한 기니, 라이베리아, 시에라리온 국가들을 회원국으로 하여 1973년 공식 출범한 경제협력체이다. 마노강 동맹은 관세 및 비관세장벽 제거, 경제분야의 협력 등을 목적으로 하였다.

### (5) 중부아프리카 관세경제동맹

중부아프리카 관세경제동맹(Central African Customs and Economic: UDEAC)은 중부아프리카 지역에서 콩고, 가봉, 차드, 중앙아프리카공화국, 카메룬 등 5개국이 회원국으로 참여하여 1966년 출범한 경제협력체이다. 중부아프리카 관세경제동맹은 회원국과 회원국 사이의 경제협력 및 무역증대, 공동조세정책추진 등을 목적으로 하였다.

### (6) 중부아프리카국가 경제공동체

중부아프리카국가 경제공동체(Economic Community of Central African States: ECCAS)는 중부아프리카 지역에서 1983년 공식 출범한 경제협력체이다. 중부아프리카 국가 경제공동체는 회원국과 회원국 사이의 주민의 자유이동, 비관세장벽의 제거, 무역서류의 표준화, 개발기금설립 등을 목적으로 하였다.

### (7) 동부아프리카 공동체

동부아프리카 공동체(East African Community: EAC)는 동부아프리카 지역에서 1967년 공식 출범한 경제협력체이다. 동부아프리카 공동체는 회원국과 회원국 사이의 관세면제, 대외공동관세 설정, 공동통화, 운송물류분야 협력 등을 목적으로 하였다.

### (8) 남부아프리카 관세동맹

남부아프리카 관세동맹(South African Customs Union: SACU)은 남부아프리카 지역에서 1969년 공식 출범한 경제협력체이다. 남부아프리카 관세동맹은 회원국과 회원국 사이의 공통관세의 적용 등을 목적으로 하였다.

### (9) 남부아프리카 개발공동체

남부아프리카 개발공동체(Southern African Development Coordination Conferences: SADC)는 남부아프리카 지역에서 앙골라, 탄자니아, 잠비아, 보츠와나, 레소토, 말라위, 모리셔스 등 12개국이 회원국으로 참여하여 1980년 출범한 경제협력체이다. 남부아프리카 개발공동체는 회원국과 회원국 사이의 공통관세의 적용 등을 목적으로 하였다.

# 제 3 절 FTA

## 1. FTA의 개관

FTA(Free Trade Agreement: 자유무역협정)은 회원국 사이에 경제통합을 통하여 무역자유화를 증진시키기 위하여 회원국을 원산지로 하는 모든 상품 및 서비스에 대하여 관세 및 기타의 제한적 통상규제가 철폐되는 2이상의 관세영역의 집단을 의미한다.[2] FTA의 단기적 효과는 무역창출효과와 무역전환효과 등이다. FTA의 장기적 효과는 규모의 경제효과, 경쟁력 제고 효과, 외부경제효과, 경제발전의 위험감소 효과 등이다. FTA의 추진동기는 상품무역분야의 시장 확대, 직접투자유치, 에너지 확보, 원자재 확보, 시장개방에 대한 대비, 국내산업의 보호, 경제시스템의 선진화 및 경쟁력 강화, 대외신인도 제고, 대외협상능력 배양 등에 있다. 한국은 ASEAN, 싱가포르, 미국, 칠레, EU, EFTA 등과 FTA를 체결하였고 앞으로도 FTA 체결을 타결하는 국가는 증가할 것이다.

## 2. 우리나라의 FTA 현황

한국은 칠레와 최초로 FTA를 체결하고 2004년 4월 발효되었다. 한국은 싱가포르와 두 번째로 FTA를 체결하였는데 2006년 3월 발효하였다. 한-싱가포르 FTA는 개성공단 생산제품의 역외가공규성을 최초로 도입하여 해외의 판매망 개척을 위한 입지를 마련하였다. 한-EFTA FTA는 유럽자유무역연합 회원국 사이에 체결된 FTA이다. 즉 스위스, 노르웨이, 아이슬란드, 리히테슈타인 등과 체결한 FTA이다. 한-ASEAN FTA는 동남아시아국가연합 회원국 정부사이에 포괄적 경제협력에 관한 기본협정에 따라 체결된 상품무역에 관한 협정이다. 브루나이, 말레이시아, 캄보디아, 싱가포르, 태국, 베트남 등이 ASEAN의 회원국이다. 한-미 FTA는 2007년 6월 30일 서명되어 발효되고 있다.

2) WTO/GATT 협정문 제24조 제4항, 제8항 b호.

# 제 5 장 외환거래와 국제금융

## 제 1 절 무역거래와 외환

### 1. 외환과 국제통화

#### (1) 외환의 의의

외환(foreign exchange)은 대외거래에서 사용되는 대외지급수단, 외화증권 및 외화채권 등을 통칭하는 개념으로 파악할 수 있다. 대외지급수단에 해당하는 외환은 외국통화, 외국통화로 표시된 지급수단 기타 표시통화에 관계없이 외국에서 사용할 수 있는 지급수단을 의미한다. 지급수단이라고 한다면 정부지폐, 은행권, 주화, 수표, 우편환, 신용장과 대통령이 정하는 환어음, 약속어음 기타의 지급지시 등을 의미한다.[1] 외화증권에 해당하는 외환은 외화로 표시된 증권 또는 외국에서 지급받을 수 있는 증권을 의미한다. 외화채권에 해당하는 외환은 외화로 표시된 채권 또는 외국에서 지급 받을 수 있는 권한이 보장된 채권이다.

1) 외국환거래법 제3조 참조.

### (2) 국제통화

국제통화(international currency)는 국가와 국가 사이의 물품, 용역 및 자본이동에 따르는 대차관계를 결제하기 위한 수단으로서 세계적으로 자유롭게 통용되고 있는 통화를 의미한다. 그러므로 국제통화는 국가와 국가 사이의 경제적 거래를 원활하게 뒷받침할 수 도록 국제유동성이 있어야 한다. 국제통화는 특정지역 이외에 모든 지역으로 이체가 가능한 통화이어야 한다. 세계경제의 성장과 무역신장을 뒷받침할 수 있는 양적인 조건을 충족하여야 한다. 무역금융의 위기는 국제통화의 공급 부족에서 발생하는 경우도 있기 때문에 국제적인 수요를 모두 충족시킬 수 있을 정도의 공급량이 존재하여야 한다. 각국의 국제수지가 불균형할 경우 이에 대처할 수 있는 대외지급준비통화로서의 기능과 환율 결정에 있어 기준통화로서의 기능을 할 수 있도록 안전성을 가져야 한다. 국 국제통화는 세계경제를 지배할 수 있는 경제력을 보유한 국가의 통화가 될 수밖에 없다.

## 2. 외환의 종류

외환의 종류를 이해하려면 외환의 특성을 활용하여 외화를 사고 파는 개념으로 이해하여야 한다. 외화를 하나의 상품으로 보면 싸게 사서 비싸게 팔아 이익을 남긴다는 경제원리에 입각하면 이해하기 쉬울 것이다.

매입환은 외국환은행이 외환을 매입하는 경우의 개념이다. 매도환은 외국환은행이 외환을 매도하는 경우의 개념이다. 현물환은 외환시장에서 외환을 거래하면서 외환매입 또는 외환매도 자금을 이전하는 동시에 외환을 수취 또는 제공하는 경우의 환이다. 선물환은 환매매계약이 체결된 후 실제 매매거래가 일정한 시기에, 일정한 환율로 매매할 것으로 약정된 외환이다. 보통환은 환의 거래와 관련된 지시내용이 우편으로 전달되는 환이다. 보통환에는 환어음과 우편환 등이 있다. 전신환은 환의 거래와 관련된 지시내용이 전신으로 전달되는 환이다. 전신환은 대금결제에 있어서 시간이 촉박한 경우에 활용한다. 송금환은 대금결제에서 양국의 외국환은행과 외국환은행 사이에 현금의 이동방향과 환어음의 이동방향이 일치하는 경우이다. 추심환은 국가와 국가 사이의 대금결제에서 양국의 외국환은행과 외국환은행 사이에 현금의 이동방향이 환어음의 이동방향과 반대인 경우이다.

## 제2절 환율과 환율제도

### 1. 환율

#### (1) 환율의 의의

환율(exchange rate)은 자국통화와 외국통화와의 교환비율이다. 무역거래에서는 대금결제수단으로 어느 일국의 통화가 일방적으로 사용될 수는 없다. 무역당사자 사이에 결제통화를 결정하여 사용하여야 한다. 따라서 무역결제에 사용되는 통화는 국제적으로 통용되는 국제통화를 사용하게 된다. 그런데 국제통화로 지급하는 경우나 지급받는 경우에 자국의 통화가치와 비교를 하게 된다. 즉 외환과 자국통화 사이의 가치를 평가하게 된다. 이때 가치판단으로 나타나는 수치가 환율인 것이다.

#### (2) 환율의 결정이론

국제대차설은 고쉔(G. J. Goschen)이 주장한 이론이다. 국제대차설에 의하면 환거래는 환어음거래의 형식을 취하고 있기 때문에 환율은 외환시장에서의 수요와 공급에 의하여 결정된다는 것이다.[2)]

구매력평가설은 카셀(G. Cassel)이 주장한 이론이다. 카셀은 자국 화폐가 외국 화폐에 대하여 일정한 가격을 지급하는 것은 외국화폐가 그 국가에서 재화와 서비스에 대한 구매력을 갖기 때문이라고 했다.

외환심리설은 아프타리온(A. Aftalion)이 주장한 이론이다. 아프타리온은 물가가 환율변동에 영향을 주는 것이 아니라 인간의 심리적 원인에 의하여서도 환율이 변동되고 그 결과로 국내물가가 영향을 받는다고 하였다. 즉 외환심리설은 화폐수량설과 심리적인 가치이론을 결합하여 질적인 측면을 강조하였다.[3)]

---

2) Goschen, G. J., *The Theory of the Foreign Exchange*, 1861 : 박수이, 국제무역론, 박영사, 1984, p. 423 참조.

3) Aftalion, A., Monnaie, Prix et Change, Paris, 1927, : 박수이, 상게서, p. 426 참조.

## (3) 환율의 표시

자국통화 표시환율은 외국 화폐 1단위를 기준으로 교환되는 우리나라 화폐와의 교환비율을 의미한다. 외국통화 표시환율은 우리나라 화폐 1단위를 기준으로 교환되는 외국 화폐와의 교환비율을 의미한다.

## (4) 환율의 유형

### 1) 고정환율과 변동환율

고정환율은 일정한 외환에 대한 평가를 설정하고 일정한 범위 내에서 유지되는 환율이다. 변동환율은 일정한 외환에 대한 평가를 설정하지 않고 시장의 자율조정기능에 따라 환율이 유동적으로 결정되는 환율이다.

### 2) 직물환율과 선물환율

직물환율은 외환의 외환매매계약 성립과 동시에 그 매매계약을 실행하는 현물환거래에 적용되는 환율이다. 즉 은행에서 외화를 구입할 때에 적용하는 환율이 직물환율이다. 선물환율은 외환매매계약이 체결되고 상당기간이 경과한 후 특정기일에 자금수급이 이루어지기로 약정한 환율이다. 선물환율은 무역거래에서 무역을 이행하고 무역대금을 결제하는 시점은 항상 다르다 그러므로  계약시점에 결제시점의 환율을 예상하여 미리 정하여 거래하는 환율이다.

### 3) 직접환율과 재정환율

직접환율은 두 국가 통화 사이에 직접 설정되어 있는 환율이다. 따라서 두 국가의 통화가치를 바로 알 수 있다. 간접환율은 A국과 B국 통화 사이에 설정된 기준환율과 B국과 제 3국인 C국 통화 사이의 교차환율에 의하여 산출된 A국과 C국 사이의 환율이다 이를 재정환율이라고도 한다.

### 4) 기타

환율에는 할증환율과 할인환율, 은행간상호율과 대고객율, 은행간율과 집중매입율, 집중매도율, 본지점율과 대은행율, 집중매입율과 집중매도율, 매입률과 매도율 등도 있다.

## 2. 환율제도

### (1) 고정환율제도

고정환율제도(fixed exchange rate system)는 외국환의 자유로운 수요와 공급에 의하여 결정되는 환율을 인정하지 않는 제도이다. 이 제도에서는 외환수급 정책적 측면에서 비록 환율변동을 인정한다고 하더라도 외국환 평가를 중심으로 상한과 하한이 설정되어 있다. 즉 고정환율제도는 제한된 좁은 범위 내에서만 외국환시세의 변동을 인정하는 제도이다. 고정환율제도에서는 환율과 관련된 의사결정이 필요한 기업들은 정확한 환율을 예측하여 경영활동을 할 수 있다. 이에 따라 불확실성이 줄고 환율변동에 따른 손실도 방지할 수 있기 때문에 기업경영의 안정화에 기여한다. 그렇지만 자국통화의 과대평가나 과소평가로 인한 자원배분 왜곡으로 완전고용과 물가안정이 어려워지는 등 국민의 경제후생이 감소할 수 있다.

### (2) 변동환율제도

변동환율제도(floating exchange rate system)는 환율이 외환시장에서의 외환수요와 공급에 의하여 자동적으로 조정되는 제도를 의미한다. 변동환율제도는 정부가 환율의 변동에 대하여 간섭이나 규제를 하지 않는 제도이다. 변동환율제도에서는 국제수지 불균형을 환율조정이라는 수단을 통해 자동적으로 조정할 수 있다. 그렇지만 환율이 불안정으로 인해 교역이 위축되고 물가불안과 경영상의 불안이 발생할 수 있다.

### (3) 관리변동환율제도

관리변동환율제도(managed floating exchange rate system)는 고정환율제도와 자유변동환율제의 절충된 형태이다. 관리변동환율제도에서는 기본적으로는 변동환율제도를 유지한다. 그렇지만 외환시장의 불균형을 초래할 수 있는 환투기 등과 같은 요인이 발생하면 이를 제거할 목적으로 정부가 개입하는 제도이다. 오늘날 대부분의 국가에서는 관리변동환율제도를 채택하고 있다.

# 제 3 절 외국환거래와 환 포지션

## 1. 외국환거래

외국환거래는 외국환 자체를 매개수단으로 하여 거래를 하는 것이다. 즉 외국환거래를 통하여 수익을 창출하려는 것이기 때문에 매우 다양한 방식이 존재한다. 그중에서도 선물화거래, 이자재정, 환투기 등이 대표적인 거래이다.

선물환거래는 환예약이 성립된 후 일정 시기에 일정한 환시세로 외국환을 인도하는 동시에 이의 대금지급이 이루어지는 거래이다. 무역거래계약을 체결하고 무역대금을 결제하는 사이에는 상당한 시간 차이가 있기 때문에 무역계약의 시점과 대금결제시점의 환율차이를 극복하여 환위험을 회피하기 위하여 사용된다. 이자재정은 국제적인 이자율의 차이를 이용하여 이윤을 도모하는 행위이다. 이자재정은 국가와 국가 사이의 상이한 이자율에 의하여 결정된다. 환투기는 환율의 상승을 기대하여 외국환을 매입하거나 환율의 하락을 기대하여 외국환을 매도하는 행위를 통하여 이익을 얻으려는 행위이다. 환투기는 직물환의 매매 및 선물환의 매매에서도 행하여진다.

## 2. 환 포지션

환 포지션(exchange position)은 외국환의 매매자액이나. 은행의 내고객거래는 수동적이기 때문에 외국환은행이 외국환을 매매하다 보면 매도액과 매입액 사이에 차액이 발생하게 되는데 이를 환 포지션이라고 한다. 그래서 환포지션에는 외국환의 매입액과 외국환의 매도액이 일치하는 상태인 동액 포지션(square position), 외국환의 매도액이 외국환의 매입액을 초과하는 상태인 매도초과 포지션(over sold position), 외국환의 매입액이 외국환의 매도액을 초과하는 상태인 매입초과 포지션(over bought position) 등이 존재한다. 이외에도 종합 포지션(over all position), 현금포지션 등이 존재한다.

# 제 4 절 국제통화제도와 우리나라의 환율제도

## 1. 국제통화제도

### (1) 국제통화제도의 의의와 목적

국제통화제도는 국가와 국가 사이의 재화와 용역 및 자본거래에 수반되는 국제대차결제에 관련된 모든 경제제도, 경제정책 및 경제활동 등을 의미한다. 국제통화제도는 국제자원의 최적 활용을 통하여 각국 사이의 교역을 확대하고 국제적으로 균형적인 경제성장과 완전고용을 달성하는 한편 실질소득의 증대를 지원하는 데에 목적을 두고 있다.

### (2) 국제통화제도의 변천

#### 1) 국제금본위제도

국제금본위제도(international gold standard system)는 통화의 가치가 금의 일정량에 의하여 정해진다는 국제통화제도이다. 금본위제도를 채택하고 있는 국가에서 외국에 대금을 지급하려는 자는 외국환시장에서 외국통화를 구입하던지 중앙당국으로부터 통화와 금을 교환하여 송금하는 방법을 사용하게 된다.

#### 2) 국제금환본위제도

국제금환본위제도(gold exchange standard system)에서의 금환은 금본위국에서 금태환(金兌換)이 가능한 금본위 통화로 표시된 환어음이나 예금 및 채권 등을 의미한다. 태환(兌換)이란 지폐 또는 은행권을 발행한 자가 정화와 바꾸는 일을 의미한다. 정화(正貨)는 명목가치와 액면가치가 같은 본위화폐, 즉 중앙은행이 발행하는 태환권과 교환할 수 있는 금은화(金銀貨)나 지금(地金)이다. 국제금환본위제도에서는 국제수지의 불균형이 발생하더라도 금과의 태환이 허용되지 않기 때문에 금은 국제금본위제도를 채택하고 있는 국가에서 입수하여야 한다. 그리고 외국환이 필요하게 되면 금을 외국에서 태환하여야 한다.

## (3) 국제통화기금 체제

### 1) 국제통화기금의 성립

국제금본위제도의 붕괴이후 세계경제의 활성화를 위하여 국제통화제도의 수립이 요구되었다. 이에 따라 영국에서는 국제청산동맹안(proposal for international clearing union: Keynes Plan)이, 미국에서는 연합국 환안정기금예비초안(preliminary draft outline of proposal for international fund of the united and associated nations: White Plan)이 발표되어 국제통화기금(International Monetary Fund: IMF)의 성립배경이 되었다.

케인즈(J. M. Keynes)[4] 안은 국제청산동맹을 중심으로 스털링 통화권을 존속하려고 한 것이다. 화이트(D. H. White)[5] 안은 각국 통화 사이의 외환시세의 안정에 중심을 두고 있는 미국 중심의 이론이라고 할 수 있다.

### 2) 브레튼 우즈 체제

1944년 7월에 브레튼 우즈(Bretton Woods)협정이 성립하였다. 브레튼 우즈 체제는 금 및 미국의 달러 본위제를 기본으로 하고 있다. 브레튼 우즈 체제는 고정환율제도이다. 각국은 자국통화의 환율을 평가의 상하 1% 범위 내에서 유지하도록 하였다.

### 3) 스미스소니안 체제

스미스소니안(smithsonian) 체제에서는 금태환성을 결여한 미국 달러를 평가의 기준으로 하고 Wider Band Margin제도를 도입한 데에 특징이 있다. 그러나 통화불안을 진정시키기 위한 과도기적 체제의 성격을 가지고 있었기 때문에 주요국가 사이의 국제수지 불균형을 개선하지 못하였다.

### 4) 킹스턴 체제

킹스턴(kingston) 체제에서는 각국에 환율제도의 선택재량권을 부여하였다. 즉 국제통화기금이 가맹국에 대하여 자국의 여건에 적절한 환율 체제를 자유롭게 선택할 수 있는 재량권을 부여하였다. 킹스턴 체제는 변동환율제도를 공인한 체제이다.

---

4) 정식명칭은 Proposal for an International Clearing Union이다.
5) Scammel W. M., *International Monetary Policy*, 2nd ed., 1961, pp. 122-125.

## 2. 우리나라의 환율제도

### (1) 고정환율제도

우리나라는 1945년 10월 1일 미군정 당국에 의하여 처음으로 미화 1달러당 15원으로 공식 환율이 정해졌다. 이후 1964년 5월까지 고정환율제도를 채택하였다.

### (2) 단일변동환율제도

우리나라는 1964년 5월 3일부터 단일변동환율제도를 채택하였다. 이것은 미국 달러나 특정국 통화의 환율을 결정하고 기타 통화는 국제금융시장에서 미화와 교환할 때에 결정된 환율을 재정하여 결정하는 방식이다. 단일변동환율제도는 1980년 2월까지 시행되었다.

### (3) 복수통화 바스켓제도

우리나라는 1980년 2월부터 실질적인 변동환율제도인 복수통화 바스켓제도로 환율제도를 전환하였다. 복수통화 바스켓제도는 자국과 교역비중이 큰 국가들의 통화를 중심으로 통화군(通貨群)을 구성하고 국제금융시장에서의 변동률을 감안하여 자국통화에 대한 환율을 결정하는 방식이다.

### (4) 시장평균환율제도

우리나라는 1990년 3월부터 시장평균환율제도를 채택하였다. 시장평균환율제도에서는 제한적이나마 국내 외환시장의 수요와 공급에 의하여 환율이 결정된다. 환율이 시장가격을 충분하게 반영함으로써 자유변동환율제도로 이행하기 위한 과도기적 성격을 갖는다.

### (5) 자유변동환율제도

우리나라는 금융시장계획에 따라 점진적으로 외환시장을 개방하여 왔다. 이 계획에 따라 우리나라는 1993년 10월부터 변동 폭이 1.0%로 확대되고 이후 2.25%까지 확대된 후 1996년 이후부터는 완전 자유변동환율제도로 전환하였다.

# 제 5 절 국제금융과 국제금융시장

## 1. 국제금융

### (1) 국제금융의 의의

국제금융(international finance)은 국가와 국가 사이에서 이루어지는 경제활동 가운데 자금의 이동과 관련된 모든 현상을 말한다.

### (2) 국제금융의 발전

#### 1) 국제금융의 태동

12세기말 프레드릭(Frederick) 2세는 금화를 처음 주조하여 상업적인 활로를 개척하였다. 13세기경에는 이탈리아의 군소 도시에 머천트 은행가들이 출현하여 교황청이나 영주들을 대신하여 세금을 징수하였다. 14세기경에는 머천트 은행 회사(merchant banking house)들이 수출입금융과 외환거래를 수행하고 산업체와 무역업자의 설비에 참가하였다. 15세기경에는 지중해 지역들의 은행들이 악성대출, 부실 경영 및 해외지점들 사이의 불화 등으로 인하여 쇠퇴하였다. 17세기와 18세기경에는 유럽에서 민족주의와 중상주의가 발전하였으나 전란으로 인하여 국세금융은 침체하게 되었다. 이 시기에 암스테르담이 금융의 중심지로 부상하였고 국제금융의 중심시가 파리와 런던으로 이동하게 되었다.

#### 2) 19세기의 국제금융

19세기의 국제금융회사들은 외국채의 인수단(引受團) 및 중간거래자로서의 역할을 담당하였다. 이 시기에 영국은 경제가 급속히 발전하였는데 일반대중 및 외국인까지도 런던금융시장을 이용하였다. 19세기 후반에 이르러 은행들이 모여 주주가 되는 콘소시엄 은행(consortium bank)이 다수 설립되었다. 이들 은행들은 유럽에서 공동으로 자본을 조달하여 해외의 철도, 운하 등과 같은 대형 프로젝트에 금융을 제공하였다.

#### 3) 제1차 세계 대전 이후의 국제금융

20세기 초 국제금융은 영국, 프랑스, 독일 등을 중심으로 발전하였다. 이들 3개국은 산업혁명을 성공적으로 수행한 국가들이었다. 그런데 제1차 세계 대전 이후에는 미국이 급속히 부각하기 시작하였다. 이것은 유럽통화의 안전성과 태환성의 기조가 되었던 금본위제도가 퇴색하고 유럽경제가 전란으로 인하여 파탄하였기 때문인 것에 기인한다. 이로 인하여 국제금융의 중심지가 유럽에서 뉴욕으로 이동하게 되어 세계 제일의 금융센터가 되는 계기가 되었다. 이때부터 미국이 국제금융에서 차지하는 비중이 높아졌고 미국의 은행들이 급속한 성장을 하였다. 미국의 은행들은 지점과 현지법인의 형태로 해외에 진출하였다. 일부 콘소시엄 은행들도 진출을 하였으나 대부분 실패로 돌아가고 대규모 은행들만이 해외진출에 성공하였다.

#### 4) 제2차 세계 대전 이후의 국제금융

제2차 세계 대전 이후 미국과 영국의 은행들은 경제적 공황이 발생하였을 때 얻었던 신뢰들을 회복하기 시작하였다. 유럽의 은행들이 태환성을 되찾고 유로 달러들이 무역금융 및 단기국제은행차관에 이용되기 시작하였다. 유로달러시장은 1950년대 영국정부가 파운드화의 대외무역금융 이용에 제한조치를 취하자 이에 대한 대응책으로 형성되었다. 1960년대에 이르러서는 유로커런시시장으로 지칭되는 유럽 내의 미국 달러화 국제금융시장의 발달이 무역금융과 국제단기차관 및 외환거래 등을 활발하게 만들었다. 1960년대 초반에는 유로채시장이 형성되고 1960년대 후반과 1970년대 초반에 걸쳐 유로크레디트시장이 발달하여 국제금융의 발전에 지대한 공헌을 하였다.

### (3) 국제금융의 유형

국제금융 부분에서 직접투자는 투자가가 자본이동뿐만 아니라 경영에도 참가하는 형태이다. 간접투자는 투자자가 기업경영에 참가하지 않고 배당이나 자본수익의 추구 및 이자취득을 목적으로 채권이나 주식투자의 형태로 이루어지는 것을 말한다. 국제금융에서 대출자가 민간인인 경우에는 이를 상업차관, 은행인 경우에는 이를 은행차관, 정부 및 정부기관인 경우에는 이를 공공차관이라고 한다. 국제금융에서 투자기간이 장기인 경우를 국제장기자본이동, 단기인 경우를 국제단기자금이동이라고 한다.

## 2. 국제금융시장

### (1) 국제금융시장의 의의와 요건

#### 1) 국제금융시장의 의의

자본재나 원자재의 연불수입과 같은 공급자 신용의 경우와 기업의 운전 및 투자자금의 조달 등은 외국금융기관 및 국내금융기관을 매개로 이루어진다. 이와 같이 국가와 국가 사이의 자금대차를 매개시키는 시장기구를 국제금융시장이라고 한다.

#### 2) 국제금융시장의 요건

국제금융시장이 그 역할을 수행하기 위해서는 국제금융시장이 존재하는 국가의 통화 교환성, 정치 · 경제 · 사회의 안정성, 외환거래의 자유성, 외국금융기관의 진출 자유성, 금융제도의 국제화 등이 보장되어야 한다.

### (2) 국제금융시장의 형성

#### 1) 런던금융시장

19세기말 이후 국제금본위제도하에서, 각종의 다각적 결제가 런던을 중심으로 행해져 세계의 금, 상품, 장단기자본 등이 런던으로 집중되었는데 이 것이 런던금융시장이다.

#### 2) 뉴욕금융시장

미국 연방준비제도는 1913년 12월 23일 미국 연방준비법에 의하여 설립된 중앙은행제도이다. 미국 연방준비제도는 미국 연방준비제도 이사회, 미국 연방공개시장 위원회, 미국 연방자문회, 미국 연방준비은행 및 6,000여개의 가맹은행으로 결성된다.

#### 3) 유로커런시시장

유로커런시시장은 유로달러시장이라고도 불리는 유로금융시장이다. 유로커런시시장은 유로금융시장 중에서 단기금융시장을 지칭한다. 따라서 장기금융시장인 유로본드시장, 유로머니시장, 유로신용시장, 역외금융전문시장 등과는 구별된다.

# 제 6 장 국제수지와 조정정책

## 제 1 절　국제수지와 국제수지표

### 1. 국제수지의 의의

국제수지(international balance of payment: BOP)는 국제경제거래에서 한 국가의 일정 기간의 거주자와 비거주자 사이에 이루어진 모든 경제적 거래에 따른 외환의 수취와 지급과의 차이를 분류 집계한 것이다. 국제수지는 국민총생산(GNP)이나 손익계산서 등에 나타나는 유동량(flow; 流動量) 개념이다. 국제수지는 한 국가의 대외적 경제활동을 파악할 수 있는 지표가 된다. 그렇지만 한 국가의 국제경제상태 중 일부분만 암시하게 된다.

국제대차(balance of international indebtedness: BII)는 한 국가의 일정 시점에서 거주자가 비거주자에 대하여 가지고 있는 채권 또는 채무의 잔고를 의미한다. 국제대차는 대차대조표 등에 나타나는 저장량(stock; 貯藏量) 개념이다. 즉 국민자본과 같은 개념으로, 국제대차는 한 국가가 채권국인가 혹은 채무국인가를 나타내는 지표가 된다. 따라서 한 국가의 거주자가 다른 모든 국가에 있는 비거주자에 대하여 가지고 있는 채권의 잔고는 대외채권이 되고 채무의 잔고는 총외채가 된다. 총외채에서 대외채권을 차감하면 순외채가 된다.

## 2. 국제수지표

### (1) 국제수지표의 의의

국제수지표는 한 국가의 경제활동을 종합적으로 파악하기 위하여 국민경제의 흐름을 계산하여 기록한 표이다. 즉 한 국가에서 일정기간 거주자와 비거주자 사이에서 발생한 경제거래를 체계적으로 기록한 표이다. 국제통화기금에서는 국제수지일람표를 제시하고 있다. 국제통화기금방식의 일람표는 제1부 재화 및 용역과 이전지급, 제2부 자본 및 화폐용금의 이동, 제3부 제1부와 제2부의 조정으로 구성하고 있다. 따라서 국제수지표는 한 국가의 국내경제와 국제경제 사이에 발생한 상품 및 시비스의 흐름, 실물과 금융채권의 이전거래, 경제거래에서 생긴 대외자산과 대외부채의 변동을 체계적으로 분류하여 복식부기의 원리를 적용하여 계산하고 일정한 양식에 의거 기록한 내용을 나타내게 된다.

### (2) 국제수지표의 구성

국제수지표는 경상거래계정, 자본거래계정, 금융계정, 종합수지계정 등으로 구성된다.

경상거래계정은 국민소득을 직접 발생시키거나 지출을 초래하는 국제거래를 기록한 계정이다. 자본거래계정은 거래주체에 따라 민간부문, 공공부문, 금융기관의 자본거래로 구분하여 기록한 계정이다. 금융계정은 정부나 외국환은행이 보유하는 유동적인 대외단기자산과 부채의 증감을 기록하는 계정이다. 종합수지계정은 집계상의 오차나 자료 원천의 불확실성 등으로 일치하지 않는 경우 이를 일치시키는 계정이다.

### (3) 국세수지의 산출

#### 1) 경상수지

① 경상수지의 산출

경상수지(balance of current account)는 대외경쟁력을 반영하는 기준이 된다. 경상수지는 기초수지 중 무역수지, 무역외수지, 이전수지를 합한 것이다.

② 무역수지

무역수지는 상품의 수출과 수입액간의 차이다. 따라서 무역수지는 상품의 수출입 및 비화폐용 금의 수출입 등에서 나타난 수취액과 지급액의 차이로 그 국가가 무역거래에서 어느 정도의 외화를 보유하게 되었는가를 나타내는 척도가 될 수 있다.

③ 무역외 수지

무역외 수지는 상품의 수출입 이외의 용역의 대외거래에 따르는 수취액과 지급액의 차이이다.

④ 이전수지

이전수지는 급부에 대한 반대급부가 따르지 않는 무상의 재화 용역, 현금 및 자본의 거래에 따른 수취액과 지급액 사이의 차이이다.

#### 2) 기초수지

기초수지는 국제경쟁력을 반영하고 안정적인 대외지급능력을 나타낸다. 즉 한 국가의 장기적인 대외 결제능력을 표시한다. 기초수지는 1962년 미국의 경제자문위원회에서 처음 사용한 기준이다. 기초수지는 경상수지와 장기자본수지를 합한 것이다. 장기자본수지는 기간이 1년 이상 되는 장기자본의 수취액과 지급액 사이의 차이를 의미한다.

#### 3) 종합수지

종합수지는 국제수지의 불균형 상태를 대외결제자금 조달면에서 파악하려고 한 것이다. 즉 종합수지는 경상거래와 장기 및 단기의 자본거래를 자율거래로 보고 중앙은행을 포함한 금융기관의 대외자산 및 부채의 변동만 조정거래로 보는 방법이다.

#### 4) 유동성수지

유동성수지는 유동성의 변화를 표시한다. 동성수지는 기초수지, 비유동성 단기민간자본수지, SDR 배분을 합한 개념이다.

#### 5) 공적수지

공적수지는 정부와 중앙통화기구의 단기자본수지를 제외한 모든 거래수지를 통괄한 개념이다.

# 제 2 절 국제수지와 경제

## 1. 국제수지의 발생

### (1) 자율거래

한 국가에서 국제수지가 발생하는 데에는 자율적인 거래가 중요한 역할을 한다. 자율거래(autonomous transaction)는 자발적 거래라고도 한다. 자율거래는 이윤의 획득이나 효용의 증대와 같이 독자적인 동기에서 발생하는 거래로서 상품과 용역의 수출입, 이전거래, 장기자본거래 등과 같은 거래이다. 자율거래로 인하여 외환의 수취와 지급액이 일치하면 국제수지가 균형되었다고 한다. 자율거래에서 흑자 또는 적자가 발생하면 그와 상응하는 조정거래가 이루어지게 된다. 즉 흑자 상태 또는 적자 상태를 국제수지의 균형을 위하여 조정거래를 하게 된다.

### (2) 조정거래

한 국가에서 국제수지의 흑자나 적자의 상태를 조정하기 위하여 실시하는 거래를 조정거래(compensatory transaction) 또는 유발적 거래라고도 한다. 조정거래는 자율거래의 결과로 발생한 채권과 채무를 조정하는 거래이다. 자율거래에 의하여 외환의 수취액이 지급액보다 많으면 국제수지가 흑자라고 한다. 또 외환의 수취액이 지급액보다 적으면 국제수지가 적자라고 한다. 자발적 거래로 인한 현실적 불균형은 자발적 거래로 인하여 유발된 거래에 의하여 결과적으로 조정하도록 하는 것이다.

자율거래로 인하여 발생한 국제수지의 흑자나 적자는 조정거래를 통한 적자나 흑자로 보전함으로써 사후적인 균형이 발생하게 된다. 조정거래의 예는 중앙은행 또는 외국환은행의 외환보유고 변동을 초래하는 거래이다. 즉 국제수지가 흑자이면 외환보유고가 증가하고 국제수지가 적자이면 외환보유고가 감소하는 현상이다. 결국 조정거래는 국제수지가 불균형되었을 때 이루어지는 것이다.

## 2. 국제수지와 국민경제

### (1) 국제수지의 불균형

국제수지의 불균형이라고 할 때는 단기적 불균형, 장기적 불균형, 구조적 불균형 중의 한 형태로 나타난다.

단기적 불균형은 경기변동이나 수입수요의 가격 및 소득탄력성에 의하여 발생하는 형태이다. 이러한 경우는 경기가 안정되면 해소가 될 수 있다. 장기적 불균형은 한 국가가 현재의 경제발전단계에서 다음 단계로 전환할 때 장기적 변동으로 발생하는 형태이다. 이러한 경우는 과도기적 상태에서 발생하는 불균형이기 때문에 경제발전이 순조롭게 이루어지면 해소될 수 있다. 구조적 불균형은 단기적 불균형과 장기적 불균형의 복합형태이다. 이러한 경우는 다양한 해결방안을 모색해야 하기 때문에 그 해결이 어렵게 된다.

### (2) 국제수지 흑자와 국민경제

국제수지가 흑자이면 국가경제의 건실한 운용이 가능하여, 외채를 감소시킬 수 있는 기반이 된다. 외환사정이 좋아지기 때문에 외국상품을 다양하게 수입할 수 있고 국민들의 외환사용한도가 확대되기 때문에 국민의 생활수준을 더욱 향상시킬 수 있는 기반조성이 가능하게 된다. 종전보다 더 많은 상품을 수입하게 되고, 수출경쟁산업의 증가로 고용이 확대되며 국민소득이 증가하여 국민경제의 발전에 이바지할 수 있다. 국내통화량이 증대되기 때문에 정부의 통화관리가 곤란하게 되고 교역상대국과의 통상마찰을 야기하기도 한다. 또는 흑자상태가 지속되면 물가의 상승가능성이 높아지게 된다.

### (3) 국제수지 적자와 국민경제

국제수지가 적자이면 수출을 통한 외화획득만으로 수입대금의 지급에 충당할 수 없게 되고 외국으로부터 차관을 도입하여야 하며, 외화부목으로 외채상환이 어려워져 국제적으로 신용도가 추락한다. 국제수지가 적자인 상태에서 수출보다 수입이 더 크게 확대되거나 수출이 증대하지 않는 가운데 수입이 증가되는 경우에는 국제수지가 더욱 악화되게 된다.

## (4) 국제수지와 경제발전단계

### 1) 미성숙채무국

미성숙채무국은 국제수지에 있어 무역수지와 무역외수지가 적자이지만 자본수지는 흑자인 상태이다. 미성숙채무국 단계에서는 산업이 발달되어 있지 않고 수출도 미미한 상태이기 때문에 수입을 초과하는 국가가 대부분이다. 그런데 미성숙채무국에서 자본수지가 흑자인 경우가 있는데 이것은 외국자본 차입에 의하여 무역수지의 적자를 충당시키기 때문이다. 즉 경상수지의 적자를 자본수지의 조정으로 균형을 취하는 상태이기 때문에 경상수지의 흑자 또는 적자만을 보고 국제수지의 흑자 또는 적자로 판단하면 안 된다.

### 2) 성숙채무국

성숙채무국은 국제수지에 있어 무역수지가 수출증대에 의하여 균형 또는 수출초과 상태를 이룬다. 무역수지가 균형을 이루는 것은 과거 채무에 대한 이자의 지급과 차입이 같게 되기 때문이다. 그리고 성숙채무국에서 무역수지가 수출초과가 되는 것은 과거 채무에 대한 이자지급이 차입보다 많기 때문에 일어나는 현상이다. 그러나 성숙채무국에서는 무역외수지가 적자인 상태이다.

### 3) 미성숙채권국

미성숙채권국은 국제수지에 있어 무역수지와 무역외 수지의 수출초과 상태는 커지게 되어 경상수지가 흑자인 상태가 된다. 무역수지는 대외투자의 증가에 의하여 지급초과가 되어 경상수지의 수취초과와 균형이 되든지 그 차액이 금 또는 외환의 유출에 의하여 조정되기 때문에 자본수출이 가능하게 된다. 결국 미성숙채권국에서는 무역수지와 투자수익수지의 흑자가 장기자본수지의 적자를 보전하게 된다.

### 4) 성숙채권국

성숙채권국은 국제수지에 있어 무역외 수지가 투자수익의 증대로 인하여 수취초과가 된다. 그러나 무역수지는 수입초과로 전환된다. 즉 성숙채권국은 무역수지가 초과수입이고 무역외수지는 흑자인 상태가 된다. 성숙채권국에서 무역수지와 장기자본수지의 적자는 투자수익수지의 흑자로 충당된다.

# 제 3 절 국제수지 조정

## 1. 국제수지 조정이론

### (1) 가격조정이론

가격조정이론은 흄(D. Hume)의 가격·정화 유출입기구(Price-Specie Flow Mechanism) 이론을 근거로 하는 가격효과 중심의 국제수지 조정이론이다. 금본위제도의 고정환율제도에서 금의 이동에 따른 물가수준의 변화가 국제수지를 자동적으로 조절한다는 이론이다. 즉 가격조정이론은 가격의 변동이 수출입에 영향을 주어 국제수지를 조정하게 한다는 것이다.

### (2) 소득조정이론

소득조정이론은 케인즈(J. M. Keynes)의 소득이론을 개방경제에 확대 적용한 소득효과 중심의 국제수지의 조정이론이다.1)

국제수지가 흑자일 때 수출증가로 국내생산이 증가하면 고용 및 국민소득도 증가한다. 이후 소득증가는 소비지출로 이어져 국산품 소비증가액 뿐만 아니라 수출증가액과 같은 규모까지 수입을 증가시키게 된다. 결국 국제수지 흑자가 적자상태로 변하는 과정에서 국제수지의 균형을 도모하는 것이다. 국제수지가 적자일 때 수출감소로 국내생산이 감소하면 고용 및 국민소득도 감소한다. 이후 소득감소는 소비감소로 이어져 국산품 소비감소액 뿐만 아니라 수출감소액과 같은 규모까지 수입을 감소시키게 된다. 결국 국제수지 적자가 흑자상태로 변하는 과정에서 국제수지의 균형을 도모하는 것이다. 즉 소득조정이론은 소득변동의 역할에 중점을 둔 것으로 국내지출 또는 소득의 변동이 수출입에 영향을 주게 되어 자동적으로 국제수지를 조정하게 된다는 이론이다.

---

1) Harrod, R. F., *International Economics*, 4th., 1957; Alexander S. S., Effects of a Devaluation on a Trade Balance, IMF Staff Papers, April. 1952; 정도영, 전게서, p. 296.

## 2. 국제수지 조정정책

### (1) 기본정책 방향

정책결합(policy mix)은 복수의 정책목표를 동시에 달성하기 위하여 복수의 정책수단을 동시에 결합시켜 적용하는 정책이다. 각국에서는 국제수지 조정을 위하여 다양한 노력을 기울이고 있다. 그렇지만 국제수지의 불균형은 복잡한 요인들이 상호 작용하면서 발생하기 때문에 개별적인 정책만으로 이를 해결할 수 없다. 따라서 국가가 국제수지를 조정하기 위하여 개입할 때는 한 개의 정책만을 독자적으로 수행하기보다는 여러 개의 정책을 결합 또는 병행하여 수행하게 된다. 즉 국내균형을 유지하기 위하여 재정확대정책이나 재정긴축정책을 사용하는 재정정책과 국제균형을 유지하기 위한 금리를 조절하는 금융정책 또는 환율을 조정하는 외환정책을 결합 또는 병행하여 수행하게 된다.

### (2) 지출변동정책

지출변동정책(expenditure changing policy)은 국내총지출의 크기 자체를 변동시켜 수입수요를 억제하여 경상수지를 개선하려는 국제수지 조정정책이다. 지출변동정책의 대표적 수단은 재정정책과 금융정책이다. 재정정책은 국내균형을 유지하기 위하여, 금융정책은 국제균형을 유지하기 위하여 수행하게 된다. 즉 양 정책을 결합 조정하면서 국제수지를 조정하는 것이다. 재정정책에서의 국내균형은 완전고용 및 물가의 안정이고, 금융정책에서의 국제균형은 국제수지의 균형을 의미한다.

### (3) 지출전환정책

지출전환정책(expenditure switching policy)은 국내총지출의 크기는 그대로 두고 수입을 억제하고 수출을 장려함으로써 외국상품에 대한 지출을 국내상품에 대한 지출로 전환시키려는 국제수지 조정정책이다. 지출전환정책의 대표적 수단은 재정정책 및 외환정책이다. 재정정책은 국내균형을 유지하기 위하여, 외환정책은 국제균형을 유지하기 위하여 수행하게 된다. 즉 양 정책을 결합 조정하면서 국제수지를 조정하는 것이다.

# 국제무역경영론

# 제 7 장 기업의 국제경영과 국제화

## 제 1 절 기업의 국제경영

### 1. 국제경영의 의의와 환경

#### (1) 국제경영의 의의

국제경영(international business)은 2국 이상의 국가에서 기업활동이 이루어지는 것을 의미한다. 이에 따라 2개 이상의 이질적인 경제조직과 관계를 맺으며 경영환경이 서로 다른 상태에서 경영활동이 이루어진다.[1]

그래서 국제경영은 국경을 넘는 사업활동을 경영목표로 하거나 학문적 연구의 대상으로 하는 분야[2]라고 정의를 내리기도 한다. 국경을 넘는 사업대상으로는 재화, 서비스, 자본, 노동, 기술이전, 인력관리 등 무역과 관련한 모든 거래 및 경영관리까지 포함된다. 결국 국제경영도 2국 이상이 관련된 기업의 경영형태라고 할 수 있다.

1) Robinson R., *International Business Management*, N.Y., Dryden Press, 1978, p. 17.
2) Robock S., Simmonds K. & Zwick J. *International Business and Multinational Enterprise*, Richard D.Irwin, Inc., p. 3.

## (2) 국제경영환경

### 1) 사회문화환경

국제경영은 상이한 외국의 사회, 문화 환경 속에서 이루어지게 된다. 국내경영에서는 기업의 활동영역이 국내에 한정되어 사회, 문화적 환경이 동질적이기 때문에 적응하기 쉽다. 그런데 국제경영에서는 상이한 언어와 관습이 존재하는 사회, 문화적 환경 속에서 활동하여야 한다. 따라서 국제경영에서는 상대국의 사회문화에 대한 이해가 절대적으로 필요하다. 상대국의 사회문화에 대한 이해는 국제마케팅 활동에 절대적인 영향을 주기 때문이다.

### 2) 경제환경

국제경영은 세계 각국의 상이한 경제환경 속에서 기업활동을 하게 된다. 그런데 국내경영은 동일한 경제환경하에 있기 때문에 어느 정도의 단계에 이르면 정체하는 특성이 있다. 다. 국가와 국가 사이의 경제환경 차이는 각국이 펼치는 경제정책과 경제제도 등과 관련하여 발생한다. 국제기업은 국내경제환경에서는 세제면이나 인력의 수급 등에서 경영활동에 제약을 받을 수밖에 없다. 따라서 국제기업은 상대국의 국민소득, 산업발전 단계 등을 고려하여 유리한 측면이 있으면 해외로 진출하여 국제경영을 하게 된다.

### 3) 기업환경

국제경영은 이질적이고 분산된 시장에서 불안정한 기업환경과 부정확한 정보를 가지고 활동을 하게 된다. 그러나 국내경영은 동질적인 시장과 안정적인 기업환경이 기초가 된다. 또한 국제경영에서는 인적자원을 해외에서 충원하여야 하는 등 현지국과의 마찰을 최소화하여 기업의 이윤을 극대화하는데 주력하게 된다. 그러나 국내경영에서는 이러한 면에 대한 우려가 감소된다.

### 4) 행정제도

국제경영은 현지 정부와 이해관계를 갖게 되기 때문에 현지국의 이질적인 제도적 장치에 의하여 불리한 상황에 직면하기도 한다. 그런데 국내경영은 정부와 협조관계를 유지하면서 기업활동을 하게 된다. 따라서 국내경영이 국제경영보다 수월한 조건하에서 경영이 이루어진다.

## 2. 국제경영의 특성

### (1) 경영목표의 세계성

국제기업의 경영목표는 세계화이다. 초기에 이루어지는 상거래는 생산자 중심의 거래였으나 오늘날에는 소비자 중심의 상거래가 형성되고 있다. 따라서 국제기업은 소비자의 수요가 있는 곳이면 세계 어느 곳이나 진출하였다. 국제기업은 조직을 집중화시키고 경영활동을 일사분란하게 수행함으로써 세계화를 지향하게 된다.

### (2) 경영계획의 보완성

국제기업은 모기업에서 국제경영 계획을 수립하고 자회사가 실행하면서 나타난 문제점을 보완한다. 모기업에서 수립하는 국제경영계획은 사전적인 계획과 사후적인 계획으로 구분된다.

사전적인 계획은 국제사업의 실천가능성, 실천시기, 실천대상사업, 실천대상국, 문제점, 문제에 대한 대응방안 등에 관한 계획이다. 사후적인 계획은 국제사업의 운영에 따른 경영관리상의 문제, 즉 재무관리, 인사관리, 노무관리, 마케팅 관리 등과 발생하는 위험에 대한 문제와 이에 대한 위험관리 문제 등에 관한 계획이다.

### (3) 조직관리의 통합성

국제기업은 2국 이상에서 농종의 사업을 수행하게 된다. 비록 모기업과 자회사가 원거리에 위치하고 있는 상태이지만 기업전체로서의 유기적인 관계를 유지한다. 이것은 국제기업들이 모기업을 중심으로 한 통합관리 체제를 구축하고 있기 때문이다.

모기업은 최고의사결정을 하는 주체로서 생산관리, 판매관리, 마케팅 관리, 재무관리, 회계관리, 인사관리 등에 관한 사항들을 통합하여 지휘, 관리, 감독하게 된다. 그러므로 각국에 자회사가 산재하고 있더라도 기업집단 전체로서의 동일성이 유지되고 이윤을 극대화할 수 있는 것이다. 즉 현지인들을 고용한다고 하더라도 모든 경영방식과 정책들은 모기업의 통합적인 관리를 받게 됨으로써 일관된 관리 체제를 유지할 수 있는 것이다.

### (4) 조직운영의 유관성

국제기업의 조직은 모기업과 자회사 사이에 이루어지는 것이기 때문에 국제적인 성격을 가지고 있다. 국제경영은 기업대상지역이 전 세계이기 때문에 각국에 산재하고 있는 조직들은 각국의 특성을 수용하면서 운영되고 있어 국제성이 강하다. 즉 각국에 있는 조직의 편제 및 인적 구성을 모기업에서 한 개의 조직으로 운영하는 입장에서 보면 인적 구성이 다국적인으로 이루어진다.

### (5) 정보처리의 신속성

국제기업이 국제경영과 관련한 문제가 발생하였을 때 신속하게 대응할 수 있는 가장 큰 이유는 국제기업의 대규모 정보시스템 때문이다. 국제기업의 정보시스템은 세계 전체의 정보를 대상으로 한다. 이에 따라 국제기업은 국제적으로 발생하는 상황에 대하여 계속적으로 경영정보를 수집하고 분석한 결과를 경영활동에 반영함으로써 국제변화에 신속하게 대응할 수 있는 것이다.

### (6) 경영활동의 적극성

국제기업이 보유하고 있는 경영활동의 적극성은 국제경영활동에 대한 인식의 전환을 포함하는 것으로서 단순한 경영활동이 아닌 세계를 지향하는 경영활동을 추구하는 것이다. 국제기업은 다른 국제기업과 경쟁을 하기 위하여 적극적인 사고방식으로 경영을 한다. 국제경영활동은 이러한 적극성을 근간으로 운영되고 있다.

### (7) 경영활동의 현지적응성

국제시장의 경제환경은 국내시장보다 빠르게 변하고 있다. 국내기업들은 국제경제 변화에 쉽게 적응하기가 어렵지만 국제기업들은 국제경제 변화에 신속하게 적응을 하게 된다. 국제기업이 세계 각국에서 신속하게 적응할 수 있는 것은 현지생산 등과 같은 방법을 통하여 현지적응에 노력한 결과이다. 즉 국제기업이 자회사의 인적 조직을 현지인들로 구성함으로써 현지시장의 변화 및 현지수요자의 기호변화에 대하여 신속하게 적응할 수 있는 토대가 마련되어 있다.

# 제 2 절 기업의 국제화

## 1. 기업의 국제화 의의

기업의 국제화(globallization)는 기업이 지향하는 목표에 의하여 이루어지는 활동이기 때문에 기업의 경영목표와 외국의 환경에 적응하는 속도에 따라 각각 다른 단계를 거치게 된다. 기업이 국내시장 중심적 목표를 수립하여 경영활동을 하다가 일정한 수준에 이르면 국제화를 지향하게 된다. 그런데 기업이 국제화를 추구한다고 하더라도 기업의 경영목표는 근본적으로 동일한 취지를 갖게 된다.

## 2. 기업의 국제화 과정

기업의 국제화 과정은 국내시장 지향단계, 수출시장 지향단계, 해외직접투자단계, 세계시장 지향단계 등을 거치게 된다. 국내시장 지향단계는 기업이 본사가 위치하고 있는 본국의 시장수요를 충당할 목적으로 경영활동을 전개하는 단계이다. 기업은 내수시장 위주의 경영을 하게 된다. 내수시장의 경영목표가 달성되면 직접수출 혹은 간접수출 등을 통하여 수출시장을 지향하는 단계에 이르게 된다. 수출시장 지향단계는 국내시장 지향단계를 성공적으로 수행한 기업이 추구하는 단계이다. 수출시장 지향단계에서 기업은 수출시장 및 투자대상국의 수요를 충당하는 목적으로 경영을 수행하게 된다. 해외투자지향단계는 수출시장 지향단계를 성공적으로 수행한 기업이 추구하는 단계이다. 해외투자지향단계에서 기업은 투자대상국을 중심으로 하는 국제시장의 수요를 충당할 목적으로 경영활동을 전개한다. 세계시장 지향단계는 해외투자지향단계를 성공적으로 수행한 기업이 추구하는 단계이다. 세계시장 지향단계에서 기업은 자회사의 소재지와는 관계없이 범세계적인 입장에서 기업을 운영하게 된다. 기업은 세계시장 지향단계에서 각종의 국제계약에 의거한 기업활동을 하게 된다.

# 제 3 절 기업의 국제경영 유형

## 1. 국제라이센싱

### (1) 국제라이센싱의 의의

국제라이센싱(international licensing; 국제허가, 국제인가)은 특정기업이 보유하고 있는 특허, 상표 및 상호, 비법(know-how, 秘法) 등을 외국기업이 일정기간 동안 사용하도록 허가 또는 인가하고 그 대가를 수취하는 것을 목적으로 하는 경영방식이다. 국제라이센싱은 당사자 사이의 협조관계이며 자본투자나 주식취득에 의한 소유권 보유와는 다른 합작방식이다. 따라서 국제라이센싱은 계약에 의해서만 규제되기 때문에 상대기업의 지배를 받을 위험이 없다. 기업이 국제경영을 시도하는 초기에는 국제라이센싱을 선호하게 된다.

국제라이센싱은 기술제휴, 기술수출, 기술제공, 기술원조, 기술대여, 기술계약 등과 같은 개념으로 사용된다. 국제라이센싱에서 기술을 제공하는 기업에서는 기술대여가 되지만 기술을 제공받는 기업에서는 기술도입이 된다. 그러므로 국제라이센싱은 기술을 제공하는 기업이나 기술을 제공받는 기업, 쌍방이 대등한 입장에서 사용할 수 있는 용어이다.

### (2) 국제라이센싱의 대가

국제라이센싱은 공업소유권의 설정 또는 비법의 전수로 이루어진다. 비법 전수는 플랜트 수출에 따른 기술공여로 공업소유권, 즉 특허권, 실용신안권, 상표권, 의장권 등에 대한 사용권도 제공할 수 있다. 국제라이센싱의 대상물을 양도받는 경우에는 양도료를, 국제라이센싱의 대상물을 일정기간 사용한 경우에는 사용료를 대가로 지급하여야 한다. 국제라이센싱의 대가를 일정한 기술에 의하여 제조된 판매액에 따라 지불하면 로열티(royalty)라고 한다. 국제라이센싱의 대가 지급에 있어서 특허나 상표와 같은 소유권을 전제로 하는 경우에는 기술료(라이선스 피, licence fee)라고 한다. 국제라이센싱의 대가를 비법 전수와 같이 비공업적 소유권을 전제로 하면 비법 전수료(know-how fee)라고 한다.

## (3) 국제라이센싱과 지적재산권

### 1) 지적재산권[3])의 의의

지적재산권(intellectual property right)은 인간의 창의적인 정신활동의 결과로서 나타난 지적생산물에 대한 소유권을 의미한다. 따라서 지적재산권은 정신적인 재화인 지적재산과 무형의 재화인 무체재산을 보호대상으로 하는 일련의 사법체계상의 권리이다. 세계지적재산기구(world intellectual property organization: WIPO)에서는 지적재산권은 문학·예술 및 과학적 저작물, 연출·예술가의 공연·음반 및 방송, 인간노력에 의한 모든 분야의 발명, 과학적 발견, 공업의장, 상표·서비스산업·과학·문학 또는 예술분야의 지적활동으로부터 발생하는 모든 권리를 포함하는 것으로 규정하고 있다

### 2) 지적재산권의 유형

① 특허권·상표권·의장권·실용신안권

특허권(patent)은 신규의 공업적 발명을 한 자가 그 발명품 혹은 발명원리에 의하여 제조한 상품을 법정기간동안 독점적으로 제작, 사용, 판매, 발표할 수 있는 권리를 의미한다. 특허권은 새로운 물질자체의 발명에 인정되는 물질특허와 새로운 제조기법에 인정되는 제법특허, 새로운 용도개발에 인정되는 용도특허로 구분된다.

상표권(trademark)은 특정의 생산자, 판매자 또는 기업이 자기의 상품인 것을 나타내는 고유의 문자, 도형, 기호, 색채 또는 이들의 결합으로 표현된 상징에 대한 독점적인 사용권을 의미한다. 법의 보호를 받으려고 등록한 상표가 등록상표인데 그 권리가 상표권이다.

의장권(industrial design)은 상품의 새롭고 독창적인 모양, 형상, 색채 또는 이들의 결합으로 표현된 외관의 전체적인 효과를 독점적인 지배의 대상으로 하는 권리이다. 의장권은 상품 자체의 외관과 관련되어 있는 미적 권리보호를 목적으로 한다. 예를 들면 술병, 향수병, 화장품 병등의 독특한 형태가 의장권에 해당한다.

실용신안권(utility model)은 특허권에 비하여 상대적으로 작은 실용적 발명이나 고안에 대하여 단기간 주어지는 권리로서 상품의 형태, 구조 또는 조립에 관한 기술적 창작에 대한 재산권이다.

---

3) 서정두, 국제통상법, 삼영사, 1996, pp.408-410 참조.

② 저작권

㉠ 저작권의 의미

저작권(copyright)은 저작자가 그 저작물에 대하여 가지는 일체의 인격적, 재산적 권리이다. 즉 학문이나 예술에 관한 인간의 정신적 창작물을 대상으로 하는 권리이다. 그러므로 저작권의 대상은 인간의 정신적 창작물이 된다. 저작권자는 자신이 창작한 저작물을 공표, 출판, 번역, 복제 공연, 연주 등에 있어 저작권 존속기간 동안 독점적, 배타적인 권리를 갖게 된다. 저작권은 저작재산권과 저작인접권, 저작인격권으로 구분된다.

㉡ 저작권의 유형

저작재산권(copyright)은 물권과 같이 저작물에 대한 배타적 권리이다. 저작물의 공표권, 출판권, 복제권, 공연권, 연주권, 전시권, 배포권 등이 이에 해당한다. 저작인접권(neighbouring right)은 저작권에서 파생된 권리이다. 저작물의 실제재현, 저작물이 저장된 음반, 저작물의 방송 등에 대하여 저작물에 준하여 보호되는 권리이다. 즉 소설을 원작으로 하여 연극을 공연한 경우 소설작가에게 저작인접권이 발생한다. 저작인격권(moral right)은 저작자가 저작물에 대하여 자신이 저작자임을 주장할 수 있는 권리이다. 저작인격권은 자신의 저작물을 왜곡하는 행위로 인하여 자신의 인격과 명예가 손상되는 것을 방지하는 권리이다.

③ 신지적재산권 · 첨단산업재산권 · 정보재산권

신지적재산권권에는 산업재산권(industrial copyright), 첨단산업재산권(high technological property), 정보재산권(proprietary information) 등이 있다.

산업저작권은 산업재산권과 저작권의 복합형태이다. 예를 들면 집적회로 설계도는 일정한 크기의 반도체 위에 회로를 배열하는 설계도인데 창작의 방법과 내용은 저작의 성격이 강하지만 그 용도는 산업부문에서의 활용되는데 이에 대한 권리가 산업저작권이다.

첨단산업재산권은 첨단산업에 관련된 산업재산권이다. 예를 들면 반도체 집적회로의 배치설계 또는 배치설계를 내장한 제품에 대한 권리가 반도체집적회로 설계권인데 반도체집적회로의 배치설계 또는 집적회로의 설계에 대한 권리가 첨단산업재산권이다.

정보재산권은 기업의 영업활동 전반에 걸쳐 기업이 보유한 지식과 정보를 보호대상으로 하는 재산권이다.

## 2. 프랜차이징과 계약생산 등

### (1) 프랜차이징

프랜차이징(franchising; 사용권 허가, 특허권 허가)은 일차적으로 본부기업(franchisor)이 보유하고 있는 상표나 상호의 사용권을 가맹기업(franchise)에게 허용하고 본부기업의 조직과 경영방법의 이전 등을 통하여 지속적으로는 가맹기업의 운영을 지원하는 것이다. 본부기업에서 사용하고 있는 제품과 관련한 원리 및 관리시스템에 이르는 전 과정에 대하여 직접, 간접적으로 참여하는 형태이다. 이와 같은 측면에서 프랜차이징은 국제라이센싱의 형태를 갖지만 본부회사의 경영정책과 운영절차를 가맹기업이 준수하여야 한다는 측면에서 본부기업이 가맹기업에 대한 통제가 강한 것이 특징이다. 본부기업이 설비, 간판, 판매촉진광고물 등을 제공하지만 본부기업과 가맹기업과 소유권은 분리되어 있다.

### (2) 계약생산

계약생산(contract manufacturing)은 국제기업이 진출대상국에 있는 기존의 제조업체로 하여금 일정한 계약조건을 전제로 제품을 생산하고 이를 현지국 시장이나 제3국에 판매하는 형태이다. 계약생산은 현지시장의 규모가 직접투자 형태로 진출하기에는 너무 협소하거나 현지국의 무역장벽으로 수출을 통한 진출이 사실상 곤란할 때 유용한 방식이다.

### (3) 관리계약

관리계약(management contract)은 계약을 통하여 현지국 기업의 영업활동을 관리할 권한을 부여받아 경영서비스를 제공하고 일정한 대가를 수취하는 형태이다. 관리계약은 자본의 투자 없이 외국기업체에 경영용역을 제공함으로써 해외진출이 가능하다.

### (4) 국제건설협력

국제건설협력(international contracting)은 도로 항만, 댐 상수도, 통신시설, 주택 등과 같은 대규모 건설사업을 계약에 의하여 보수를 받고 현지국에서 건설하는 형태이다.

# 제 8 장 국제경영과 위험관리

## 제 1 절 국제경영과 위험

### 1. 위험의 의의

#### (1) 불안 또는 확실성

일반인들이 사용하는 위험이란 개인적으로 불확실하고도 불안한 상황에 대한 표현으로 볼 수 있다. 아데른(J. L. Athearn)은 위험이란 기대에 대한 불리한 일탈의 가능성[1])이라고 하였다. 윌리암스(C. A. Williams)와 하인즈(R. M. Heins)는 위험이란 어떤 일정한 상황에서 일정기간 중에 일어날 수 있는 결과의 변동[2])이라고 하였다. 그린(M. R. Greene)은 위험이란 어떠한 사건의 발생에 관하여 존재하는 불확실성을 의미하는 것[3])으로 정의하고 있다.

---

1) Athearn James L., *Risk and Insurance*, Meredith Corporation, 1969, p. 1.
2) Williams C. A. and Heins R. M., *Risk Management and Insurance*, McGraw-Hill Book Company, 1976, p. 1.
3) Greene M. R., *Risk and Insurance*, 2nd ed., South Western Publishing Company, 1968, p. 2.

### (2) 손실의 원인

손실의 원인(peril)은 손해를 일으킬 가능성이 있는 우연한 사고 또는 그 자체를 의미한다. 보험에서는 손실의 원인을 손해의 원인이 되는 우연한 사고[4]로 규정하고 있다. 손실의 원인이라는 용어는 확률과 관련지어 사용하는데 화재, 차의 충돌, 태풍, 홍수, 비행기의 추락 등이 해당된다.

### (3) 위험상태

#### 1) 위험상태의 의의

위험상태(hazard)는 사고발생에 영향을 미치는 상태 및 조건 그리고 환경 등을 의미한다. 따라서 위험상태는 손실을 증가시키기나 또는 손실을 발생시키는 위험사정을 의미한다. 위험상태의 예로는 화재의 원인이 되는 성냥 혹은 사고를 증가시킬 수 있는 계단이라든가, 비행기의 추락을 유발시킬 수 있는 악천후 등을 들 수 있다.

#### 2) 물리적 위험상태

물리적 위험상태는 손실원인을 발생시키거나 증가시키는 물리적 특성에서 나오는 하나의 상태 또는 상황을 의미한다. 따라서 물리적 위험상태는 인간의 힘으로는 어찌할 수 없는 것이 대부분이다. 물리적 위험상태의 예로는 건물의 위치 및 구조, 교통환경, 위생환경 등을 들 수 있다.

#### 3) 도덕적 위험상태

도덕적 위험상태는 인간의 개인적 비윤리적 성격이나 성향에서 비롯되는 상태 또는 상황을 의미한다. 도덕적 위험상태는 손해에 대한 무관심, 혹은 손해빌생에 관한 노골적인 소망을 가지기 때문에 자기 자신이 손실을 일으키는 경우이다. 또는 도덕적 위험상태는 손실을 방지하거나 경감시키려고 생각만 하면 실행할 수 있는데도 불구하고 고의적으로 손실발생의 방지나 경감에 노력을 기울이지 않는 상태이다. 도덕적 위험상태의 예로는 옆집에 화재가 났는데도 불구하고 아무런 방재수단을 강구하지 않는 행위 또는 사람이 많이 다니는 인도에 상품을 쌓아 두고 방치하는 등의 행위를 들 수 있다.

---

4) *Ibid*., p. 8.

#### 4) 잠재적 도덕위험상태와 법률적 위험상태

잠재적 도덕위험은 사고를 자주 일으키는 경향이 있는 사람에게 특유하게 볼 수 있는 잠재적인 정신태도이다. 잠재적 도덕위험이 특별한 의식 없이 표출되는 위험사정 또는 위험상태를 잠재적 도덕위험상태라고 한다.

법률적 위험상태는 법률적인 사건 등과 관련하여 발생하는 상황을 의미한다. 법률적 위험상태는 개인적으로나 사회적인 활동을 하는 과정 중에 법률적인 위반을 하여 법적인 배상하여야 하는 상태이다. 법률적 위험상태는 법에 대한 인식이나 지식이 해박한 경우나 무관심한 경우에도 발생하게 된다.

### (4) 위험과 손해와의 연관관계

위험은 손실의 원인이 되는 사고발생에 관한 불확실성이다. 그리고 불확실한 사정이나 상황이 위험상태인 것이다. 이러한 위험상태는 손실의 원인을 유발시키거나 증가시키게 된다. 즉 불확실한 위험상태에 의하여 손실의 원인이 유발되거나 증가되는 것이다. 그리고 불확실한 위험상태가 확실한 위험으로 나타나면 손해로 귀결되는 것이다.

## 2. 위험의 종류

### (1) 순수위험과 투기위험

순수위험은 이미 이 세상에 존재하는 것으로 경제적 손실이 있거나 또는 경제적 손실이 없는 상태를 발생시키는 위험이다.[5] 순수위험의 예로는 공장의 화재위험 등을 들 수 있다. 즉 공장에 화재가 발생하였다면 공장 주인은 재산상의 손실을 입게 된다. 그러나 공장에 화재가 발생하지 않았다 하더라도 공장 주인이 이익을 얻는 것은 아니다. 투기위험은 이득의 가능성과 손실의 가능성을 동시에 포함하고 있다. 투기위험은 어떤 일오 상당한 이익을 얻기 위하여 투자를 하거나 행동을 취하는데 어떤 일이 실제로 생긴 경우 그 주체에 이익 또는 손실 중 어느 하나를 초래시키는 위험이다.

---

5) Mowbray A. H., Blanchard R. H. and Williams, Jr C. A., *Insurance*, 6th ed., McGraw-Hill Book Company, New York, 1969, pp. 6-8.

### (2) 정적 위험과 동적 위험

정적 위험은 사회경제적 변동이 없는 상태에서 발생하는 위험이다.[6] 사회경제적 변동이 없는 정적 위험의 예로는 자연발생적이거나 천재지변에 해당하는 지진, 폭풍우, 홍수 등과 같은 물리적 위험을 들 수 있다. 정적 위험은 인간의 부주의나 범죄에 의한 도난, 사기, 공금유용, 방화 등과 같이 도덕적 측면에서 초래 도리 가능성이 높은 위험이기도 하다. 동적 위험은 사회경제적 변동 속에서 발생하는 위험이다. 동적 위험은 인간의 욕구의 변화나 기술 및 조직의 변화에 관련하여 발생하는 위험을 의미한다. 동적 위험은 이득과 손실 발생 가능성의 쌍방을 포함한다.

### (3) 기본적 위험과 특수적 위험

기본적 위험은 원인이나 영향이 개인적인 것이 아니고 집단적이고도 사회적인 것이다.[7] 즉 기본적 위험은 사회적 변동이나 정치적 변동 또는 자연계의 이상한 변동에 의하여 생기는 위험으로 개인의 능력으로는 제어할 수 없는 대규모의 위험이 따르는 것이 대부분이다. 기본적 위험의 예로는 인플레, 실업, 전쟁, 관습의 변화, 홍수, 지진 등을 들 수 있다. 특수적 위험은 위험의 원인과 결과가 개인의 특수한 사정과 관련하여 발생한다. 이에 따라 특수적 위험은 개인의 능력으로 제어가 가능한 것이 많다. 특수적 위험의 예로는 상해라든가 화재, 도난, 재산의 손실, 배상책임 등과 같이 순수위험의 범주에 해당하는 것을 들 수 있다.

### (4) 주관적 위험과 객관적 위험

주관적 위험은 개인의 정신적 또는 심리적 상태에서 발생하는 심리적 불확실성을 의미한다. 주관적 위험을 발생시키는 요인은 성별, 연령, 직업, 교육정도, 지식수준, 사회적 지위 등이다. 객관적 위험은 측정이 가능한 불확실성에 기인하는 위험이다. 객관적 위험에는 대수의 법칙을 적용할 수 있다. 객관적 위험의 예로는 동전던지기, 수사위 던지기 등을 들 수 있다.

---

6) Willet Allan H., *The Economic Theory of Risk and Insurance*, University of Pennsylvania Press, 1951, p. 8.
7) Kulp C. A. and Hall J. W., *Casualty Insurance*, 4th ed., The Ronald Press Company, 1968, p. 3.

## 제 2 절 국제경영과 기업위험관리

### 1. 위험관리와 위험관리자

#### (1) 위험관리의 의의

위험관리(risk management)에 대한 정의는 통일되어 있지 못하다. 버글린(Baglins)은 위험통제(loss control)와 위험재무(loss financing)의 최적 조합에 의하여 순수위험의 비용을 최소화하도록 기업자금을 할당하는 경제적 과정[8]으로, 가메이 도시아끼(龜井利明)는 기업의 도산을 방지하고 기업경영의 합리적 운영을 도모하기 위하여 행하여지는 기업의 위험의 과학적 관리[9]라고 정의하고 있다. 이외에도 많은 학자들이 위험관리에 대하여 논하고 있지만 정확한 정의는 내리지 못하고 있다. 결국 위험관리는 개인이나 기업의 목적 달성을 위한 과정에서 발생하는 순수위험을 과학적으로 관리하는 것이라고 할 수 있다.

위험관리의 목적은 개인이나 기업이 활동과정 중에서 당면하는 순수위험으로 인하여 발생되는 손실을 방지하거나 최소의 비용으로 손실을 최소화시킴으로써 개인이나 기업의 이윤을 극대화하는 것이다. 위험관리는 국제기업의 성장촉진, 기업의 손해 최소화, 국제기업의 경영 효율화, 국제기업의 경영관리 지원을 목적으로 하는 것이다.

#### (2) 위험관리자

위험관리자는 최고경영자가 의사결정을 할 때에 올바른 의사결정이 가능하도록 조언과 조정을 하는 역할을 담당한다. 이에 따라 위험관리자는 위험관리 책임을 수행하는 데에 필요한 특수분야의 전문적 지식과 단른 부서내의 사람들과 함께 효과적으로 업무를 수행하기 위한 능력을 갖추어야 한다. 위험관리자가 전문적인 능력을 발휘하기 위해서는 법률, 기업안전관리, 회계, 보험 등에 대한 지식을 겸비하고 있어야 한다.

---

8) Baglins Norman A., *Risk Management in American Multinational and International Corporation*, University Microfilms International, 1974, p. 4.

9) 龜井利明, リスク・マネジメントの理論と實務, ダイセモント社, 1980, p. 1.

## 2. 위험관리과정

### (1) 위험의 확인

위험의 확인은 국제기업의 경영활동에 대한 위험관리 중에서 첫 단계이다. 국제기업의 위험은 예기치 않은 법률상의 책임, 이익과 손실의 기복, 사원의 작업태만, 계약상의 거래분쟁, 노사대립과정, 컴퓨터의 기록파기 등과 같은 위험이 수많이 잠재하고 있기 때문에 위험관리자는 실재적 위험이건 잠재적 위험이건 확인을 위하여 최선을 다하여야 한다.

### (2) 위험의 분석과 도구

점검목록표(check-list card)는 국제기업에 내재하고 이종복합적인 원인을 발견하는 데에 사용한다. 재무제표(financial statement)는 대차대조표와 손익계산서 등에 기록된 내용을 근거로 하여 기업의 물적 자산에 대한 손실이나 인적 손실 혹은 배상책임 등을 확인하려는 경우에 활용한다. 대차대조표는 국제기업의 활동을 일시 정지 상태로 나타내는 것이다. 손익계산서는 특별손실의 항목은 과거에 기업이 어떠한 위험에 조우하였는지, 또 그 위험은 어느 정도의 강력한 것이었는가를 분석하는데 중요한 자료가 된다.

작업공정표(flow chart)는 생산공정과정, 공급과 유통구조과정, 기업 내의 상호의존관계 등과 같은 국제기업구조나 유통과정을 도표로 작성한 것으로 국제기업에 잠재되어 있는 위험을 분석하는 자료로 사용한다. 작업공정표를 이용하여 위험을 분석하는 것은 생산, 공급, 유통과정 중에서 나타나지 않는 원재료에 대한 상호관계를 파악하는 것이다.

### (3) 위험의 측정

기업의 위험측정은 기업위험의 발생과 관련한 위험의 빈도와 위험의 강도에 관한 측정이다. 위험의 빈도와 위험의 강도 중에서 어느 것을 더 중요하게 취급할 것인가는 최고경영자가 결정하는 사항이다. 위험관리에서는 일반적으로 위험의 빈도보다는 위험의 강도를 보다 중요시한다. 최고경영자는 적은 손실이 자주 발생하는 것보다도 한 번의 대재해가 발생하여 기업이 재무적으로 파탄에 직면하던지 위협받는 것을 좋아하지 않기 때문이다.

### (4) 위험관리 방법의 선택

위험이 분류되면 기업위험을 처리하기 위한 최선의 방법을 결정하여야 한다. 위험처리의 방법은 크게 위험통제와 위험재무로 구분된다. 위험통제는 기업의 인적 자산이나 물적 자산 또는 배상책임 등에 미치는 위험의 빈도와 강도를 예방하거나 경감시키는 것이다. 위험재무는 손실발생에 따른 비용을 최소화하거나 손실을 보전하는 방법이다. 위험재무는 정도 이상으로 자금을 사용하지 않거나 불요불급한 비용의 지출은 억제하는 것 등이다.

### (5) 재평가 및 기록보관

위험관리의 마지막 단계는 위험관리계획의 재평가 및 기록의 보관이다. 위험관리계획의 올바른 평가는 다음의 계획을 수립하기 위하여 매우 중요하다. 위험관리의 성과에 대한 평가는 그 위험관리계획이 경영목적을 위하여 적절하고도 유효하게 행하여졌는가에 대한 평가와 직결된다. 위험관리계획의 재평가 및 기록의 보관은 다른 위험이 돌발적으로 발생하였을 때에 정확한 판단을 할 수 있도록 도움을 준다.

## 3. 위험통제와 수단

### (1) 위험통제

#### 1) 위험통제의 의의와 목적

위험통제(risk control)는 위험사정을 감소시키거나 배제하는 조치를 의미한다. 기업위험은 위험의 빈도와 위험의 강도가 어느 정도인가로 파악한다. 이를 위해서 국제기업은 일정기간에 발생한 위험률을 파악하여 그 빈도와 강도에 따라 위험통제에 활용한다.

위험통제는 국제기업의 물적 자산과 인적 자산 또는 배상책임 등에 영향을 미치는 잠재적 손실사고를 예방하거나 또는 경감하는 것을 목적으로 한다. 즉 위험통제는 위험의 예방, 위험의 경감 등이 주목적이다. 위험의 예방은 기업위험의 원인이나 위험사정을 제거 또는 배제하여 국제기업의 자산을 안전하게 유지하는 것이다. 위험의 경감은 위험의 강도를 감소 또는 제거하는 것이다.

#### 2) 자유위험통제와 거점위험통제

자유위험통제(free loss control)는 국제기업이 기업환경에서 발생할지도 모를 경제적 위험과 법적 책임문제 등을 회피하거나 제거하기 위한 방법이다. 즉 자유위험통제는 위험발생 전에 이루어지는 통제방법으로 위험이 발생하는 경우에 국제기업의 자산손실을 최소화하거나 기업자산을 보호하기 위하여 예방책을 수립하는 것을 의미한다.

거점위험통제(post loss control)는 이미 현실화한 손실로부터 신속하고 안전하게 회복을 꾀하는 방법이다. 즉 거점위험통제는 위험발생 후에 이루어지는 통제방법으로 위험이 발생한 경우에 취해야 할 대응조치나 손실발생 후에 취해졌던 각종 조치의 결과에 대한 분석 및 기록의 보관 등을 의미한다.

### (2) 위험통제계획

#### 1) 위험통제계획의 의의

위험통제계획은 불성실, 무관심, 과실 등에 의한 국제기업의 자산손실을 예방 또는 경감시키는 것이다. 위험통제의 가능성을 모색하는 것은 경영의 전문적 기법의 하나이다.

그러므로 위험통제계획을 수립할 때는 손실원인의 확인, 손실의 제거 또는 최소화를 위한 방법, 효과적인 위험통제수단의 설정, 기업목적의 수행, 대체 위험통제계획의 준비, 위험통제계획을 지원하는 회사의 기술과 자료의 보존상태 등을 고려하여 기업이윤을 극대화하는 데에 기여할 수 있는 위험통제계획이 되도록 하여야 한다.

#### 2) 위험통제계획 수립의 원칙

국제기업이 위험통제계획을 수립할 때는 당해 기업에 잠재하고 있는 위험이 무엇인가, 무엇을 대상으로 통제계획을 수립하는가를 명확히 하여야 한다. 이를 위해서는 정확한 정보의 수집과 분석이 필요하다. 국제기업이 위험통제계획을 수립할 때는 위험통제계획을 수립하는 데에 따르는 책임을 분산시킬 수 있는 대책이 마련되어야 한다.

국제기업이 위험통제계획을 수립할 때는 야 한다. 국제기업의 경영목적과 경영원칙을 함께 고려하여 국제기업의 특성에 맞는 계획을 효과적으로 수립하여야 된다. 국제기업이 효과적인 위험통제를 하기 위해서는 국제기업내부의 각 부서 업무에 정통한 사람과의 협조 및 업무 외적인 요인까지 고려하여야 한다.

### (3) 위험통제의 수단

위험의 회피는 손실 발생 가능성이 있는 위험을 회피하여 그 가능성을 제거하는 것이다. 위험의 분리는 손실 발생 가능성이 있는 위험을 분리시켜 손실의 규모를 최소화하는 방법이다. 위험의 결합은 손실발생 가능성이 있는 아주 낮은 위험을 결합시킴으로써 위험의 측정수치를 높여 손실발생에 대한 예측을 할 수 있도록 하는 통제방법이다.

## 4. 위험재무와 수단

### (1) 위험재무의 의의와 목적

위험재무(risk financing)는 위험통제 대책을 강구한 후 존재하는 위험에 대하여 최소의 비용으로 최대의 효과를 올리려고 취하는 방법이다. 즉 위험을 인식하고 위험의 발생 이전에 비용을 투입하여 대책을 강구하고 위험 발생 이후에 투입된 비용으로 위험에 의하여 야기된 손실을 보전하는 방법이다.

위험재무의 목적은 현실적으로 발생하는 기업위험에 대하여 가능한 범위 내에서 적은 비용으로 자금을 충당하여 보전시키려는 것이다. 위험통제와 위험재무는 서로 밀접하게 관련하고 있기 때문에 어느 한 쪽이 결여되어도 만족한 위험관리 임무를 행할 수가 없다. 기업경영상 아무리 노력을 기울여도 기업위험의 완전한 회피 및 경감을 기하기는 어렵다.

### (2) 위험재무의 수단

#### 1) 위험의 보유

① 위험의 보유 의미와 보유 이유

위험의 보유는 이미 위험의 발생을 필연적으로 받아들이면서 그에 대한 처리방법을 강구하는 것이다. 위험의 보유는 적극적인 보유와 소극적인 보유로 구분된다. 적극적인 보유는 필연적인 위험에 대하여 위험관리계획을 수립하여 대비하는 형태의 위험보유이다. 소극적인 보유는 위험에 대하여 태만 또는 무시하였거나 위험을 확인하였음에도 불구하고 이미 위험이 실재하였기 때문에 위험을 감수하는 것을 의미한다.

② 위험의 보유 방법

외부자금 충당은 국제기업의 사칙에 의거한 차입금을 기업위험을 대비하기 위하여 충당하는 위험보유방법이다. 차입금을 준비하는 경우 자기자금과 차입금의 비용 및 차입금의 반제기간, 이자율에 대한 자사의 반제능력을 정확히 파악하고 결정하여야 한다.

내부자금 충당은 경상비, 손실준비금, 무보험, 적립준비금 등을 기업위험을 대비하기 위하여 충당하는 위험보유방법이다.

### 2) 위험의 이전

① 위험의 이전 의미와 이전 이유

위험의 이전은 위험 발생이 예측되는 경우 그 발생 가능한 위험에 대해서 비용을 이용하여 타인에게 이전하는 것이다. 위험의 이전은 비용을 투입하여 위험을 이전시킨다는 전제하에 시도되는 것이지만 비용의 투입 이후에 실제로 위험이 발생하지 않는 경우 투입된 비용을 회수할 수 있는가의 여부는 중요한 변수가 된다. 따라서 국제기업이 기업위험을 보험에 이전될 수 있는가에 대한 여부의 결정은 재무적 안정성과 이익성 그리고 보험비용에 의하여 결정된다. 그러므로 국제기업이 위험재무계획에 의하여 기업위험을 보험에 이전하는 경우는 국제기업의 재무적 안정성을 증대시킬 수 있다고 판단되는 경우에 한한다.

② 위험의 이전 방법

위험의 이전은 순수위험을 주로 취급하는 보험의 이전과 투기적 위험을 주로 취급하는 보험의 이전으로 구분한다.

보험에 의한 위험의 이전은 기업의 자금으로 보험에 부보하는 것이다. 보험에 의한 이전은 위험관리에 있어서의 위험처리기법으로서 가장 뛰어난 것이다.

### 3) 보험외 이전

보험외 이전은 위험을 인수하는 것을 주 업무로 하지 않는 주체에 어떤 경제주체의 손실위험이 재무적 부담, 또는 법적 책임을 계약이라고 하는 형태로서 이전하는 것으로 정의된다.[10] 보험외 이전의 주된 목적은 손해에 대한 법적 책임과 손해에 대한 재무적 부담 책임을 계약상대방에게 전가시키는 것이다.

10) Head George L., *Risk Management Pross*, Risk and Insurance Management Society, Inc., 1978, p. 63.

# 제 3 절 국제경영과 자금위험관리

## 1. 자금관리의 원칙[11)]

### (1) 유동성의 원칙

유동성의 원칙은 기업이 보유하는 자금을 언제나 사용할 수 있도록 가용성, 시장성, 교환성, 이체성 등을 확보하여야 한다는 원칙이다.

### (2) 안전성의 원칙

안전성의 원칙은 국제거래에서 신용분석 및 여신조사를 강화하여 신용상태가 우수한 고객에 신용을 제공하거나 증권에 투자하여야 한다는 원칙이다.

### (3) 수익성의 원칙

수익성의 원칙은 국제거래에서 조달비용을 극소화하고 이자 및 자본소득을 극대화하여야 한다는 원칙이다. 그래서 국제기업은 국제거래에서 자본소득을 올릴 수 있는 다양한 방법 등을 구상하여야 한다.

### (4) 국제신인의 원칙

국제신인의 원칙은 국제거래에서 자금조달이나 자금운용은 제3자가 객관적으로 신뢰할 수 있는 것이어야 한다는 원칙이다. 국제기업이 보유한 자금의 국제신인도가 높으면 결제수단이나 운용수단으로서의 가치가 높아지지만 국제신인도가 낮으면 효용성이 떨어져 기업에서 필요한 시기에 적절하게 사용하지 못하는 결과를 초래할 수도 있다. 따라서 외화를 보유하고 있더라도 국제신인도가 높은 외화는 기업경영에 유동성을 쉽게 제공할 수 있지만 신인도가 낮다면 유동성에 위험을 초래할 수 있다.

11) 김경림, 국제금융 및 자금관리론, 법문사, 1983, pp. 316-318 참조.

## 2. 자금관리의 기법

### (1) 국가위험관리

국가위험(country risk)은 채무국의 정치, 경제, 사회 상황 등에 따라 대외채무의 원리금 상환불이행이나 상환불능 사태가 발생할 가능성이 잠재하는 위험이다. 따라서 국가위험관리는 이러한 국가위험에 대한 위험관리를 의미한다. 국가위험을 측정하기 위한 요소는 채무국의 경제규모 및 성장지표, 대외거래관계, 국제수지 상황, 대외지급준비 상황, 대외채무 상황 및 상환부담 상황, 재정관리 능력, 정치적 안전성 등이다.

### (2) 금융자산관리와 금융부채관리

금융자산관리는 예수금으로 조달된 보유자금의 범위 내에서 법정 또는 임의적립금을 제외한 여유자금을 대출금 및 유가증권 투자자금으로 조정, 운영하는 관리를 의미한다.

### (3) 금리위험관리

금리위험관리는 금리변동에 따른 위험을 방지하여 경영수익을 극대화하려는 것이 목적이다. 금리위험관리의 기법으로는 여수신기간의 단기화 및 분산, 수신기간의 일치(maturity match), 갭(gap)과 스프레드(spread) 등이 있다.

### (4) 환 위험관리

환위험(foreign exchange risk)은 장래의 환율변동으로 인하여 외화표시 자산과 부채 및 손익의 흐름과 관련한 자국통화의 가치가 절하될 가능성이 있는 환차손위험을 의미한다. 환 익스포주어(exchange exposure)는 어떤 기업이나 개인이 외국환의 거래, 대출, 투자와 관련하여 부담하게 되는 환위험이다. 환 익스포주어는 환율변동에 의한 환차익 및 환차손의 발생 가능성까지 포함한 중립적인 개념이다.

환 위험관리의 기법에는 맷칭(matching), 선수지급(leading)과 지연수령(lagging), 커버링(covering), 헷징(hedging), 스왑(swap), 금리재정거래(interest rate arbitrage) 등이 있다.

# 제 9 장 다국적기업의 해외진출

## 제 1 절 다국적기업의 개요

### 1. 다국적기업의 의의와 특성

#### (1) 다국적기업의 의의

다국적기업(multinational corporation, enterprise)은 경영활동의 대상이 되는 국가의 수, 기업소유권자의 국적의 수, 최고경영층의 국적보유 수가 2이거나 그 이상인 경우를 의미한다.[1] 다국적기업은 구조적 기준으로 제조업을 6개국 이상에 투자하거나 초국적 주체에 의하여 관리되는 경우, 다국적기업에 포함한다. 다국적기업은 경영성과 기준으로 해외부문의 매출액, 투자, 생산, 고용 등이 차지하는 일정 비율을 기준으로 정하여 놓고 이에 해당하는 경우, 다국적기업으로 분류한다. 일정 비율 이상인 경우에는 당연하게 다국적기업의 범주에 포함시킨다. 다국적기업을 기업의 경영목표 기준으로 기업경영의 관점이 국제적인 경우, 기업이 세계적인 관점에서 자원배분을 하는 경우, 기업이 세계시장을 하나의 시스템으로 보고 각국의 기업경영전략을 유기적으로 조정하는 경우를 다국적기업이라고 한다.

1) Brooke M. Z., and Remmers H. L., *The Strategy of Multinational Enterprise*, London, 1971 p. 5.

### (2) 다국적기업의 특성

#### 1) 대규모 자본

다국적기업은 자금의 동원력이 우수하기 때문에 대규모의 자본을 보유하고 있다. 다국적기업의 경쟁력은 기업의 자산, 매출액 등의 규모로 비교할 수 있다. 다국적기업들은 모기업을 중심으로 자본이 집중되어 있는 것이 일반적이다.

#### 2) 대규모 생산

다국적기업의 공장에서 생산하는 물품의 생산량은 세계를 상대로 하는 것이기 때문에 대규모로 이루어진다. 더구나 세계 곳곳에 있는 자회사에 속한 공장에서 생산하는 것은 현지의 적응력을 높이는 것이기도 하지만 궁극적으로는 현지의 무역장벽을 해소하는 데에도 도움을 주고 있다.

3) 대규모 판매

다국적기업들은 모기업과 세계에 있는 자회사들에서 달성하는 매출액 또한 일반기업 보다 거대하다. 판매 또한 전 세계적으로 이루어지기 때문에 판매량도 대규모가 된다. 모기업을 중심으로 한 자회사와의 유기적 관계를 통하여 판매의 과정을 일관되게 관리한다. 이에 따라 판매과정에서 일반기업보다 비교우위를 차지할 수 있다.

#### 3) 세계적인 조직

다국적기업의 조직은 모기업, 자회사, 단순생산거점 등으로 조직되는 대규모의 형태를 갖추게 된다. 이에 따라 모기업을 중심으로 2국 이상에 조직망을 갖게 된다.

다국적기업의 모기업에서는 경영목표 및 장기계획을 수립한다거나 연구기술개발, 재정금융관리 등을 수행한다. 모기업은 주로 선진국에 소재하고 있다. 다국적기업의 자회사는 모기업의 의사결정에 따라 현지에서 활동을 하게 된다. 자회사는 정보전달, 교육훈련 등을 담당하는 중간관리역할을 한다. 자회사가 최종 조직인 경우에는 자회사가 모기업의 지시를 받아 단순생산에 종사할 수도 있다. 그러므로 자회사의 소재지도 조직여건에 따라 결정되기 때문에 특정지역으로 소재지가 한정되지는 않는다. 다국적기업의 단순생산거점은 자회사의 지시를 받아 단순생산에 종사하게 된다. 주로 현지인을 채용하여 운영한다. 단순생산거점은 주로 후진국을 중심으로 한 노동력이 풍부한 국가에 위치하게 된다.

## 2. 다국적기업의 유형

### (1) 원자재 지향형 다국적기업

원자재 지향형 다국적기업은 해외투자국 기업이 천연자원 내지 원재료가 저렴하거나 안정적인 공급원을 찾아서 해외투자를 하여 경영하는 기업이다. 천연자원 지향형 및 1차 산업 지향형 다국적기업이라고도 한다. 원자재를 확보할 목적으로 해외에 진출하는 다국적기업 들이 이에 속하는 유형이다.

### (2) 인적자원 지향형 다국적기업

인적자원 지향형 다국적기업은 선진국기업이 개발도상국의 풍부하고 저렴한 노동력의 이용을 목적으로 해외투자를 하여 경영하는 기업을 의미하며, 노동지향형 다국적기업이라고도 한다. 자국 내의 노동력이 부족하거나 임금이 높은 경우에는 노동력이 풍부하거나 임금이 낮은 곳에서 물품들을 생산하여야 수익을 창출할 수 있기 때문에 오늘잘 선진국에서 후진국 등으로 기업의 생산거점을 이동시키는 경우가 많다.

### (3) 시장 지향형 다국적기업

시장 지향형 다국적기업은 기업이 자국시장을 초월한 외국시장 내지 세계시장을 대상으로 매출액의 확대, 이윤의 극대화를 위하여 해외에 투자하는 기업을 의미하며, 시장 확보형 다국적기업과 시장 개척형 다국적기업으로 구분된다. 기업이 생산한 물품을 자국에서 판매할 때에 판매가 포화상태가 되면 새로운 시장을 개척하여 판매를 할 수 밖에 없는데 바로 이에 해당하는 다국적기업이다.

### (4) 입지조건 지향형 다국적기업

입지조건 지향형 다국적기업은 기업이 시장, 원료, 에너지 자원, 용지, 용수, 운송설비 등의 최적의 입지조건을 추구하여 해외에 투자하여 경영하는 다국적기업을 의미한다. 이것은 공장이나 회사를 설비하는 데에 있어서 유리한 국가로 진출을 하는 모형이다.

# 제 2 절 다국적기업의 출현과 발전

## 1. 다국적기업의 출현

19세기 말까지 선진국은 식민지정책의 일환으로 대형무역회사들을 활용하여 자원 확보에 주력하였다. 선진국의 입장에서는 자원 확보를 위해 식민지는 무력찬탈의 대상이었기 때문에 투자의 위험과 불확실성이 없었다. 선진국의 식민지에 대한 투자는 최소한의 부문에서만 이루어졌다. 선진국의 식민지 투자는 수탈한 자원을 운송하기 위한 철도의 부설이나 항구시설 보완 등과 같은 부문에서 이루어졌다. 선진국은 식민지의 노동력을 이용하기 위한 제조업에 대한 투자를 하지 않았고 기술이전 등과 같은 것은 전혀 없었다. 오직 선진국은 자원을 수탈하고 본국에서 제조한 상품들을 식민지에 판매하는 정책을 활용함으로써 식민지 국가들은 이중적으로 식민지를 수탈하는 결과를 초래하였다. 19세기에 이후에도 선진국의 대기업들은 신시장 개척 및 이익 확보의 기회로 식민지를 이용하였다.

그렇지만 20세기에 들어서면서 식민들의 독립이 이어지고 자원에 대한 인식들이 고조되면서 식민지에서 갓 독립한 국가들로부터 후진국에 이르기까지 자원민족주의가 팽배하게 되었다. 그래서 선진국 기업들은 자원의 확보와 관련하여 석유산업에 집중 투자하여 대형 석유회사들이 출현하고 세계적인 음료수 및 화학약품 판매망을 구축하기 시작하였다.

## 2. 다국적기업의 발전

### (1) 해외진출 시도단계

제1차 세계 대전 이후 유럽의 경제환경이 변함에 따라 미국의 대기업들은 새로운 해외진출의 방법을 모색하게 되었다. 유럽의 무역장벽은 미국의 대기업의 해외진출을 방해하는 요소가 되었다. 이에 따라 미국의 대기업들은 수출위주의 해외시장 진출방법에서 탈피하여 현지기업들을 매입하는 등과 같은 방법을 동원하여 해외직접투자를 시작하였다.

### (2) 해외투자 확대단계

제2차 세계 대전은 다국적기업의 해외투자활동을 위축시켰다. 제2차 세계 대전이 종식되었을 때에 미국을 제외한 대부분 국가들의 산업이 피폐화함으로써 다국적기업의 활동은 미국이 주도하게 되었다. 즉 유럽의 경제는 제2차 세계 대전으로 인하여 세계의 경제패권은 미국으로 이전하게 되었던 것이다. 유럽 국가들이 지배하고 있던 아프리카 또는 중동 중심의 많은 국가들이 독립을 하기 시작하면서 유럽 국가들이 갖던 기득권이 무너지게 되고, 전쟁으로 인한 후유증으로 금융의 중심지도 미국으로 이동하면서 미국의 다국적기업은 전 서방세계를 대상으로 제조업 및 무역산업 전반에 걸쳐 대규모의 해외투자를 하였다. 미국은 주로 유럽을 중심으로 해외투자를 진행시켰다.

### (3) 해외시장 확보단계

1960년대에는 유럽과 일본 등의 다국적기업이 해외투자활동을 통하여 해외시장을 확보하는 계기를 만들었다. 유럽국과 일본 등의 해외투자는 미국시장을 주요 대상으로 하였다. 그리고 세계경제의 호황, 무역자유화 사조, 자본이동의 자유화 등에 힘입어 다국적기업의 활동이 확대되는 전기가 되었다.

### (4) 해외활동 강화단계

1970년대에는 세계경제가 자원민족주의에 따른 중동전쟁이 발생하는 등 불황기에 들어서게 되었지만 다국적기업이 해외투자를 확대하는 등 해외활동을 강화하기 시작하면서 기업의 이익을 증대시켰다. 세계적인 조직력을 바탕으로 하는 해외경영이 경제환경 변화에 신속하게 대처하는 원동력이 되었던 것이다.

### (5) 해외조직 구축단계

1980년대부터 오늘날에 이르기까지 다국적기업은 해외조직을 구축하는 등 해외경영활동을 다양한 분야까지 확대하여 적극적으로 경영활동을 하고 있다. 특히 교통과 통신의 발달은 다국적기업이 사업범위를 확장하는 데에 따른 지역 사이의 격차를 좁히는 계기를 제공함으로써 범세계적 경영을 할 수 있도록 기여를 하였다.

# 제 3 절 다국적기업의 해외진출

## 1. 다국적기업의 해외진출 요인

### (1) 내부적 요인

#### 1) 해외시장 개척 및 확대 정책

다국적기업이 해외시장에서의 활동을 하는 경우에는 판매의 과포화로 인한 내수시장보다 높은 이윤을 획득할 수 있는 기회를 많이 제공한다. 이것은 내수시장의 불황을 해외시장에서 극복할 수도 있기 때문이다. 해외시장의 개척은 장기적으로 잠재시장의 확보라는 장점도 있다. 그러므로 다국적기업은 기업의 이윤을 극대화하기 위하여 해외시장을 개척하거나 확대하게 된다.

#### 2) 제품생산을 위한 원자재의 개발 및 조달

다국적기업은 원자재의 개발 및 조달을 위하여 해외진출을 한다. 기업들이 갖는 원자재에 대한 의존도는 산업의 성격에 따라 상이하다. 원자재를 지향하는 기업은 원자재의 가용성과 가격변동에 극심한 영향을 받게 된다. 그러므로 다국적기업은 해외자원의 개발 및 조달에 관심을 갖게 된다. 국내에서 원자재가 없는 경우, 원자재가 있더라도 부존량이 미미하여 공급가격이 높게 되면 기업활동은 지장을 받게 된다.

#### 3) 국내 판매시장의 한계성 극복

다국적기업은 국내시장 방어를 위하여 해외진출을 한다. 기업이 국내시장을 외국계 다국적기업으로부터 보호하기 위해서는 상대국으로 동종 사업을 진출시켜야 한다. 즉 침투된 국내시장의 부분을 상대국시장에서 충당하려는 의도에서 다국적 기업활동을 추진하게 된다. 그러므로 우리나라와 같이 은행, 보험, 광고, 공인회계사, 각종 서비스업 등과 같은 분야까지 개방되는 기업환경 속에서 해당기업이 이윤을 극대화하고 국내시장을 방어하기 위해서는 해외시장으로 진출하여야 한다.

#### 4) 제품의 이익주기 연장

다국적기업은 제품이익주기 연장을 위하여 해외진출을 한다. 기업이 제품의 수명이 쇠퇴기에 있는 제품에 대해서는 해외진출을 통하여 수명을 연장함으로써 이익을 창출할 수 있다. 선진국 기업이 노후화된 제품, 기술, 생산시설 등을 개도국으로 수출하거나 해외직접투자를 통하여 현지생산을 하는 것 등이 이에 해당한다.

#### 5) 해외 경쟁시장 선점

다국적기업은 기업의 해외경쟁시장을 선점하기 위하여 해외진출을 한다. 다국적기업은 국내기업들과 경쟁이 치열한 경우 다국적 기업활동을 통하여 해외경쟁시장을 선점하여 경쟁력을 강화시키려는 경향이 있다. 기업의 지위는 매출액, 순이익, 자산, 시장점유율, 성장률 등이 좌우하게 된다. 그러므로 기업의 다국적 기업활동을 통하여 수출을 확장하거나 해외공사를 수주하는 것 등이 이에 해당한다. 즉 한정된 국내시장에서 해외시장으로 사업범위를 확장함으로써 우위를 확보하려는 것이다.

#### 6) 국내의 기업활동 규제정책 회피

다국적기업은 국내규제의 회피를 위하여 해외진출을 한다. 각국에서는 기업활동에 대한 여러 가지의 규제를 하게 된다. 다국적기업은 이러한 국내의 기업활동에 대한 규제를 회피하려는 의도에서 해외로 진출하는 경우가 있다. 선진국에서는 정부가 기업에 대하여 독점금지법, 공정거래법 등을 사용하여 규제를 가하게 되면 시장점유율에 영향을 받게 되어 높은 이윤을 기대할 수 없게 된다. 이와 같이 기업의 이윤증대에 제동이 걸리면 기업들이 규제를 회피하기 위하여 해외로 진출하게 된다.

#### 7) 최고 경영층의 경영방침

다국적기업은 최고경영층의 경영방침에 따라 해외진출을 하는 경우가 많다. 다국적기업의 경영자나 대주주가 세계시장으로 진출하는 경영방침을 결정하게 되면 이에 따르는 경영계획을 수립하여 해외시장에 진출하는 계기를 마련하게 된다. 기업을 운영하는 경영자나 대주주가 세계적 기업활동에 대한 필요성을 인지하고 이를 실행하게 되면 다국적 기업활동은 수월해진다. 기업의 다국적 기업활동은 기업자원의 배분이 필요하기 때문에 경영자나 대주주의 결심이 중요한 역할을 한다.

### (2) 외부적 요인

#### 1) 무역상대국의 무역장벽

다국적기업은 거래 상대국에서 관세나 비관세장벽이라는 수단을 동원한 무역장벽을 사용하면 이를 회피하기 위하여 기술이전이나 해외직접투자를 하게 된다. 기업이 해외시장에서 무역장벽에 봉착하게 되면 해당국에 해외투자 등과 같은 기업활동을 통하여 진출하기도 한다.

#### 2) FTA 등 지역공동시장의 형성

다국적기업은 지역공동시장이 형성되면 해외진출을 활발하게 한다. 기업은 지역공동시장이 형성되는 경우 해당국을 개별적으로 상대하는 것보다는 다국적 기업활동을 중심으로 하는 거래가 유리하다. 경영적 측면에서도 규모의 경제를 실현할 수 있는 장점이 있다.

#### 3) 현지생산의 경영 효율성 증대

다국적기업은 해외시장 현지의 국가에서 제조설비를 갖추고 운영하면 효율성을 높일 수 있다. 다국적기업이 수출을 통하여 현지수요의 이질성을 충족시키기에는 어려움이 많기 때문에 현지생산을 통하여 현지수요를 충족시키게 되면 시간과 비용의 절감이 가능하다.

#### 4) 세계의 해외투자 유치정책

다국적기업은 해외투자 유치정책에 따라 해외진출을 한다. 개도국은 외국기업에게 각종의 특혜를 부여하며 해외투자를 유치하고 있다. 개도국이 해외투자를 유치하는 정책을 시행함으로써 기업의 다국적 기업활동은 가속화하고 있다.

#### 5) 세계적인 교통과 통신의 발달

다국적기업은 교통과 통신의 발달에 힘입어 해외진출을 한다. 기업의 다국적 기업활동을 촉진한 근본은 교통과 통신의 발달이다. 교통과 통신의 발달은 경영관리의 신속성을 높여주기 때문에 해외투자에 대한 투자심리를 유발하게 만든다. 교통과 통신의 발달은 해외기업들을 본사중심으로 신속하게 연결시키는 수단이 되었기 때문에 모기업과 자회사 사이에 시간적 격차를 감소시킴으로써 해외투자에 따른 경영감독상의 불안감을 불식시키는 역할을 하였다.

## 2. 다국적기업의 해외진출 수단

### (1) 세계적인 첨단기술

선진국의 다국적기업은 대부분 기술혁신과 연구개발 측면에서 첨단기술을 보유하고 있기 때문에 기술상의 우위에 입각하여 해외진출을 시도한다. 또한 다국적기업이 수출을 지향하는 단계에 이르면 수출시장의 확대를 위하여 해외에 대리점을 개설하거나 자회사를 설립하는 등, 선진기술제품의 판매경로 확장에 노력하게 된다.

### (2) 세계적인 상호명 또는 상표

다국적기업은 이미 널리 알려진 상호명 또는 상표명을 활용하여 해외에 진출하고 있다. 상호 또는 상표는 제품의 품질을 수요자가 신용하게 만드는 중요 요인이 되고 있다. 전세계적으로는 상호나 상표만 듣거나 보아도 제품을 인식하고 수요자가 이를 선택하는 경우가 많기 때문에 이를 활용하여 다국적기업이 해외로 진출을 하게 된다.

### (3) 세계적인 조직

다국적기업은 규모의 우위에 입각하여 해외에 진출한다. 다국적기업은 새로운 경쟁기업이 출현하더라도 막강한 자본력을 바탕으로 한 가격경쟁을 통하여 우위를 점할 수 있다. 다국적기업은 복수의 시장과 복수의 공급원을 유지하고 있다. 그러므로 규모의 경제를 실현하는 다국적기업은 일반기업보다 제조원가나 국제마케팅 비용 등에서 경쟁력이 있다.

### (4) 세계적인 정보망

다국적기업은 세계적인 조직망을 구축하여 획득한 고도의 정확한 정보력을 발휘하며 해외에 진출하고 있다. 다국적기업은 자체에서 보유한 정보수집능력으로 세계 각국의 경제정보, 국제원자재시장의 수급상황, 국제시장의 변화 등에 관한 정보를 수집하여 본사로 집중시킨다. 본사에서는 정보를 분석하고 그 결과를 수치화하여 다국적기업 조직 전체에 통보함으로써 기업을 능률적으로 운영할 수 있는 것이다.

## 3. 다국적기업의 해외진출 효과

### (1) 긍정적 효과

#### 1) 경영자원의 최적배분

다국적기업이 해외에 진출하면 보유하고 있는 기술, 조직, 자본 등을 자유롭게 이동하면서 최대한 활용할 수 있다. 기업이 해외직접투자를 통하여 현지생산을 하는 경우에는 현지의 저렴한 노동력 활용, 공장부지의 활용, 운송비의 절감, 제도적 지원 등을 통하여 해외시장에서의 공급가격을 낮출 수 있다. 생산요소의 가격이 저렴하거나 원자재가 풍부한 지역으로 진출하는 경우에는 원가절감 및 원자재의 확보가 가능하다. 그리고 더욱 중요한 것은 수출대상국과의 마찰을 최소화할 수 있다는 점이다.

#### 2) 신제품 및 신기술 보급

다국적기업이 해외에 진출하면 다국적기업이 보유한 조직을 통하여 신기술의 개발이나 신제품의 시장확대를 도모할 수 있다. 또한 해외투자를 통하여 고도의 경영기법이나 첨단기술의 습득으로 규모의 경제를 실현할 수 있다.

#### 3) 위험관리의 효율성 제고

다국적기업이 해외에 진출하면 생산시설을 다양화하고 분산시키는 효과가 나타나기 때문에 위험관리의 효율성을 제고할 수 있다. 다국적기업의 현지생산은 수출상품에 대한 현지인의 거부감을 해소할 수 있고 현지의 노동력을 흡수할 수 있기 때문에 현지인의 고용을 창출하는 등 현지에서의 마케팅 활동에 유리하다. 현지에 적합한 제품을 생산하여 공급할 수 있기 때문에 국내에서 생산하여 수출하는 것보다는 더 높은 수익을 올릴 수 있다.

#### 4) 국제협력에 공헌

다국적기업이 해외진출을 하면 국제협력을 증진하는 계기를 마련하여 준다. 다국적기업은 기술제휴 등을 통하여 국제협력 조건들을 충족시킬 수 있다. 다국적기업의 국제협력은 수직적 관계 또는 수평적 관계를 유지하면서 이루어지게 된다.

### (2) 부정적 효과

#### 1) 해외투자 수용국과 경제적 마찰

다국적기업이 해외진출을 하면 모기업중심의 일방적 운영이 되기 때문에 진출한 현지국가와 이익배분 불평등, 자원착취, 기술식민지 등과 같은 경제적 마찰이 발생할 수 있다.

#### 2) 해외투자 수용국 주민과 사회적 마찰

다국적기업의 모든 경영정책은 본사에서 결정되기 때문에 자회사가 있는 현지국의 관습 등을 무시하게 되면 사회적 마찰이 발생할 수 있다.

## 4. 다국적기업의 유치와 규제

### (1) 해외투자 수용국의 다국적기업 유치정책

해외투자 수용국은 다국적기업의 진출을 유도하기 위하여 조세를 감면하거나 장단기의 차관을 저리로 융자하여 주기도 한다. 그리고 해외투자 수용국은 다국적기업의 진출을 돕기 위한 각종의 제도적 지원책을 마련하기도 한다.

### (2) 해외투자 수용국의 다국적기업 규제정책

해외투자 수용국은 산업지배를 배척하고 경제계의 교란 등을 저지하기 위하여 규제도 실시하게 된다. 이를 위하여 해외투자 수용국은 일정한 규모로 다국적기업의 투자를 제한하기도 한다. 또한 해외투자 수용국은 다국적기업의 진출을 허용하더라도 이익이나 배당금 등과 같은 과실송금에 대하여 제한을 가하기도 한다. 일부 국가에서는 다국적기업의 진출에 대한 우려로 처음부터 다국적기업의 진출을 막는 경우도 있다.

다국적기업에 대한 국제적인 규제는 영향력 있는 국제적 기관에서 행하는 형태가 대부분이다. 그런데 국제적 기구의 설비목적과 성격이 다르기 때문에 다국적기업에 대한 규제 내용 및 방법이 다르게 된다. 그래서 다국적기업의 해외진출과 관련하여 발생한 문제를 해결하는 데에 필요한 관계당사국 사이에 합의를 도출하기는 어렵다.

# 제 10 장 기업의 해외투자

## 제 1 절 해외투자의 개요

### 1. 해외투자의 의의와 특성

해외투자(foreign investment)는 기업의 경영자원을 해외에 이전시켜 기업활동을 확장하는 것이다. 해외투자라는 의미가 반드시 자본의 이동을 수반하는 투자를 내포하고 있는 것은 아니다. 다국적기업의 해외진출 형태를 보더라도 해외투자는 자본 및 경영관리에 대한 노하우, 마케팅 등과 같은 유무형의 경영자원에 대한 이전을 의미한다고 할 수 있다. 해외투자는 다국적기업의 해외진출요인과 연관되어 있다

기업이 해외투자를 하는 것은 단순히 이자획득이나 유동성을 확보하려는 것이 아니다. 그러므로 기업이 행하는 주식이나 채권의 매입, 단기자본투자, 배당금 위주의 장기투자 등은 해외투자가 아니지만 주식의 보유가 경영지배권을 갖게 되면 해외투자라고 할 수 있다. 기업이 해외투자를 하는 것은 해외시장에서 현지기업을 실질적으로 지배하기 위한 것이기 때문에 화폐적 형태의 자본이동 및 유무형의 경영자원의 이동 등이 이루어진다. 기업이 해외투자를 하는 것은 경영활동영역을 확대하려는 것이다. 기업이 해외시장에서 제3국과 경쟁이 치열해지면 현지생산 등을 통하여 시장기반의 확보에 주력하게 된다.

## 2. 해외투자의 이론

### (1) 국제자본이동 중심이론

이자율 격차 이론[2]은 자본이 이자율이 낮은 국가에서 높은 국가로 이동할 때, 두 국가에서 자본의 한계생산성이 동일해질 때까지 자본의 해외투자는 계속된다는 이론이다. 립친스키 이론[3]은 해외투자에 의한 요소이동이 해외투자 수용국의 산업구조를 변화시킨다는 이론이다. 포트폴리오 이론[4]은 기업위험을 분산하기 위하여 해외투자를 한다는 이론이다. 통화지역 이론[5]은 해외투자국의 통화가 해외투자 수용국의 통화에 비하여 강세를 나타내면 해외투자국기업은 자본조달면에서 우위를 갖게 되어 해외투자를 한다는 이론이다.

### (2) 산업조직 중심 이론

독점적 우위 이론[6]은 해외투자국 기업이 해외투자 수용국 기업보다 우수한 능력이 있는데 해외투자 수용국에 판매시장이 없으면 해외투자를 한다는 이론이다. 과점적 경쟁 이론[7]은 기업이 해외투자를 하면 경쟁관계에 있는 다른 기업도 해외투자를 한다는 이론이다. 제품수명주기 이론[8]은 물품이 개발되고 일정기간이 경과되면 시장에서 쇠퇴하게 되는데 노동, 자본 이외에도 생산지식과 생산기술개발 등이 무역패턴을 결정하는 요인이 되기 때문에 국내외의 기존시장을 방어하려는 경영전략에서 해외투자를 한다는 이론이다.

---

2) McDougall, C. D. A., *The Benefits and Costs of Private Investment from Abroad: A Theorical Approach*, Economic Record, 1960, pp. 13-20 참조.

3) Rybczynski, T. M., *Factor Endowment and Relative Commodity Prices*, Economica, 1955. 11; 조동성, 국제경영학, 경문사, 1987, pp. 188-191 참조.

4) Rugman, A., *International Diversification and the Multinational Enterprise*, New York: Lexington Books, 1979, p. 2 참조.

5) Aliber, R. Z., *A Theory of Direct Investment*, in C. P., Kindelberger(ed), *The International Corporation*, Cambridge: MIT Press, 1970, pp. 17-34 참조.

6) Hymer, S. H., *United States Investment Abroad*, in Peter Drysdale ed., Direct Foreign Investment in Asia and Pacific, Australian National University Press, 1972, p. 41 참조.

7) Knickerbocker, F., *Oligopolistic Reaction and Multinational Enterprise*, Harvard University Press, 1973, Chapter 참조.

8) Vernon, R., 'International Investment and International Trade in the Product Life Cycle', *Quarterly Journal of Economics*, May, 1960, pp. 190-207 참조.

### (3) 기타 이론

#### 1) 내부화 이론

내부화 이론은 기업이 외부거래를 통하여 중간재를 획득하지 않고 내부거래를 통하여 획득하려고 할 때 해외투자가 발생한다는 이론[9]으로 버클리(P. Buckley), 카슨(M. Casson) 등이 주장한 것이다. 중간재시장이 불완전한 경우에 기업은 다국적 기업활동을 통하여 내부거래를 하는 것이 이윤을 극대화할 수 있다고 판단하게 되면 해외투자를 하게 된다는 것이다.

#### 2) 절충 이론

절충 이론은 기업의 독점적 우위 이외에도 내부화의 우위 및 해외투사 수용국의 우위가 있어야 해외투자가 이루어진다는 이론[10]으로 더닝(J. H. Dunning) 등이 주장한 것이다. 해외투자는 기업 및 입지의 특수적 요인에 따라 결정된다는 것이다.

#### 3) 행태 이론

행태 이론(은 해외투자의 동기를 기업의 의사결정권자가 해외투자계획을 인지하여 계획을 수립하고 의사결정을 하는 과정에서 결정하게 된다는 이론[11]으로 아로니(Y. Aharoni) 등이 주장한 것이다. 해외투자에 대한 의사결정과정은 강한 외부의 자극에 영향을 받아 결정된다는 것이다.

#### 4) 기업성장 이론

기업성장 이론은 해외투자가 기업의 성장과정 중에 자연스럽게 이루어진다는 이론[12]으로 콜데(E. Kolde), 그라이너(L. Greiner) 등이 주장한 것이다. 기업의 활동 성장단계가 국내시장 중심에서 해외시장으로 발전하는 과성에서 해외사업이 무역의 범수를 벗어나 해외투자 중심으로 변한다는 것이다.

---

9) Casson, M., *Alternatives to the Multinational Enterprise*, London, Macmillan, p. 45 참조.

10) Dunning, J. H., *Toward an Eclectic Theory of International Production, Journal of International Business Studies*, Spring Summer 1980, pp. 10-12. 참조.

11) Aharoni, Y., *The Foreign Investment Decision Process*, Boston: Harvard University Press, 1966, pp. 42-46 참조.

12) Greiner, L., *Evolution and Revolution as Organization Grow, Harvard Business Review*, July-August 1972, pp. 37-44 참조.

# 제 2 절 해외투자의 유형

## 1. 단독투자와 합작투자

### (1) 단독투자

#### 1) 단독투자의 의의와 목적

단독투자(sole venture)는 다국적기업이 해외투자를 하는 경우 기업의 지분을 완전히 소유하거나 해외투자국 기업이 해외투자 수용국의 정치적, 문화적, 사회적 문제 등을 해소하려는 목적에서 이루어진다. 단독투자는 상품에 대한 통일된 마케팅 기법이 필요하거나 생산비용의 절감을 위하여 생산설비를 집중화할 필요가 있는 경우에 이루어진다.

#### 2) 단독투자의 유형

① 자회사 설립방식

자회사 설립방식은 기업이 해외투자 수용국에 자회사를 설립하여 경영권을 완전 소유하는 방식이다. 해외투자가 시작된 초기에는 자회사를 설립하는 단독투자 방식이 대부분이었다.

② 해외투자 수용국 기업인수 방식

해외투자 수용국 기업인수 방식은 기업이 해외투자 수용국 해당기업의 주식취득 또는 채권취득을 통하여 경영권을 인수하는 방식이다. 해외투자 수용국 기업의 인수는 생산시설, 판매경로, 인적자원을 그대로 인수하여 경영활동을 할 수 있기 때문에 비용 및 시간의 절약이라는 차원에서 선호하게 된다.

③ 자회사 승격방식

자회사 승격방식은 해외지점을 자회사로 승격하는 방식이다. 단독투자의 형태에서는 가장 바람직한 방법이라고 할 수 있다. 그러나 자회사 승격방식은 경영면에서 기존의 경영방식을 답습하기 때문에 비효율적일 수 있다.

## (2) 합작투자

### 1) 합작투자의 의의와 목적

합작투자(joint venture)는 다국적기업이 해외투자를 하는 경우 기업의 지분을 완전 소유하지 않은 상태의 투자이다. 합작투자는 합작회사 상호 사이에 이해가 일치될 때 실행된다. 해외투자국의 기업으로서는 이윤의 증대, 시장개척 등이 목적이 된다. 해외투자 수용국의 기업으로서는 첨단기술의 도입, 상품의 확보, 자금충당 등의 목적을 갖게 된다.

### 2) 합작투자의 유형

① 계약형 합작투자와 소유형 합작투자

계약형 합작투자는 사유재산이 인정되지 않는 국가에서 일정한 조건을 전제로 계약을 하고 이루어지는 합작투자이다. 국제라이센싱 형태의 합작투자이다. 따라서 해외투자국은 합작투자 대가로 생산, 판매, 이윤 또는 로열티를 받게 된다. 계약형 합작투자는 해외투자국의 기업이 해외투자 수용국의 정부기관과 계약에 의하여 합작투자를 하는 것이기 때문에 합작투자의 범위와 합작투자의 내용 그리고 합작투자의 대가인 수익을 본국으로 송금하는 데에도 규제를 받게 된다.

소유형 합작투자는 출자자가 자본의 일정비율을 출자하여 해외투자 수용국에 기업을 설립하는 합작투자이다. 소유형 합작투자는 해외투자국 기업이 해외투자 수용국에 기업을 설립하고 그 기업에 대한 소유권을 행사할 수 있는 합작투자이기 때문에 해외투자국 기업은 투자에 따른 투자이익의 정도에 따라 투자지분을 증감할 수 있는 재량권을 갖게 된다.

② 제3국 합작투자 · 해외투자 수용국 사기업 합작투자 및 정부 합작투자

제3국 합작투자는 해외투자국이 해외투자 수용국 이외의 제3국 자본과 합작하여 투자하는 유형이다.

해외투자 수용국 사기업 합작투자는 해외투자 수용국의 사기업과 합작투자를 하는 국제합작사업이다. 해외투자 수용국 사기업 합작투자는 해외시장개척을 할 때 생산, 판매, 마케팅 등과 같은 분야에서 발생하는 위험을 감소시키기 위하여 활용된다.

해외투자 수용국 정부 합작투자는 해외투자 수용국의 정부가 정책적 목적으로 참여하는 투자유형이다.

## 2. 목표지향형 투자

### (1) 시장지향형 해외투자

시장지향형 해외투자는 대상국에 진출하여 생산 및 마케팅활동을 전개하여 시장을 개척하는 해외투자이다.

### (2) 자원확보형 해외투자

자원확보형 해외투자는 자원의 확보를 위하여 자원보유국에 대하여 자본이나 기술을 투자하거나 직접 자원개발을 통하여 그 생산물을 수입하는 유형이다.

### (3) 노동지향형 해외투자

노동지향형 해외투자는 선진국이 임금상승에 따른 원가상승의 문제를 해결하기 위하여 개도국에 진출하여 현지국의 저렴한 노동력을 이용하려는 투자이다.

### (4) 경제협력형 해외투자

경제협력형 해외투자는 정부의 개발원조 또는 직접차관과 연계하여 해외투자 수용국의 요청에 따라 민간기업이 해당국에 진출하여 경영활동을 전개하는 유형이다. 경영활동 속에는 경영기술의 전수 등이 포함된다.

### (5) 생산효율지향형 해외투자

생산효율지향형 해외투자는 생산성에 비하여 생산요소의 가격이 상대적으로 저렴한 지역에 투자하여 생산활동을 전개하는 투자를 의미한다.

### (6) 지식지향형 해외투자

지식지향형 해외투자는 고급인력기술이 위치하고 있는 지역에 현지법인을 설립하여 현지의 우수한 두뇌를 이용하여 신진기술에 접근하기 위한 형태이다.

## 3. 산업통합형 투자

### (1) 수직적 통합형 해외투자

수직적 통합형 해외투자는 생산단계를 통합하는 형태의 투자이다. 따라서 생산단계를 세분화하여 가장 적합한 지역에서 생산하기 위한 투자이다. 그러므로 수직적 통합형 해외투자는 본사와 자회사 사이에 연구개발, 생산, 마케팅의 단계를 서로 다르게 하여 운영함으로써 기업의 효율성을 최대화하려고 할 때에 활용되는 해외투자의 유형이다. 수직적 통합형 해외투자는 전방통합형 해외투자와 후방통합형 해외투자로 구분된다. 전방통합형 해외투자는 자동차나 비행기를 생산하는 다국적기업이 개도국에서 조립생산을 하거나 동일제품을 개도국에서 직접 생산하여 개도국에서 판매함으로써 수출의 효과를 유지하기 위하여 자본진출을 하는 투자이다. 후방통합형 해외투자는 제지회사가 밀림에서 삼림을 조림하고 일정기간 후에 목재를 채취하여 수입을 하거나, 제철회사가 해외광산을 개발하여 광물을 채취하여 수입을 하기 위하여 해외투자를 하는 투자이다.

### (2) 수평적 통합형 해외투자

수평적 통합형 해외투자는 동일한 단계의 기업활동을 여러 지역에서 수행하는 투자이다. 수평적 통합 해외투자는 복수의 공장을 소유한 기업이 경제성이 있거나, 잠재시장에서 분산하여 소비자를 공략할 수 있는 마케팅 기법을 보유한 경우에 이루어진다. 즉 각국에서 동일한 공장을 설립하는 등의 투자가 이에 해당한다.

### (3) 다각적 통합형 해외투자

다각적 통합형 해외투자는 생산과 수요와는 전혀 관계가 없는 분야에서 통합이 되고 하나의 기업이 서로 다른 나수의 사업을 전개하는 유형이다. 다각적 통합형 해외투자는 기업내부의 축적된 우수한 경영능력을 광범위한 판로의 구축을 통하여 활용하려고 할 때 이루어진다. 또한 다각적 통합형 해외투자는 기존의 사업분야에서 신사업분야로 확장을 시도할 때도 이루어진다.

## 제 3 절 해외투자국과 해외투자 수용국

### 1. 해외투자국의 효과

#### (1) 해외투자국의 긍정적 효과

해외투자국에서 직접투자를 하는 경우에는 이익금을 본국으로 송금할 수 있고 기술이전의 경우에는 로열티를 송금할 수 있다. 해외투자국에서는 정부의 과세소득이 증대될 수 있다. 해외투자국에서는 국제경영활동에 필요한 전문직 혹은 관리직에 대한 새로운 고용기회의 창출을 통하여 경제의 안정을 창출할 수 있다. 즉 해외투자국에서는 고용의 창출효과를 가져온다. 해외투자국에서는 자원의 효율적 이용으로 높은 수익성을 실현하고 국민소득을 증대시킨다. 해외투자국에서 신규사업으로 해외투자를 하는 경우에는 고용이 창출되어 국민소득을 증대시키는 역할을 한다.

#### (2) 해외투자국의 부정적 효과

해외투자국에서는 해외직접투자에 따른 자본의 유출로 인하여 생산직의 실업이 증가하는 경향이 있다. 해외로 자본이 유출됨에 따라 국내의 자본이 부족하여 투자기회가 감소되면 생산도 위축된다. 그러면 해외투자국에서는 실업이 발생하게 된다. 해외투자국에서는 기업의 해외직접투자가 조세피난처로 악용될 수도 있다. 즉 기업들이 국내의 각종 규제를 회피하기 위하여 해외로 진출할 가능성이 있다. 해외투자국에서는 해외직접투자를 통하여 기업 이전가격의 조작 등을 발생시킬 수 있다. 해외투자국에서 기술이전이나 각종의 이전거래에 대한 감독이 충분하게 이루어지지 않으면 이전가격의 조작이 발생할 수 있다. 해외투자국에서는 기업의 선진기술 유출이 본사의 기술적 우위를 잠식시킬 가능성도 있다. 기술의 이전은 장기적으로 해외투자 수용국이 모방을 하여 경쟁상대로 부상하게 만드는 계기가 된다. 그러면 해외투자국에서는 기술개발의 우위성이 없어지게 된다.

## 2. 해외투자 수용국의 효과

### (1) 해외투자 수용국의 긍정적 효과

해외투자 수용국에서는 국내저축의 부족으로 인한 자본부족 문제를 해결하여 국제수지를 개선할 수 있다. 해외투자 수용국에서는 자본, 기술, 경영기법 등을 공급받아 경제성장과 경제안정을 추구할 수 있다. 해외직접투자를 하는 기업이 제공한 자본과 기술은 해외투자 수용국의 산업을 안정화하는 데에 기여한다. 해외투자 수용국내의 기업가들에게 투자를 자극하는 역할을 한다. 외국의 산업이 진출하면 배타적 심리에 의하여 자생적으로 경쟁기업이 나타나게 된다. 해외투자 수용국은 선진국의 고도기술과 경영능력을 조속히 전수받을 수 있다. 후진국이 신기술을 개발하려면 시간과 비용이 많이 소요되나 해외직접투자를 하는 기업이 진출하면서 기술이전 등을 통하여 이러한 문세들을 해결하게 된다. 해외투자 수용국은 국제부역을 확대시키고 외부경제의 창출로 저개발국인 경우에는 급속한 경제발전을 촉진할 수 있다.

### (2) 해외투자 수용국의 부정적 효과

해외투자 수용국은 다국적기업의 해외직접투자가 원자재 산업에 치중하게 되면 국내산업에 대한 연관효과 및 소득효과가 없다. 해외직접투자를 하는 기업이 해외투자 수용국의 원자재의 확보에만 관심을 둔다면 해외투자 수용국은 산업발전을 기대할 수 없다. 해외투자 수용국은 다국적기업의 해외직접투자가 사치성 산업에 집중하게 되면 경제의 균형적 발전을 저해하여 경제의 이중구조를 심화시킬 수 있다. 다국적기업이 생산성산업에 투자하지 않고 향락성 산업에 투자를 하게 되면 균형적 산업발전을 기대할 수 없게 된다. 해외투자 수용국은 다국적기업의 해외직접투자가 해외투자 수용국의 해외의존도가 높은 시장을 목표로 투자를 하게 되면 수입을 증대시켜 해외투자 수용국의 국제수지가 악화된다. 해외투자 수용국은 해외직접투자로 인하여 투자기업의 영향력이 비대해지면 해외투자 수용국 정부에 대한 지배력이 강화되는 경향이 있다. 해외직접투자를 하는 기업들이 국제적 조직과 거대한 자본력을 바탕으로 해외투자 수용국에 영향력을 행사하는 경우가 있다.

# 제 11 장 국제마케팅 전략과 운용

## 제 1 절 국제마케팅의 의의와 유형

### 1. 국제마케팅의 의의

마케팅(marketing)은 생산자로부터 소비자 또는 사용자에 이르기까지의 상품 내지 서비스의 유통과정을 결정하는 기업활동의 수행이라고 한다.[1] 즉 소비자의 욕구조사를 토대로 공략대상 시장을 선정하고 공략대상 시장에서의 제품계획, 가격결정, 판매촉진, 유통경로 등을 결정하는 과정이다. 이 과정은 분석, 계획, 집행, 통제와 같은 일련의 단계를 거치게 된다. 국제마케팅(international marketing)은 한 국가 이상의 국경을 넘어 소비자 또는 사용자에 이르기까지의 상품 내지 서비스의 유통과정을 결정하는 기업활동의 수행[2]이라고 할 수 있다. 국제마케팅은 자국의 경제영역을 벗어나 다른 국가의 영역에서 타국의 국민과 관련한 기업활동이다.[3]

1) *Marketing Definition: A Glossary of Marketing Terms*, complied by the Committee on Definition of the American Marketing Association(AMA) 1960.

2) Cateora, P. R. & Hess, J. M., *International Marketing*, 4th ed., Irwin, 1979, p. 4.

## 2. 국제마케팅의 유형

### (1) 수출마케팅

수출마케팅은 국내마케팅에서 국제마케팅으로 확장되는 첫 단계이다. 국내시장에서의 경쟁 심화로 상품이나 용역을 해외로 수출하는 단계이다. 기업의 기반은 국내에 존재하게 된다. 기업조직과 상품의 생산시설 기반이 국내에 있는 것이다. 그래서 상품도 주로 국내에서 완성된 완제품이다. 수출마케팅은 수출상품의 생산과 관계없이 국내생산에서 과잉생산된 상품을 수출하는 것이다. 수출마케팅을 전개하는 경우에는 국내마케팅과 전혀 다른 경제환경 속에서 진행되는 것이기 때문에 다양한 정보를 사전에 확보하는 것이 필요하다. 다양한 정보는 수출 목표시장의 시장성, 정치적 여건, 경제적 여건, 문화적 여건, 사회적 여건 등을 총괄적으로 분석하고 진행을 하여야 성공가능성이 높아진다.

### (2) 해외마케팅

해외마케팅은 수출마케팅의 다음 단계로서 자국에서 생산된 제품을 단순히 수출만 하는 것이 아니라 합작투자, 국제라이센싱 등을 통하여 현지에서 생산하거나 현지에서 판매하는 단계이다. 즉 해외마케팅은 수출마케팅 단계에서 벗어나 해외에서의 활발한 활동을 전개하는 단계이다. 이에 따라 해외마케팅 단계에서는 현지시장의 소비자의 기호에 맞는 상품을 생산하여 판매하게 된다. 해외마케팅을 전개하려면 수출마케팅을 성공적으로 수행한 후 수출마케팅에서 얻은 결과를 가지고 문제점을 해결하면서 전개하는 것이 필요하다.

### (3) 세계적 마케팅

세계적 마케팅은 마케팅의 활동영역이 세계로 확산되는 상태이다. 세계적 마케팅은 해외마케팅의 단계를 벗어나 범세계적인 상업망을 가지고 활동을 하는 단계이다. 즉 세계적 마케팅은 세계를 하나의 시장으로 보고 국제기업의 이윤을 극대화하는 단계이다. 기업의 입장에서는 최종적인 마케팅단계라고 할 수 있다.

---

3) Terpstra V., *International Marketing*, 3rd ed., The Dryden Press, 1983, p. 4 참조.

# 제 2 절 국제마케팅 전략

## 1. 국제제품 생산전략

### (1) 국제제품 생산전략의 의의

국제제품 생산전략(international product strategy)은 해외시장으로 진출할 때 제품의 기획단계에서 폐기단계까지 영향을 주는 제요소들을 검토하는 생산전략이다. 국제제품 생산전략은 제품에 대한 출시를 목적으로 설계를 포함하는 기획부터 시작한다. 왜냐하면 제품의 설계계획이 기업의 미래를 좌우하게 되기 때문이다. 그래서 제품과 관련한 기업의 이미지 등까지도 고려하여 어떠한 제품 그러면 그 기업이 연상될 정도의 대표적인 제품을 생산할 수 있는 운용계획이 추진되어야 한다.

### (2) 국제제품 생산전략 결정 요인

국제제품 생산전략에 영향을 주는 요소로는 시장특성, 산업의 여러 조건, 마케팅 제도, 법제 등을 들 수 있다.[4] .

시장특성은 물적 환경, 산업환경, 경제발전단계, 문화적 요소 등을 의미한다. 지역의 관습이나 경제실정 등은 제품을 결정하는데 주요요소가 된다.

산업의 모든 조건은 각 시장의 제품의 수명주기 정도, 경쟁수준 등을 의미한다. 그러므로 산업의 모든 조건은 상품의 생산을 결정하는 주요요소가 된다.

마케팅 제도는 판매경로의 이용가능성과 관련한 제도적 기반에 대한 문제이다. 제품의 판매 유통단계가 제품에 따라 적합한가의 여부가 주요요소가 된다.

법제는 실정법에서 규정하고 있는 제품기준, 특허법, 과세 등에 대한 문제이다. 제품의 제조에서 판매에 이르는 모든 과정에 대하여 합법적인 것인지를 판단하는 기준이다. 시대적환경변화에 따라 제품과 관련된 법제는 강화되는 추세에 있다는 점을 고려하여야 한다.

4) Terpstra V., *ibid.*, pp. 230-231 참조.

### (3) 국제제품 생산전략의 세부 내용

국제제품 생산전략은 제품기획 생산전략, 제품라인 생산전략, 제품믹스 생산전략, 제품수명주기 생산전략, 신제품 생산전략, 제품폐기 생산전략 등이 포함된다.

제품기획 생산전략은 시장의 요구에 맞는 제품의 생산에 대한 기획이며 이를 실행에 옮길 수 있는 기업자원에 대한 점검에 관한 전략이다. 제품기획 생산전략이 아무리 우수하게 수립되었다고 하더라도 이를 실행할 수 있는 인력, 원자재, 자금의 확보 등이 해결되지 않으면 아무 소용이 없게 된다. 제품기획 생산전략은 소비자의 기호에 맞는 제품을 기획하면서 문제점을 해결하고 자체기업 내에서 해결할 수 없는 것이면 기술제휴 등을 고려하게 된다.

제품라인 생산전략은 제품을 생산하는 시스템이나 공장의 생산시스템에 대한 전략이다. 그러므로 제품생산을 위한 원사재 등을 보관할 저장창고 등의 확보에서부터 실제로 제품을 생산하는 공장설비의 수준과 규모가 제품의 생산에 얼마나 효율적인 것인가에 대한 전략이다. 또한 제품라인 생산전략은 제품의 생산설계에서부터 생산에 대한 사항을 조직하여 가동하는 생산전략이다. 즉 한 제품라인에서 여러 유형의 제품을 생산하는 것이 가장 유리하것이지 유형별로 별도의 제품라인을 각각 중복하여 설치하는 것은 비효율적이다.

제품믹스 생산전략은 기업의 각종 제품라인의 총체적인 내용이다. 제품믹스 생산전략은 동일라인에서 복수의 제품을 활용할 수 있도록 하는 생산전략이다. 이에 따라 경영의 효율성을 제고시키려는 것이다.

제품수명주기 생산전략은 제품을 생산하여 시장에 진출시킨 후 소멸하는 과정을 전제로 하고 제품을 제조, 판매하는 생산전략이다. 제품수명주기 생산전략은 제품의 생산에서 소멸에 이르는 단계별로 추이를 주시하면서 탄력적으로 시장상황에 대응하는 생산전략이다.

신제품 생산전략은 제품수명주기와 관련하여 신제품을 개발하는 생산전략이다. 신제품 생산전략은 기존의 제품의 수명이 쇠퇴기에 이른 경우 대체할 신제품을 개발하는 생산전략이다. 신제품 생산전략은 가장 제품이 잘 팔리는 성숙기에 수립하여야 한다.

제품폐기 생산전략은 쇠퇴기에 속한 제품의 처리에 대한 생산전략이다. 제품폐기 생산전략은 쇠퇴기에 속한 제품에 대한 단순한 처리가 아니라 재활용까지 포함하는 생산전략이다.

## 2. 국제가격 전략

### (1) 국제가격 전략의 의의

국제가격 전략(international price strategy)은 해외시장으로 진출할 때 가격에 영향을 주는 모든 요소들을 검토하여 대응하는 전략이다. 물품에 대한 가격의 탄력성은 국제가격 전략을 수립하는 데에 중요한 요소가 되기 때문에 적정한 가격이 제시되어야 한다.

### (2) 국제가격 전략 결정 요인

국제가격 전략은 가격에 영향을 주는 제요소들을 검토하는 것이다. 국제무역에서 가격에 영향을 주는 요인으로는 수출가격 할당, 외환리스크, 대금지급조건, 무역장벽, 독점금지법, 가격통제 등이 있다.

수출가격 할당은 정부가 수출가격을 할당하는 조치인데 시장수요에 의한 가격 결정을 할 수 없게 만드는 요소이다.

외환리스크는 외환거래에서 항상 잠재되어 있는 위험이다. 이에 따라 기업은 환율의 변동에 따라 활동에 영향을 받아 가격산정에도 영향을 주게 된다.

대금지급조건은 대금지급기간이 가격에 영향을 주게 된다. 즉 현금지급의 경우와 일정기간 경과 후에 지급하는 것은 기업의 자금 보유와 상품의 가격에도 영향을 주게 된다.

무역장벽은 관세장벽이나 비관세장벽을 불문하고 관세가 부과되는 부분만큼 가격을 인상하는 요소가 된다. 관세장벽이나 비관세장벽은 국가간에 경쟁이 치열할수록 강화되는 측면이 있기 때문에 국제적인 동향을 주시하여야 한다.

독점금지법은 기업의 독점을 방지하는 것이 목적이기 때문에 기업으로서는 경쟁가격을 결정하게 만드는 요소가 된다. 즉 기업 자체의 결정이 아니라 외부의 요인에 의해서 가격이 강제적으로 결정되는 것이다.

가격통제는 법에 의하여 가격을 결정하는 것이다. 자본주의 국가에서는 가격을 정하여 통제하는 경우보다는 공급량을 조절하면서 가격을 일정한 수준으로 유지하는 것이 대부분이다. 그래서 물가변동과 같은 변동요인을 가격에 반영하지 못하는 경우가 발생한다.

### (3) 국제가격 전략의 세부 내용

국제가격 전략으로는 저가격 전략, 고가격 전략, 차이가격 전략, 차별가격 전략, 제품가격 전략, 가격선도 전략 등이 활용된다.

저가격 전략은 수요의 가격탄력성이 큰 상품에 대하여 경쟁상품을 저가격으로 경쟁시켜 시장을 확대하는 전략이다. 저가격 전략을 수립할 때에는 소비자의 기호에 철저한 조사가 필요하다. 어느 정도의 가격선이 저가격인가는 경쟁제품과 비교하는 경우도 있지만 기업의 정책결정이 가장 큰 요인이 된다.

고가격 전략은 수요의 가격탄력성이 작은 경우 소량 다품종 생산으로 전체의 매상고를 신장시키는 전략이다. 일반적으로는 가격이 비싼 경우에는 구매를 하지 않을 것이라는 생각도 하겠지만 오히려 비싼 가격이어야 잘 팔리는 제품도 있다. 그렇지만 소량 다품종이기 때문에  고가격정책을 이행하려는 제품에 대한 부대비용 비용 등도 충분하게 고려하여야 한다.

차이가격 전략은 일시적인 판매촉진을 위한 전략이다. 즉 차이가격 전략은 일정기간에만 가격을 할인하여 판매하는 전략이다.

차별가격 전략은 저가격의 특가로 판매하는 전략이다. 경쟁기업보다 저가격을 제시하여 기존시장의 유지 또는 신시장을 개척하는 전략이다.

제품가격 전략은 제품의 품질과 판매가격을 조합한 전략이다. 즉 제품가격 전략은 판매시장이나 제품의 특수층을 겨냥하여 고품질을 저가격으로 판매하는 경우의 전략이다.

가격선도 전략은 안정가격을 확보하기 위하여 행하는 가격결정방식이다. 가격선도 전략에서는 업계 전체의 생산코스트와 수급조건 등을 고려하여 가격을 선도하게 된다.

## 3. 국제판매경로 전략

### (1) 국제판매경로 전략의 의의

국제판매경로 전략(international outlet strategy)은 해외시장으로 진출할 때 판매경로에 영향을 주는 제요소들을 검토하여 대응하는 전략이다.

### (2) 국제판매경로 전략 결정 요인

국제판매경로 전략은 국제시장의 특성, 산업조건, 마케팅 제도, 법제적 측면들이 요인으로 작용하기 때문에 이에 대한 조사가 필요하게 된다.

국제시장의 특성은 제품판매에 중요한 요소가 된다. 국제시장에서의 고객의 이동성, 소비자의 구매유형, 수요자의 동향 등에 대한 측정이 있어야 한다.

산업의 조건적 측면은 판로의 이용가능성, 특정 상표의 희망 등을 조사하여야 한다. 배타적인 지역에서는 해당국의 상표와 결합하는 형태로 판매경로를 확보하여야 한다.

마케팅 제도적 측면은 이용이 가능한 판매경로와 종류, 유통촉진능력 등이 요소가 된다. 그러므로 판매경로에 대한 실사, 유통촉진능력에 대한 검증 등이 있어야 한다.

법제적 측면은 제품라인에 대한 제도, 제품가격유지와 관련한 법제 등이 요소가 된다. 판매경로를 확보하는 데에 법적으로 규제가 심하다면 포기하는 경우도 발생하게 된다. 그래서 제품의 판매경로와 관련한 법적 분석이 있어야 한다.

### (3) 국제판매경로 전략의 세부 내용

#### 1) 경쟁적 판매경로 수단

국제판매경로 전략은 배타적 판매경로, 개방적 판매경로, 선택적 판매경로, 판매경로 적응 전략 등을 활용한다.

배타적 판매경로는 이익률 확보에 최대의 목표를 두는 전략이다. 이에 따라 배타적 판매경로에서는 다른 제품의 판매경로를 차단하게 된다.

개방적 판매경로는 판로확장에 목표를 두는 전략이다. 이에 따라 개방적 판매경로에서는 다른 제품의 판매경로도 인정한다.

선택적 판매경로는 판매권 정비에 활용하는 전략이다. 이에 따라 선택적 판매경로에서는 이익률이 낮은 판매경로는 폐쇄하고 이익률이 높은 판매경로에 집중하는 등과 같은 전략을 사용하게 된다.

판매경로 적응 전략은 소비자행동의 변화, 경쟁업자의 비전, 신판매경로의 개방 등을 고려하여 각 상황에 대응하며 판매경로를 구축하는 전략이다. 이에 따라 판매경로 적응 전략에서는 판매와 관련한 정보의 확보가 중요해진다.

### 2) 조직적 판매경로 수단

국제판매경로 전략은 조직적 측면에서 직접판매경로, 1단계 판매경로, 다단계 판매경로 등을 활용한다.

직접판매경로는 기업과 소비자가 직접 연결되는 판매경로이다. 소비자로서는 가장 저렴한 가격으로 신속하게 제품을 구입할 수 있는 경로이다. 그러나 국제마케팅에서 기업과 소비자를 직접 연결한다는 것이 어려운 과제이다. 오늘날에는 산지 직송이나 우편판매 등을 통하여 생산자와 소비자를 직접 연결하는 판매 경로가 급증하고 있다. 직접판매경로에서는 생산자가 중간 상인을 거치지 않고 원가의 물품을 제공할 수 있다는 점에서 판매망을 넓힐 수 있다는 장점이 있다. 그런데 전문적인 유통망을 알거나 유지하고 있는 상인들보다는 유통에 대한 정보가 부족할 가능성이 높다. 대규모의 제품을 생산하는 경우에는 직접판매를 하는 데에는 한계점이 있다. 소비자의 입장에서는 중개인 또는 중간상인들이 얻을 수 있는 마진을 제거하고 순수한 원가의 제품을 구입할 수 있다는 데에 장점이 있다. 소비자로서는 저렴한 가격으로 제품을 구입할 수 있지만 산지에 직접 가던가 아니면 산지에 대한 정보를 정확하게 파악하여 제품을 구입해야 하는 번거로움이 있다.

1단계 판매경로는 제품을 생산하는 기업과 소비자 사이에 1단계의 판매망이 존재하는 판매경로이다. 1단계의 판매망은 중개업자 등을 의미한다. 직접판매경로보다는 생산원가가 높아지게 된다. 그리고 중개업자의 자질과 능력에 따라 그 판매효과가 다르게 된다. 중개업자는 생산자와 소비자 사이에서 양자 모두에게 만족할만한 조건을 제시하고 거래를 성사시켜야 하는 문제를 가지고 있다. 또한 중개업자가 얼마나 신뢰할 수 있고, 중개료를 얼마로 계산하는가에 따라서도 그 효과는 다르게 된다.

다단계 판매경로는 기업과 소비자 사이에 다단계의 판매망이 존재하는 판매경로이다. 즉 다단계 판매경로는 국제마케팅에서 나타나는 일반적인 형태의 판매경로이다. 다단계라고 할 때는 생산자에게서 소비자에게 이르는 중간의 단계가 여러 상인 존재한다는 의미이다. 생산자와 소비자 사이에 중개인이 개입하면 1단계판매경로이지만 중개업자 이외에 도매업자와 소매업자, 수집업자와 분배업자 등이 개입하면 다단계가 되는 것이다. 즉 1인 이상의 중간 상인이 개입을 하게 되면 다단계판매경로가 되는 것이다. 사회적 문제가 되기도 하는 다단계업자는 다단계판매경로와는 전혀 다른 의미이다.

## 4. 국제물류경로 전략

### (1) 국제물류경로 전략의 의의

국제물류경로 전략(international logistics strategy)은 세계시장에 제품을 공급하기 위하여 코스트를 최저로 하고 기업의 공급력을 복수국가로 하여 연결하는 전략이다.[5] 이를 위하여 다수의 국가에 공장을 세워 국제적 생산편성에 의한 규모의 이익과 부품 및 제품의 다국적인 조달을 통하여 무역의 이전이익을 증대하고 거래코스트를 절감시킨다.

### (2) 국제물류경로 전략의 결정 요인

국제마케팅 활동은 수요측면에서 이루어지는 것과 유통측면에서 이루어지는 것으로 구분된다. 기본 물류경로 전략은 운송코스트의 절감과 서비스의 질적 향상을 주요 목적으로 한다.

### (3) 국제물류경로 전략의 세부 내용

제품의 공급은 선별단계, 저장단계, 분할단계, 분류단계 등을 거치게 된다. 그러므로 국제물류경로 전략은 직송 물류경로 체제, 유통센터 물류경로 체제, 배송 물류경로 체제, 저장·포장 물류경로 체제 등을 활용한다.

직송 물류경로 체제는 판매지역마다 공장을 분산시켜 소비자에게 배송하는 물류경로 체제이다. 직송 물류경로 체제에서는 배송시간과 운임을 절약할 수 있다.

유통센터 물류경로 체제는 생산규모의 경제성을 극대화하려는 물류경로 체제이다. 소규모의 배송거점을 설치하여 물적 유통 취급단위의 대규모화와 정보 체제화를 꾀할 수 있다.

배송 물류경로 체제는 모든 공장, 모든 사내, 협력공장, 운송업자, 판매점을 연결시켜 재고관리 운송관리 등을 하는 물류경로 체제이다.

저장·포장 물류경로 체제는 배송센터에 저장기능과 포장기능을 부여하는 물류경로 체제이다.

---

5) Fayerweather, J., *International Business Management*, McGrow-Hill, 1969, pp.141-147 참조; Fayerweather, J., *International Marketing*, 2nd ed., Prentice-Hall, Inc., 1970, pp.14-18 참조.

## 5. 국제판매촉진 전략

### (1) 국제판매촉진 전략의 의의

국제판매촉진 전략(international promotion strategy)은 판매를 촉진시켜 기업의 수익을 최대화하는 운용계획이다.

### (2) 국제판매촉진 전략의 결정 요인

국제마케팅을 촉진을 하기 위해서는 제품의 특성, 고객의 특성에 대한 분석이 정확하여야 한다. 제품의 특성은 타사 제품보다 우수한 것이 입증되어야 하고 지역실정에 맞는 제품이어야 한다. 고객의 특성은 수요자에 대한 분석이다. 기업의 특성은 기업의 활동과 관련한 대외적 이미지이다.

### (3) 국제판매촉진 전략의 세부 내용

국제판매촉진 전략의 수단으로서는 광고 전략, 판매촉진 전략, PR 전략, 광고대리점 선택 전략, 직접판매 전략 등이 활용된다.

광고 전략은 신문, 전단지, 텔레비전 등과 같은 홍보매체를 이용하여 상품을 선전하는 운용계획이다. 광고 전략의 경우는 소비자에게 영향을 주기 위하여 어느 정도의 기간이 소요되는가를 정확하게 판단하는 것이 관건이 된다.

판매촉진 전략은 판매촉진을 위하여 시식회, 사인회 등을 개최하거나, 일정량의 판매량을 부과하여 판매를 강제하는 전략이다.

PR 전략은 기업의 전반에 대한 내용을 알리는 전략이다. PR 전략은 장기간에 걸쳐 계속적으로 추진하는 전략이다.

광고대리점 선택 전략은 기업이 직접 광고를 하는 것이 아니라 전문적인 광고업체를 활용하여 판매활동을 활성화하는 전략이다.

직접판매 전략은 판매담당자가 직접 소비자를 상대로 판매를 하는 전략이다. 우리나라에서는 요구르트의 판매가 이에 의하여 성공한 예라 할 수 있다.

# 제3절 국제마케팅 운용단계

## 1. 국제마케팅 계획수립단계

### (1) 국제마케팅 계획수립의 의의

국제마케팅 계획수립은 국제마케팅 관리의 기초단계이다. 따라서 정확한 국제마케팅 계획이 수립되었을 때 국제마케팅 관리도 올바르게 수행할 수 있다. 즉 국제마케팅 계획은 활동을 전개하는 기업의 목표를 정확하게 제시하고 실행하여야 한다.

### (2) 국제마케팅 계획수립의 단계

#### 1) 국제마케팅 계획의 목표 설정

국제마케팅 목표는 기존시장의 확대, 신시장의 개척 등이다. 국제마케팅에서 기존시장의 확대가 목표인 마케팅을 경쟁적 마케팅이라 하고 신시장의 개척이 목표인 마케팅을 신규마케팅이라고 한다. 국제마케팅 계획의 목표를 설정할 때는 목표시장의 정치, 경제, 사회, 문화 등의 차이와 소비자 기호의 특수성 등을 고려하여야 한다.

#### 2) 국제마케팅 계획의 수립을 위한 시스템의 구성

국제마케팅 시스템은 국제마케팅의 각 분야를 유기적으로 연결하여 효율적으로 국제마케팅 활동을 하기 위한 시스템이다. 국제마케팅 시스템은 국제마케팅 환경시스템, 국제마케팅 관리시스템, 국제마케팅 상품공급 시스템, 국제마케팅 정보시스템으로 구성한다.

국제마케팅 환경시스템은 해외시장에 관련한 각종의 환경조건에 관한 대응체계이다. 국제마케팅 관리시스템은 국제마케팅 관리의 효율화를 기하기 위한 체계이다. 즉 제품생산, 가격책정, 판매경로, 물류경로, 판매촉진책 등과 관련한 체계이다. 국제마케팅 상품공급 시스템은 상품의 수출, 기술제휴, 해외투자 등과 관련한 체계이다. 국제마케팅 정보시스템은 국내외에서 수집된 정보를 정확하게 전달하고 사용하기 위하여 구성된 체계이다.

## 2. 국제마케팅 조사단계

### (1) 국제마케팅 조사의 의의

국제마케팅 조사는 제품, 가격, 판매경로, 판매촉진방법 등에 관한 조사로서 국제마케팅 정보시스템을 통하여 이루어진다. 국제마케팅 조사는 정보의 수집, 분석, 기록의 단계를 거치게 된다. 그래서 국제마케팅 조사는 기업의 활동환경이 다른 지역에서 이루어진다는 특성으로 인하여 조사영역도 다양하고 조사 활동과정 중에 변수가 많게 된다.

### (2) 국제마케팅 조사의 대상

#### 1) 제품

국제마케팅 조사의 대상으로 제품을 들 수 있다. 제품에 대한 조사는 상품에 대한 수요 예측이 주가 된다. 그래서 현지국의 동종 상품의 생산량, 수출입량, 경쟁국의 현지 수요제품의 품질, 기능, 특성, 형태, 상표, 포장, 제품공정라인, 서비스 등이 조사대상이 된다.

#### 2) 가격

국제마케팅 조사의 대상으로 가격을 들 수 있다. 가격에 관한 조사대상은 당해 상품의 가격추이 및 가격수준, 마진, 지불조건, 계절 및 유행에 따른 가격추이 등이다.

#### 3) 판매경로

국제마케팅 조사의 대상으로 판매경로를 들 수 있다. 제품의 판매경로와 관련된 사항을 조사하는 것이다. 판매경로에 대한 조사대상은 국제마케팅과 관련한 대상은 유통경로, 유통범위, 판매지역, 재고수준, 수송수단 등이다.

#### 4) 판매촉진방법

국제마케팅 조사의 대상으로 판매촉진방법을 들 수 있다. 판매촉진방법과 관련된 사항을 조사하는 것이다. 판매촉진방법에 대한 조사대상은 생산공정, 판매조직, 광고 및 홍보, 인적 판매조직, 판매촉진활동 등이다.

### (3) 국제마케팅 조사의 과정

#### 1) 조사목적의 설정

국제마케팅 조사를 할 때에는 조사를 하는 목적이 설정되어야 한다. 국제마케팅 조사는 국제마케팅의 의사결정에 기여할 수 있는 조사가 되어야 한다. 국제마케팅의 의사를 결정하는데 중요한 사항은 해외시장 진출여부, 해외시장 사업성, 해외시장 진출방식, 해외시장 규모 등이다. 이에 따라 국제마케팅 조사목적도 기업의 의사결정에 부합되는 것으로 설정되어야 한다.

#### 2) 정보원천의 결정

국제마케팅 조사를 위한 정보원천은 1차 정보원천과 2차 정보원천 등으로 구분한다. 1차 정보원천은 직접적인 조사에 의한 자료이다. 2차 정보원천은 목적에 의하여 작성된 자료이다. 2차 정보원천은 공적 정보원천과 사적정보원천으로 구분된다. 공적 정보원천은 공공기관에 의하여 공적 목적을 위하여 작성된 자료이다. 사적정보 원천은 각 기업이나 연구소의 사적 목적을 위하여 작성된 자료이다.

#### 3) 자료의 수집

국제마케팅 조사를 위한 해외시장조사 자료의 수집에 있어 1차 정보원천과 2차 정보원천은 각각의 특징이 있기 때문에 자료 수집을 할 때 유의하여야 한다. 정보 및 자료수집은 시간과 비용 등의 측면을 고려하여 실시하여야 한다.

1차 정보원천은 기업에서 실시하는 직접조사이기 때문에 가장 현실적인 자료수집 방법이 된다. 그러나 시간과 비용이 과다하게 소요될 뿐만 아니라 표본선정, 응답의 성실성, 언어의 소통 등과 관련한 문제가 발생할 수 있다. 2차 정보원천은 정부기관이나 신용정보기관 등을 활용하므로 시간과 비용도 적게 들고 자료의 수집이 용이하다. 그러나 자료의 이용가능성, 자료의 신뢰성, 자료의 비교성, 자료의 현실성 등을 고려할 때 문제가 있다.

#### 4) 자료의 분석

국제마케팅 조사과정에서 수집된 자료는 최종적으로 분석하여 기록된다. 분석을 하여 자료를 기록하는 것은 동일한 상황이 발생하였을 때에 문제점을 개선하기 취한 조치이다.

## 3. 국제마케팅 조직단계

### (1) 국제마케팅 조직의 의의

국제마케팅 조직은 국제마케팅 관리자가 관리하여야 할 관리체계이다. 국제마케팅 조직은 국제마케팅 계획을 합리적으로 수행하기 위한 관리수단이다. 그런데 국제마케팅 조직은 국내환경과는 다른 환경에서 조직하여야 하는 특성이 있다.

### (2) 국제마케팅 조직의 내용

#### 1) 수출부

국제마케팅 조직에서는 수출부 조직을 우선한다. 수출부 조직은 초기의 수출단계에서 구성된다.

#### 2) 국제사업부

국제사업부는 단순한 수출을 전담하는 수출부에서 발전하여 해외사업을 전담하는 부서이다. 따라서 국제사업부는 거래를 하는 상대국이나 취급하는 물품도 다양하게 된다.

#### 3) 세계적 조직

국제사업부에서 사업이 전 세계를 대상으로 전개되면 범세계적 조직을 구성하게 된다. 세계적 조직은 제품별 조직, 지역별 조직, 집중구조 조직 등으로 구성된다.

제품별 조직은 국제마케팅의 설정과 통제는 최고경영자가 하지만 제품에 대한 계획과 통제는 각 제품사업부의 책임자가 한다.

지역별 조직은 해외시장을 지역별로 구분하여 지역별 업무책임자를 배치하는 조직이다. 이에 따라 지역별 조직은 사회사가 설치되어 있는 지역을 중심으로 조직하는 것이 대부분이다.

집중구조 조직은 제품별 조직과 지역별 조직에서의 책임과 권한이 집중화되는 것이다. 따라서 집중구조 조직은 제품별 조직과 지역별 조직의 혼합적인 형태를 갖춘 조직으로 공동의 책임과 권한을 사용하게 하는 것이다.

# 4. 국제마케팅 통제단계

## (1) 국제마케팅 통제

국제마케팅 통제는 국제마케팅 관리의 최종단계이다. 국제마케팅 통제는 목표를 달성하기 위하여 설정한 계획이 원안대로 수행될 수 있도록 계획과 결과와의 차이를 비교하며 수정하는 관리활동이다.

그러므로 국제마케팅 관리계획이 제대로 수행되었는지에 대한 최종적인 점검단계의 결과에 따라서는 국제마케팅에 대한 전면적인 수정이 이루어지기도 한다. 이와 같이 국제마케팅의 업적을 측정하고 수정하는 것이 중요한 역할이기 때문에 국제전략과 연관이 깊다.

## (2) 국제마케팅 통제과정

### 1) 국제마케팅 통제기준의 설정

국제마케팅의 실적을 평가하기 위해서는 통제기준이 있어야 한다. 국제마케팅 실적을 측정하는 통제기준의 설정은 실제의 결과를 분석하는 국제마케팅 통제의 기초가 되기 때문에 중요하다.

### 2) 국제마케팅 실적의 측정

국제마케팅 실적의 측정은 기업의 규모에 따라 다르게 된다. 국제마케팅 실적은 통제기준과의 대비를 통하여 측정이 가능해진다. 국제마케팅 실적과 통제기준 사이에 차이가 발생하면 그 원인에 대한 분석을 하게 된다.

### 3) 국제마케팅 실적의 편차 수정

국제마케팅의 업무나 실적을 측정한 결과 국제마케팅 목표의 통제기준과 차이가 있을 때는 편차의 수정이 이루어진다. 국제마케팅에서 편차의 수정은 상당한 시간이 소요된다. 국제마케팅에서는 업무담당자의 책임한계, 업무의 성격, 작업여건 등과 같은 요인들이 국내와는 다르기 때문에 상당한 시간이 소요되는 것이다.

# 국제무역실무론

# 제 12 장 무역거래와 무역관리제도

## 제 1 절 무역과 무역거래자

### 1. 무역

#### (1) 무역의 의의

무역은 물품, 대통령령으로 정하는 용역, 대통령령으로 정하는 전자적 형태의 무체물(無體物)의 수출과 수입을 말한다. 물품은 외국환거래법에서 정하는 지급수단과 증권 그리고 채권을 화체(化體)한 서류를 제외한 동산(動産)을 말한다.

외국환거래법에서 정하는 지급수단은 정부지폐·은행권·주화·수표·우편환·신용장, 대통령령으로 정하는 환어음, 약속어음, 그 밖의 지급지시, 증표, 플라스틱카드 또는 그 밖의 물건에 전자 또는 자기적 방법으로 재산적 가치가 입력되어 불특정 다수인 간에 지급을 위하여 통화를 갈음하여 사용할 수 있는 것으로서 대통령령으로 정하는 것 등이다. 증권은 자본시장과 금융투자업에 관한 법률에 따른 증권과 그 밖에 대통령령으로 정하는 것이다.

### (2) 수출과 수입

#### 1) 수출

수출이란 매매, 교환, 임대차, 사용대차(使用貸借), 증여 등을 원인으로 국내에서 외국으로 물품이 이동하는 것, 우리나라의 선박으로 외국에서 채취한 광물(鑛物) 또는 포획한 수산물을 외국에 매도(賣渡)하는 것, 유상(有償)으로 외국에서 외국으로 물품을 인도(引渡)하는 것으로서 산업통상자원부장관이 정하여 고시하는 기준에 해당하는 것, 외국환거래법에 따른 거주자가 비거주자에게 산업통상자원부장관이 정하여 고시하는 방법으로 제3조에 따른 용역을 제공하는 것, 거주자가 비거주자에게 정보통신망을 통한 전송과 그 밖에 산업통상자원부장관이 정하여 고시하는 방법으로 전자적 형태의 무체물을 인도하는 것 중 어느 하나이다.

#### 2) 수입

수입이란 매매, 교환, 임대차, 사용대차, 증여 등을 원인으로 외국으로부터 국내로 물품이 이동하는 것, 유상으로 외국에서 외국으로 물품을 인수하는 것으로서 산업통상자원부장관이 정하여 고시하는 기준에 해당하는 것, 비거주자가 거주자에게 산업통상자원부장관이 정하여 고시하는 방법으로 용역을 제공하는 것, 비거주자가 거주자에게 정보통신망을 통한 전송과 그 밖에 산업통상자원부장관이 정하여 고시하는 방법으로 전자적 형태의 무체물을 인도하는 것 중 어느 하나이다.

## 2. 무역거래자

### (1) 무역거래자의 의의

무역거래자란 수출 또는 수입을 하는 자, 외국의 수입자 또는 수출자로부터 위임을 받은 자 및 수출과 수입을 위임하는 자 등 물품 등의 수출행위와 수입행위의 전부 또는 일부를 위임하거나 행하는 자를 말한다.

### (2) 무역거래자의 자격

무역을 업으로 하려는 자는 한국무역협회에 무역업자 신청을 하고 무역업 고유번호를 부여받아야 한다. 무역업 고유번호의 신청과 부여는 우편, FAX, E-Mail, 전자문서교환체제 등의 방법으로 할 수 있다. 무역거래자가 이러한 통신수단을 이용하여 별지 서식을 통하여 무역업 고유번호의 신청을 한 경우에는 한국무역협회가 즉시 신청자에게 고유번호를 부여하도록 하고 있다. 한국무역협회는 무역업고유번호를 관리하며, 회원가입은 강제되지 않는다. 무역업자는 수출입신고를 할 때 무역업 고유번호를 필히 기재하여야 한다.

# 제 2 절 무역관리제도

## 1. 무역관리의 의의와 목적

### (1) 무역관리의 의의

무역관리(trade control)는 무역과 관련한 제반사항을 국가가 간섭하거나 규제 또는 제한하거나 통제하는 것이다. 그래서 무역에 관련된 사항에 대하여 허가나 승인 또는 벌칙 등을 적용하여 관리하게 되는 것이다. 궁극적으로 무역은 국민경제의 건전한 발전을 위하여, 그리고 국제경제에 기여하기 위하여 관리가 필요하게 된다. 따라서 무역관리는 무역업자, 거래 물품, 거래상대국, 외환거래 등에 관하여 일정한 규제나 제한을 가하게 된다. 즉 인적관리, 행위 및 대상관리, 무역정책관리 등으로 구분하여 관리를 하게 된다.

### (2) 무역관리의 목적

무역을 관리하는 목적은 대외무역법 제1조에 규정하고 있는 것처럼 대외무역을 진흥하고 공정한 무역거래질서를 확립하여 국제수지의 균형과 통상의 확대를 도모함으로써 국민경제의 발전에 이바지하는 데 있다.[6]

6) 대외무역법 제1조 참조.

## 2. 무역관계법과 관리기구

### (1) 무역관계법

#### 1) 대외무역법

무역관리의 뒷받침이 되는 기본법은 대외무역법이다. 이외에 외국환거래법, 관세법, 수출검사법 등 여러 법률이 기본법의 이행을 보완하고 있다. 대외무역법은 무역전반에 대한 정부의 조정, 간섭 및 규제 등 무역을 규율하는 기본법이다. 그리고 대외무역법의 시행을 위하여 대외무역법 시행령과 대외무역법 관리규정이 제정되어 있다.

대외무역법의 목적은 대외무역을 진흥하고 공정한 거래질서를 확립하여 국제수지의 균형과 통상의 확대를 도모함으로써 국민경제의 발전에 이바지하는 것이다.

#### 2) 관세법

관세법은 관세의 부과와 징수 및 수출입 물품의 통관을 적정하게 하여 국민경제의 발전에 기여하고 관세수입의 확보를 기함을 목적으로 하고 있다. 관세법은 조세법, 통관법, 형사법과 같은 특성을 가지고 있다.

#### 3) 외국환거래법

외국환거래법은 외국환과 그 거래 기타 대외거래를 합리적으로 조정 또는 관리함으로써 대외거래의 원활화를 기하고 국제수지의 균형과 통화가치의 안정을 도모하여 국민경제의 건전한 발전에 이바지하는 것을 목적으로 하고 있다. 무역거래대금은 대부분 외화로 결제되기 때문에 국민경제 및 국제수지에 미치는 영향이 크다. 이에 따라 무역과 관련된 국내외 사이의 지급 또는 영수는 외국환거래법의 적용을 받게 된다.

#### 4) 기타의 무역 관련 법규

대외무역법에서 규정하고 있는 사항 등은 지식경제부의 단독적인 관리만으로 그 성과를 기대할 수는 없기 때문에 수출품 품질향상에 관한 법, 수출보험법, 중재법, 수출자유지역 설치법 등 50여개의 제반 법규가 대외무역법의 시행을 지원하게 된다.

## (2) 무역관리 기구

### 1) 주무행정기관

산업통상자원부는 무역관리를 주요 업무로 하는 관청인데 산업통상자원부장관은 통상을 담당하는 주무행정기관의 장이 된다. 산업통상자원부장관은 모든 수출입에 관한 사항을 관장, 통괄하도록 하고 있다. 산업통상자원부장관은 무역관리에 관한 권한의 일부를 위임 또는 위탁하여 수출입을 관리한다.

### 2) 협조행정기관

산업통상자원부 이외의 중앙행정기관들도 법에 의하여 수출입관리를 협조하고 있다. 협조기관들은 독자적으로 무역을 수행하는 것이 아니라 각각의 소관업무와 관련한 특별법에 의하여 협조를 하고 있다.

### 3) 주무행정기관 권한의 위임 또는 위탁 대상

수출입 주무행정기관의 장은 대외무역의 신속하고 능률적인 운영을 도모하기 위하여 무역에 관한 권한의 일부를 위임 또는 위탁하고 있다. 무역관리에 관한 권한의 일부를 위임받는 기관들은 중앙행정기관의 장, 특별시장, 광역시장, 시장, 도지사, 기술표준원장 및 단체의 장, 관세청장, 세관장, 한국은행총재, 한국수출입은행장, 외국환은행의 장, 기타 대통령령으로 정하는 법인 또는 단체 등이다. 수출입 주무행정기관의 장은 위임 또는 위탁한 사무에 관하여 그 위임 또는 위탁을 받은 자를 지휘 또는 감독할 수 있고 위탁을 받은 자에게 보고를 명할 수 있다.

## (3) 무역관리 내용

산업통상자원부장관은 수입에 의한 산업피해를 조사하고 수출입의 질서유지를 위하여 불공정한 수출입 행위의 금지, 수출입 물품가격의 조작금지, 무역분쟁의 신속 해결, 선적전 검사와 관련한 분쟁조정, 조정명령 등을 한다.

산업통상자원부장관은 수출입의 진흥 및 지원을 위하여 전산관리 체제를 개발하고 운영하며 수출입조합을 설치하여 운영을 하고 있다.

# 제 13 장 무역계약 체결과 계약조건

## 제 1 절 해외시장조사

### 1. 해외시장조사의 의의

해외시장조사(foreign market research)는 무역시장을 물색하고 선정된 무역시장에서 물품에 대한 매매가능성을 조사하는 것을 의미한다. 즉 해외시장조사는 물품을 가장 효율적으로 수출할 수 있는 시장을 탐색하거나 수입대상 물품에 대한 시장정보를 수집하기 위하여 행하는 일련의 절차를 의미한다. 그러므로 해외시장조사는 무역업자가 해외시장에서 기존 물품의 판로를 유지하거나 확대시키려고 할 때 또는 신제품의 판로 개척을 하려고 할 때 의사결정을 돕기 위하여 이루어지는 활동이다.

무역업자가 해외시장조사를 하는 경우에는 시장특성에 맞는 국제제품 생산전략을 수립하고, 무역이익을 최대화할 수 있는 국제가격 전략을 선택하여야 한다. 무역업자는 목표시장의 경제적 환경을 파악하여 국제판매경로를 구축하고 물류활동 전반을 파악할 수 있는 국제물류경로 전략을 채택하여 국제판매촉진 전략을 활용함으로써 해외시장조사의 목적을 달성하여야 한다.

## 2. 해외시장조사의 방법

직접조사방법은 해외지점, 출장소, 주재소 등에 의한 조사, 직접출장에 의한 조사, 거래처를 통한 시장조사 등이다. 직접조사방법은 조사비용이 많이 든다는 단점이 있음에도 불구하고 주관적이지만 감각적인 시장정보를 얻기 위해서는 가장 좋은 조사방법이라고 할 수 있다.

간접조사방법은 우리나라에 주재하는 외국의 대사관, 공사관 및 영사관 또는 외국에 주재하는 우리나라의 해외공관, 우리나라에 주재하는 외국의 상업회의소 또는 우리나라의 대한상공회의소나 한국무역협회 등을 통하여 목적시장에 대하여 정보를 조사하는 조사방법이다.

위탁조사는 국내외의 해외시장조사기관에 조사 의뢰내용을 제시하고 그 비용을 의뢰인이 부담하는 조건으로 하여 해외시장조사를 하는 방법이다. 위탁조사는 특정시장이나 특정 물품에 대하여 전문적이고 철저하며 상세한 시장조사를 할 때 활용한다.

## 3. 해외시장조사의 단계

해외시장조사는 계획수립단계에서 무엇을 위하여, 어떻게, 언제 조사를 실행할 것인가를 결정하여야 한다. 해외시장조사는 그 목적에 따라 매우 다양한 방향으로 전개될 수 있다. 그러나 일반적으로는 거시적인 측면에서 미시적인 측면으로 좁혀가는 방식을 사용하는 것이 필요하다. 즉 광범위한 사료의 수집조사에서 목적에 맞는 내용으로 압축하여 감으로써 인력이나 비용 측면에서 효율성을 유지하여야 한다.

해외시장조사를 할 때에는 무역환경에 대한 조사가 집중적으로 이루어지게 된다. 그러므로 해외시장조사에서는 정치적, 경제적, 사회적, 문화적인 측면 등을 다양하게 조사하여야 한다. 무역거래는 계속성이 있기 때문에 장기적인 관점에서 해외시장을 확보하거나 또는 확장하기를 원한다면 해외시장조사에 대한 분석결과를 계속 보완하여야 한다. 이렇게 관리한 해외시장조사 자료는 다른 목적으로 해외시장조사를 하는 경우에 유익한 자료로 활용할 수 있다.

# 제 2 절 거래처의 선정과 신용조사

## 1. 거래처의 선정

직접선정은 무역업자가 직접 현지에서 조사를 하여 거래처를 선정하거나 국내외의 견본시장이나 상설전시장, 해외전시회 등에 참가하여 현지에서 거래처를 선정하는 방법인데 시간과 비용은 많이 소요되지만 직접 거래처를 확인할 수 있다는 장점이 있다.

간접선정은 소개, 무역알선기관, 상공인명록, 홍보매체 등을 이용하여 거래처를 선정하는 방법인데 정보가 부정확 할 수도 있지만 시간과 비용은 적게 소요된다는 장점이 있다.

## 2. 신용조사

### (1) 신용조사의 필요성

신용조사(Credit inquiry)라고 하는 것은 신용을 제공받는 자가 신용을 제공하는 자에 대하여 대가를 지급할 수 있는 능력을 사전에 알아보는 것이다. 무역에서 신용(Credit)이라고 할 때는 유체적인 신용 및 무체적인 신용을 포함한다. 따라서 신용은 현재의 가치를 가지고 미래의 어떠한 가능성과 교환할 때 중간 매개체로 활용할 수 있는 수단으로서 중요한 의미를 갖는다.

### (2) 신용조사의 내용

무역에서 신용조사를 하는 경우에 그 조사내용은 거래처의 성격, 자본, 거래능력 등에 관한 것이다. 거래처의 성격(character)을 조사하는 것은 거래처의 성실성, 업무태도, 업계의 평판 등을 알아보는 것이다. 거래처의 자본(capital)을 조사하는 것은 거래처의 재정상태를 알아보는 것이다. 거래처의 능력(capacity)을 조사하는 것은 거래처의 영업상태를 파악하는 것이다. 거래실적, 취급 물품, 주요 거래처 등을 조사하여 거래처의 영업능력과 영업내용을 판단하는 것이다.

# 3. 거래의 제의

## (1) 거래제의장의 의의

거래제의장은 무역거래를 제의하는 서신이기 때문에 무역통신문(trade letter) 또는 상업통신문(circular letter)이라고도 한다. 무역업자는 해외시장조사를 한 이후에 거래처를 선정하여 신용조사가 종료되면 거래제의를 하게 된다. 거래를 제의할 때는 거래제의장을 발송하는 것이 일반적이다. 거래제의장은 상대방에게 처음 보내는 서신이 되기 때문에 신중을 기하여 성의를 다하여 작성하되 계속적인 거래제의가 필요할 수도 있기 때문에 항상 정중한 태도를 보여야 한다. 무역거래에서 거래를 제의한다는 것은 무역거래의 첫단계이기 때문에 상대방에게 얼마나 좋은 인상을 주는가가 중요한 요소가 된다. 그래서 거래제의장을 작성하는 데에는 전통적으로 일정한 양식이 존재하고 있다.

따라서 거래제의장을 작성할 때는 명료성, 정확성, 간결성, 구체성, 완전성, 예의성 등을 유지하여 작성하는 것이 바람직하다. 더욱이 거래제의장은 무역에서 전통적으로 사용하는 용어와 관습이 존재한다는 점을 유의하여 작성하여야 한다.

## (2) 거래제의장의 내용

거래제의장을 구성하는 요소는 서두, 발신일자, 참조번호, 수신자 주소, 특정 수신인명, 첫인사, 제목, 본문, 끝인사, 서명, 관련자 약호, 동봉물 표시, 사본 배부처, 추신(post script) 등이다. 그 중에서 거래제의장의 기본요소는 서두, 발신일자, 수신인명 및 수신인 주소, 서두인사, 본문, 끝인사 서명 등이고 그 외의 사항은 보조요소에 해당한다. 따라서 무역업자는 기본요소의 작성에 주의를 기울여야 한다.

거래제의장의 내용은 상대방을 알게 된 경로 및 동기, 매매희망 물품과 자사의 취급 물품, 자사의 소개, 거래조건 및 거래형태의 개요, 자사의 영업상태를 알리고 자사의 신용조회처, 등을 제시한다. 필요한 경우에는 물품과 관련한 물품목록과 가격표, 회사에 관한 광고내용 등을 첨부하는 것도 바람직하다. 거래제의장은 단순히 거래를 제의하는 것에 그치는 것이 아니라 계약을 유도해내는 것이기 때문에 그 내용에 신중을 기해야 한다.

# 제 3 절 무역계약의 권유와 승낙

## 1. 청약

### (1) 청약의 의의

청약(offer)은 계약자가 계약을 요청받은 자와 일정한 조건하에서 계약을 체결하겠다는 뜻을 나타낸 의사표시이다. 즉 계약을 체결하겠다는 의사표시를 말한다.

### (2) 청약의 내용

청약의 내용은 일반적으로 물품명(commodity name), 원산지(origin), 규격(specification), 수량(quantity), 단가(unit price), 인도조건(trade term), 선적일(shipping date), 대금결제방법(payment condition) 등이 기재된다.

### (3) 청약의 종류

#### 1) 매도청약과 매수청약

매도청약은 수출업자가 특정 물품을 수입업자에게 매도를 하겠다는 의사표시의 청약이다. 매수청약은 수입업자가 특정 물품을 수출업자로부터 구입하겠다는 의사표시의 청약이다.

#### 2) 확정청약과 불확정청약

확정청약은 청약자가 유효기간을 정한 후 그 기간 내에 회답할 것을 조건으로 하는 청약이다. 그 기간 중에는 통보한 내용에 대하여 일방적으로 청약내용을 변경하거나 취소할 수 없다. 불확정청약은 청약자가 유효기간을 정하지 않고 발행하는 청약이다. 상당한 기간이 경과하는 동안 상대방의 승낙이 없는 경우에는 일방적으로 내용을 변경하거나 취소할 수 있다.

#### 3) 원청약과 반대청약

원청약은 반대청약의 상대적인 개념으로 최초의 원본 청약이다. 반대청약은 청약자가 제시한 조건의 일부를 변경하거나 추가하여 역으로 제시해 오는 청약이다. 이것은 본질적으로 원청약에 대하여 반대의사표시를 한 것이다.

#### 4) 조건부 청약

조건부 청약에는 최종확인조건부 청약, 당사확인조건부 청약, 불확정매도청약, 선착순매도조건부 청약, 재고보유조건부 청약, 반품허용조건부 청약, 사용조건부 청약, 수출승인조건부 청약, 수입승인조건부 청약 등이 있다. 조건부 청약의 경우에는 매도인의 측면에서는 상품재고량 등을 감안하여 청약을 하여야 한다는 점을 유의하여야 한다. 그리고 상대방의 입장에서 어떠한 조건일 경우에 가장 좋은 호응을 받으면서 승낙을 얻어낼 수 있는가에 관심을 두어야 한다.

## 2. 승낙

### (1) 승낙의 의의

승낙(acceptance)은 피청약자가 청약에 응하여 계약을 성립시킬 목적으로 하는 의사표시이다. 승낙의 내용은 정확히 청약의 내용과 일치하여야 한다. 승낙을 하려는 자는 일단 승낙이 이루어지면 계약은 성립하는 것으로 보기 때문에 승낙을 할 때에는 신중을 기하여야 한다. 승낙을 하려는 자는 청약자가 승낙기간을 정한 경우에는 유효기간 내에 승낙이 도착하여야 한다.

### (2) 승낙의 방법

청약에 그 승낙방법이 지정되어 있는 경우에는 승낙도 그 방법을 따라야 한다. 즉, 청약자가 회답을 팩스로 요구하면 반드시 텔렉스로 승낙을 표시하여야 유효한 계약이 성립된다. 청약에 승낙의 방법이 지정되어 있지 아니한 경우에는 합리적인 방법으로 승낙하면 된다.

# 제 4 절 무역계약의 체결

## 1. 무역계약의 의의와 특성

### (1) 무역계약의 의의

무역계약은 수출업자인 매도인이 계약에서 약정한 무역매매물품을 제공하기로 약속하고 수입업자인 매수인이 그 무역매매물품을 받는 대가로 대금을 지불할 것을 약속함으로써 성립되는 국제적인 매매계약이다.

### (2) 무역계약의 특성

무역계약은 일방의 청약에 의하여 타방이 승낙을 하여 성립되는 낙성계약이다. 무역계약은 일방에게 대금지급의무가 있고 그에 대하여 무역매매물품을 제공하여야 하는 의무가 있는 쌍무계약이다. 무역계약은 당사자가 대가관계에 있는 급부, 즉 물품제공에 대하여 대금지급을, 대금지급에 대하여 물품제공을 목적으로 하는 유상계약이다. 무역계약은 계약내용을 기록하는 데에 있어서 일정한 형식이 결정되어 있지 않은 불요식계약이다.

### (3) 무역계약의 유형

개별계약은 거래를 할 때마다 매도인과 매수인이 어떤 품목에 대한 거래가 성립되면 품목별거래에 대하여 계약서를 작성하고 그 계약에 대한 거래가 종결되면 그것으로써 계약이 종료되는 방식이다. 포괄계약은 매매당사자 사이에 상호 장기간동안 거래를 하였거나 동일한 물품을 계속적으로 거래할 때, 매 거래마다 개별적으로 계약하는 것이 서로 불편하기 때문에 연간 또는 장기간 기준으로 계약을 체결하고 필요할 때마다 거래 물품을 선적하여 주는 경우의 방식을 의미하며 장기계약이라고도 한다. 독점계약은 특정 물품의 수출과 수입에 있어 수출업자는 수입국가의 지정업자 외에는 동일한 물품을 오퍼하지 않으며, 수입업자 역시 수출국의 다른 수출업자로부터는 동일품목을 취급하지 않겠다는 조건으로 체결하는 방식이다.

## 2. 무역계약서

### (1) 무역계약서의 작성

무역계약서는 매매당사자 사이의 책임과 의무를 확인하고 무역거래를 원활하게 하는 데에 필요하다. 그리고 당사자 사이에 분쟁이 발생하였을 경우에도 판단의 기준자료가 되기 때문에 무역계약서를 작성하여 놓는 것이 중요하다.

무역계약서는 무역계약당사자중 어느 쪽이 작성하여도 무관하다. 이는 어느 한쪽이 작성하더라도 송부하여 상대방이 확인을 하는 절차가 있기 때문이다. 매도인이 작성할 때는 매도서(sales note; 賣渡書) 또는 주문확인서(conformation of order)가 작성된다. 매수인이 작성할 때는 매입서(purchase note; 買入書) 또는 주문서(order)가 사용된다. 매도인의 청약서에 매수인이 승낙하고 서명을 하거나 매수인이 발행한 주문서에 매도인이 서명을 하여도 된다.

무역계약을 확인하는 것은 무역계약의 성립 후 매도인이 매수인에게 계약의 내용에 따라 기재한 무역매매계약서를 송부하면 이루어진다. 일반적으로는 계약의 내용을 당사자 중에 일방이 정리하여 정부 2부를 작성하여 서명한 후 상대방에게 송부한다. 상대방은 이를 검토한 후 1통을 반송하고 1통을 보관하면 된다. 매수인이 매도인의 청약서에 승낙 서명을 하거나 매도인이 매수인이 발행한 주문서에 서명을 하더라도 서류는 2부를 작성하여 1부는 보관하고 1부는 송부하면 무역계약 확인절차는 종료된다.

무역계약이 체결되면 수출업자는 약정된 물품을 무역계약서에 명시한 인도방법에 따라 수입업자에게 인도하여야 한다. 따라서 무역계약물품을 수출지에서 인도하는 방법과 수입지에서 인도하는 방법 중 무역계약서에 명시된 방법에 의하여 인도하면 된다.

### (2) 일반거래조건의 협정

무역거래는 2국 사이의 미이행조건부 매매라는 특수성이 있다. 그러므로 사전에 일반적 거래조건을 협약하여 놓으면 이후의 거래에 도움을 준다. 일반 거래조건 협정서의 내용은 거래형태, 매매계약의 기본조건, 분쟁해결방법, 기타의 거래절차 등의 내용으로 구성된다.

# 제5절 무역계약조건

## 1. 품질에 관한 조건

### (1) 품질조건 결정

무역계약당사자는 무역계약을 체결할 때에 품질(quality)에 관한 조건을 결정하게 된다. 그런데 무역계약을 체결할 때의 품질과 실제로 무역이 이루어진 후의 품질이 상이한 경우가 있기 때문에 품질조건을 결정할 때는 품질결정 방법, 품질결정 시기, 품질이 상이한 경우의 해결방법 등에 대한 합의가 분명하여야 한다.

### (2) 품질결정 방법

#### 1) 견본매매

견본매매(sale by sample)는 거래 물품의 견본을 제시하여 품질을 결정하는 방법이다.

#### 2) 표준품매매

표준품매매(sale by standard)는 특정 또는 특약의 표준품을 가지고 인도될 물품의 품질이 이와 같은 정도임을 표시하여 매매하는 방법이다. 표준품매매에는 평균중등품질조건(fair average quality terms: FAQ), 판매적격품질조건(good merchantable quality terms: GMQ), 보통품질조건(usual standard quality terms: USQ) 등이 있다.

평균중등품질조건은 주로 곡물류의 선물매매에 이용되는 품질결정조건이다. 판매적격품질조건은 목재류나 냉동수산물의 매매에 사용되는 품질조건이다. 보통품질조건은 공인검사기관이나 공인표준기준에 의하여 매매물품의 품질을 결정하는 방법이다.

#### 3) 명세서매매

명세서매매(sale by specification or dimensions)는 선박이나 기계류 등과 같이 구조나 성능이 복잡한 경우에 매매대상물이 명세서와 일치할 것을 조건으로 매매하는 방법이다.

#### 4) 기타

상표·통명매매(sale by trade mark or brand)는 상표가 널리 알려진 경우 상표에 의하여 품질을 결정하고 매매를 하는 방법이다. 규격매매(sale by grade)는 국제적으로 규격이 통일된 물품의 품질을 결정하는 데에 이용한다. 점검매매(sale by inspection)는 수입업자가 직접 수출업자가 보내온 물품을 점검하고 매매를 하는 방법이다.

### (3) 품질결정 시기

선적품질조건은 선적할 때의 물품품질이 인도하기로 합의한 물품의 품질과 동일하다는 것을 입증하는 조건으로 품질을 결정하는 방법이다.

양륙품질조건은 양륙할 때의 물품품질이 인도하기로 합의한 물품의 품질과 일치한다는 것을 입증하는 조건으로 품질을 결정하는 방법이다.

### (4) 품질결정 유형

Tale Quale(T.Q.)은 수출업자가 선적할 때의 품질은 보증하나, 양륙할 때의 품질에 대해서는 책임을 지지 않는 곡물의 선적품질조건이다. Sea Damaged(S.D.)는 해상운송을 하는 중에 해수에 의하여 물품품질에 손해가 발생한 경우만 수출업자가 부담하는 선적품질조건이다. Tale Quale(T.Q.)보다 수입업자에게 유리하다. Rye Term(R.T.)은 수출업자가 곡물이 도착하였을 때의 물품의 품질을 인도하기로 합의한 물품의 품질로 보증하는 방법이다. 즉 양륙품질조건이다.

### (5) 품질증명방법

물품의 품질을 증명하는 방법에 대해서는 수출자와 수입자가 무역계약을 체결하면서 무역계약서에 명시하여야 한다. 선적품질조건의 경우에는 수출업자가, 양륙품질조건의 경우에는 수입업자가 입증책임을 진다. 무역업자의 의뢰를 받고 품질을 입증하여 주는 사증(査證)기관에서는 세계의 주요 항구에 상주하는 선문감정인을 통하여 물품에 대한 각종 사항을 검사 또는 감정하고 그 결과에 대하여 의뢰자에게 보고서를 제출하거나 검사증명서를 발급하여 입증한다.

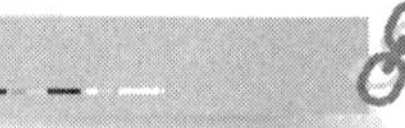

## 2. 수량에 관한 조건

### (1) 수량조건 결정

무역계약당사자는 무역계약을 체결할 때에 수량(quantity)에 관한 조건을 결정하게 된다. 그런데 무역계약을 체결할 때의 수량과 실제로 무역이 이루어진 후의 수량이 상이한 경우가 있기 때문에 수량조건을 결정할 때는 수량결정 방법, 수량결정 시기, 척량단위의 적용기준, 수량이 상이한 경우의 해결방법 등에 대한 합의가 분명하여야 한다. 이것은 각국의 도량단위가 상이하다는 것을 전제로 하는 조치이다.

### (2) 수량조건 단위

수량조건 단위는 중량(weight), 용적(measurement), 개수(the number of article), 포장(packing), 길이(length), 면적(square) 등과 같이 구분되어 있다.

### (3) 수량조건과 과부족용인조건

총중량조건은 포장용기(tare)나 함유잡물(dust)이 일정한 경우에 물품을 포장한 상태로 총중량을 측정하여 무역거래의 중량기준으로 결정하는 조건이다. 순중량조건은 총중량에서 포장용기나 함유잡물의 무게를 공제한 순중량을 측정하여 무역거래의 중량기준으로 결정하는 방법이다. 과부족 용인조건(more or less terms)은 무역계약에 의하여 선적한 물품의 수량과 양륙할 때의 수량 사이에 발생한 과부족을 허용하는 조건이다.

### (4) 수량결정 시기

수량의 결정시기는 수출시점과 수입시점 사이에 발생할 수도 수량차이 문제를 해결하는 데에 중점이 있다. 선적수량조건은 대금계산의 기준이 되는 수량을 선적할 때에 산정한 수량으로 결정하여 인도와 인수가 이루어지는 조건이다. 양륙수량조건은 양륙항에서 화물을 양륙할 때에 산정한 수량으로 인도와 인수가 이루어지는 조건이다. 양륙수량조건에서는 양륙장소에서 수입업자에게 물품을 인도할 때 검사기관이 실제 수량을 산정하게 된다.

## 3. 가격에 관한 조건

### (1) 물품의 가격결정

물품의 가격은 물품의 제조원가에 이윤을 합한 금액이다. 물품의 가격을 결정한다는 것은 물품의 단가를 조정하여 결정하는 일이다. 그러므로 수출업자가 추정하는 수출경쟁가격과 수입업자가 추정하는 수입경쟁가격이 가격을 결정하는 중요한 요소가 될 것이다. 수출물품의 가격을 결정하는 데에는 물품에 대한 공급상황과 수요상황도 중요하지만 환율변동이나 관세, 상대국의 제한요소 등이 작용하게 된다. 따라서 무역업자는 이러한 요인들을 항상 유념하여야 한다.

물품의 가격결정방식은 원가를 기준으로 결정하는 원가기준 가격결정방식과 수요에 따라 결정하는 수요기준 가격결정방식 그리고 경쟁업자를 기준으로 하는 경쟁기준 가격결정방식 등이 있다. 원가기준 가격결정방식은 물품을 생산하는 데에 투입된 원자재 및 임금 등을 포함하여 산정한 원가를 가격으로 하는 것이기 때문에 기업에서 일반적으로 이윤을 더하는 기준이 되는 가격이다. 수요기준 가격결정방식은 해당물품에 대한 수요탄력성 등을 고려하여 기업에서 정책적으로 결정하는 방식이다. 경쟁기준 가격결정방식은 경쟁업체의 물품가격과 비교하여 판매정책에 따라 결정하는 가격이다. 그렇지만 근본적으로는 가격결정방식에서 원가와 마진을 고려한다는 것은 공통된 사항이다.

### (2) 물품의 가격구성

무역거래자가 물품의 가격을 결정할 때 고려하는 요소는 무역계약이행에 따른 경비의 지출과 관계가 깊다. 일반적으로 무역업자가 물품의 가격을 산출하는 경우에는 단위당 원가, 수출포장비, 수출검사료, 화인비용, 국내운임 및 국외운임, 부신사용료, 선내인부임, 보험비용, 창고료, 금리, 외환비용, 수수료, 전신료, 수출통관비용, 수입통관비용, 양륙비용, 선적비용 등을 계산에 포함하게 된다. 따라서 무역업자가 무역계약이행조건을 어떻게 결정하는가에 따라, 그리고 운송수단의 보유여부 또는 창고의 소유여부 등이 물품의 가격을 결정하는 데에 중요한 영향을 주게 된다.

## 4. 무역거래에 관한 조건

### (1) 무역거래의 규칙

무역거래규칙은 무역거래에서 관습적으로 사용되는 규칙인데 매도인과 매수인의 위험의 분기점, 비용의 분기점과 소유권의 분기점 등을 근본 내용으로 한다. 국제상업회의소(ICC)에서는 지금 사용하고 있는 인코텀스 2010에서 부제를 정형무역거래조건의 해석에 관한 ICC규칙(ICC Official Rules for the Interpretation of Trade Terms)에서 국내 및 국제 무역거래조건의 사용에 관한 ICC규칙(ICC Official Rules for the Use of Domestic and International Trade Terms)으로 변경하였다.

### (2) 인코텀스 2010의 구성

인코텀스 2010은 운송방식을 기준으로 7개의 전 운송방식 전용 거래규칙과 4개의 해상 및 내수로 운송방식 전용 거래규칙 등 총 11개의 거래규칙으로 구성되어 있다.

〈표 13-1〉 인코텀스 2010의 거래규칙 구성

<table>
<tr><th colspan="2" rowspan="2">인코텀스 2010 거래규칙</th><th colspan="3">구분기준</th></tr>
<tr><th>인도·인수 형태</th><th>인도·인수 장소</th><th>표현방식</th></tr>
<tr><td rowspan="7">Rules for any mode or modes of transport (전 운송방식 전용 거래규칙)</td><td>EXW(ex-works: 작업장 거래규칙)</td><td rowspan="9">현실적 거래규칙</td><td rowspan="4">선적지 거래규칙</td><td rowspan="2">지정장소 거래규칙</td></tr>
<tr><td>FCA(free carrier: 운송인 거래규칙)</td></tr>
<tr><td>CPT(carriage paid to: 수송비지급 거래규칙)</td><td rowspan="2">특수비용 포함 거래규칙</td></tr>
<tr><td>CIP(carriage and insurance paid to: 수송비·보험료지급 거래규칙)</td></tr>
<tr><td>DAT(delivered at terminal: 터미널 인도 거래규칙)</td><td rowspan="3">양륙지 거래규칙</td><td rowspan="4">지정장소 거래규칙</td></tr>
<tr><td>DAP(delivered at place: 목적지 인도 거래규칙)</td></tr>
<tr><td>DDP(delivered duty paid: 관세지급반입 거래규칙)</td></tr>
<tr><td rowspan="4">Rules for sea and inland water way transport (해상 및 내수로 운송방식 전용 거래규칙)</td><td>FAS(free alongside ship: 선측 거래규칙)</td><td rowspan="4">선적지 거래규칙</td></tr>
<tr><td>FOB(free on board: 본선 거래규칙)</td><td rowspan="3">특수비용 포함 거래규칙</td></tr>
<tr><td>CFR(cost and freight: 운임포함 거래규칙)</td><td rowspan="2">상징적 거래규칙</td></tr>
<tr><td>CIF(cost, insurance and freight: 운임·보험료포함 거래규칙)</td></tr>
</table>

### (3) 인코텀스 2010의 거래규칙

#### 1) 전 운송방식 전용 거래규칙

① 작업장 거래규칙 [Ex Works(insert named place of delivery): EXW]

EXW 거래규칙은 Loco라고도 하며 매도인이 자신의 영업소 또는 기타 지정된 장소에서 인도하는 거래규칙인데 국내거래에 적합한 규칙이다.

② 운송인 거래규칙 [Free Carrier(insert named place of delivery): FCA]

FCA 거래규칙은 매도인이 매도인의 구내 또는 지정된 장소에서 매수인이 지정한 운송인, 즉 운송계약을 체결한 당사자 또는 그 밖의 당사자에게 수출통관된 물품을 인도하는 거래규칙이다.

③ 수송비지급 거래규칙 [Carriage Paid to(insert named place of destination): CPT]

CPT 거래규칙은 매도인이 물품을 출하지에서 합의된 장소에서 자신이 지정한 운송인 또는 기타 당사자에게 수출통관된 물품을 인도하는 동시에 그 물품을 지정목적지까지 운송하기 위한 통상의 운송경로와 관습적인 방법에 따라 운송계약을 체결하고 운송비를 지급하는 거래규칙이다.

④ 수송비 · 보험료지급 거래규칙 [Carriage and Insurance Paid to(insert named place of destination): CIP]

CIP 거래규칙은 매도인이 물품을 출하지에서 합의된 장소에서 자신이 지정한 운송업자 또는 기타 당사자에게 수출통관된 물품을 인도하고 그 물품을 지정목적지까지 운송하기 위한 통상의 운송경로와 관습적인 방법에 따라 운송계약을 체결하여 운송비를 지급함과 동시에 운송 중의 위험을 대비하여 보험계약을 체결하고 보험료를 지급하는 거래규칙이다.

매도인은 매수인을 위하여 보험계약을 체결할 때에 로이즈 시장협회(Lloyd's Market Association: LMA)와 런던 국제보험인수협회(International Underwriting Association of London: IUA)가 제정한 협회적하약관 2009(C)[Institute Cargo Clause(C) 2009: ICC 2009 (C)]또는 이와 유사한 약관상의 최저담보조건으로 부보하여야 한다. 보험부보금액은 계약가격의 예상이익 10%를 포함한 110% 한도까지 무역계약 통화단위로 부보하여야 한다.

⑤ 터미널 인도 거래규칙 [Delivered at Terminal(insert named terminal at port or place of destination): DAT]

DAT 거래규칙은 지정 목적항 또는 지정 목적지의 지정 터미널에서 도착된 운송수단에서 양륙된 물품을 수입통관하지 않고 매수인의 임의처분상태로 인도하는 거래규칙이다.

⑥ 목적지 인도 거래규칙 [Delivered at Place(insert named place of destination): DAP]

DAP 거래규칙은 매도인이 지정 목적지 또는 항구에서 수입통관을 하지 않은 물품을 도착된 운송수단에서 양륙하지 않은 상태로 매수인이 임의로 처분할 수 있는 상태로 인도하는 거래규칙이다.

⑦ 관세지급 반입 거래규칙 [Delivered Duty Paid(insert named place of destination): DDP]

DDP 거래규칙은 매도인이 지정된 목적지에서 수입통관을 이행하고 도착된 운송수단으로부터 양륙되지 않은 상태로 매수인에게 물품을 인도하는 거래규칙이다.

**2) 해상 및 내수로 운송방식 전용 거래규칙**

① 선측 거래규칙 [Free Alongside Ship(insert named port of shipment): FAS]

FAS 거래규칙은 매도인이 지정 선적항에서 수출통관한 물품을 매수인이 지정한 본선의 선측에서 인도하는 거래규칙이다.

② 본선 거래규칙 [Free on Board(insert named port of shipment): FOB]

FOB 거래규칙은 매도인이 물품을 자기의 위험과 비용으로 약정된 기간 내에 지정 선적항에서 매수인이 지정한 선박의 본선 갑판 위에서 인도하는 거래규칙이다.

③ 운임포함 거래규칙 [Cost and Freight(insert named port of destination): CFR]

CFR 거래규칙은 매도인이 물품을 자기의 위험과 비용으로 약정된 기간 내에 지정 선적항에서 매수인이 지정한 본선 갑판 위에서 인도할 때까지의 원가, 즉 FOB 가격에 지정 목적항까지 물품을 운송하기 위한 해상운임을 가산한 거래규칙이다.

④ 운임·보험료포함 거래규칙 [Cost, Insurance and Freight(insert named port of destination): CIF]

CIF 거래규칙은 매도인이 수출원가에 도착항까지의 운임 및 보험료를 포함하여 매수인에게 인도하는 거래규칙이다.

## 5. 선적에 관한 조건

### (1) 선적조건의 결정

선적조건은 물품을 선적하는 조건을 의미하는 것으로 운송계약을 체결하는 것과는 다르다. 무역계약당사자는 무역계약을 체결할 때 선적(shipment)에 관한 조건을 결정하게 된다. 선적에 관한 조건은 운송수단을 고려하여 결정하여야 한다. 무역거래에서는 해상운송과 육상운송 그리고 항공운송도 이용하게 되고 경우에 따라서는 복합운송도 이용된다. 그러므로 물품의 특성과 거리, 기후, 수량, 시간적 여유, 시장환경 등을 고려하여 가장 적합한 운송방법을 선택한 후 선적조건을 결정하여야 한다.

### (2) 선적시기의 결정방법

단 월 선적조건, 즉 한 월 선적조건은 특정한 월에 한정하여 선적시기를 결정하는 방법이다. 연 월(連月) 선적조건은 특정한 월의 연속으로 선적시기를 결정하는 방법이다. 즉시 선적조건은 선적시기를 어느 월이나 일 또는 몇 일 이내 등으로 명확하게 약정하지 않고 막연하게 즉시 또는 조속히 선적하도록 하는 조건이다.

### (3) 분할선적과 환적

분할선적(instalment shipment)은 물품의 수량이 많아서 한 번에 생산 또는 집화하여 제공하기 어렵거나 매수인이 한 번에 전량을 인수하기 곤란한 때 또는 운송사정상 문제로 일시에 전량을 선적하지 않고 수회로 나누어 선적을 하는 것이다. 환적(transshipment)은 화물을 선적하여 목적지로 운송하는 도중에 다른 운송수단에 옮겨 싣는 것으로 이적(移積)이라고도 한다.

### (4) 선적일의 결정과 증명

선적일은 계약화물 전부를 선적 완료한 날이다. 선적일을 입증할 수 있는 것은 선적을 하고 발행받은 운송서류뿐이다. 운송서류에 기재된 선적일이 해결기준이 된다.

## 6. 해상보험에 관한 조건

### (1) 보험부보의 결정

보험(insurance)에 부보를 하는 것은 운송도중에 발생하는 위험을 대비하는 것이다. 그러므로 보험계약을 체결할 때의 보험조건은 운송물품과 운송방법에 따라 다르게 된다.

### (2) 보험부보조건의 결정과 약관

해상보험업계에서는 오랜 관행에 의하여 현재 구협회적하약관과 협회적하약관 1982 그리고 협회적하약관 2009를 병행하여 사용하고 있다. 구협회적하약관상의 담보조건은 전위험담보(All Risk) 조건, 분손담보(W.A.) 조건, 단독해손부담보(F.P.A) 조건 등이다. 협회적하약관 1982와 협회적하약관 2009의 담보조건은 ICC(A), ICC(B), ICC(C) 등이다.

## 7. 대금결제에 관한 조건

### (1) 무역대금결제조건의 결정

무역대금결제조건은 수출업자의 경우에는 물품의 생산과 직결되어 있고 수입업자의 경우에는 자급의 확보와 직결되어 있기 때문에 가장 첨예한 문제가 된다. 그래서 무역계약 당사자는 무역계약을 체결할 때 자금사정을 고려하여 무역대금 결제시기, 무역대금 결제방법, 무역대금 결제조건 등을 결정하여야 한다.

(2) 무역대금결제조건의 유형

무역대금결제방식은 전통적으로 신용장에 의한 결제방식과 신용장 외의 결제방식으로 구분하게 된다. 무역대금결제조건으로는 현금결제, 물물교환 결제방식), 선지급조건, 동시지급, 후지급, 분할지급, 상호계산, 송금결제방식, 추심결제방식, 현물상환 지급방식, 선적서류상환 지급방식, 신용장에 의한 결제방식, 인수인도조건 결제방식, 지급인도조건 결제방식 등이 있다.

## 8. 무역거래분쟁 해결에 관한 조건

### (1) 무역거래분쟁 해결조건의 결정

무역계약을 체결할 때 무역거래분쟁 해결조건(settlement of dispute)을 결정하는 것은 무역거래에서 발생할 수 있는 거래분쟁을 신속하게 처리하려는 의도이다.

사실상 무역거래를 시작하여 무역대금을 결제할 때까지 문제가 없다면 무역거래자는 거래분쟁에 대하여 우려할 이유가 없다. 그러나 무역거래는 국가 사이의 거래이기 때문에 많은 무역거래분쟁이 발생한다. 이러한 무역거래분쟁이 발생했을 때 어떤 방법으로 해결할 것인가에 관한 조건을 결정하는 것이다.

### (2) 무역거래분쟁 해결방법

무역계약과 관련한 분쟁의 해결방법으로는 화해, 알선, 조정, 중재 등이 있다. 중재는 분쟁해결을 중재에 의한다는 중재조항을 미리 계약에 약정하여 두지 않거나 나중에 중재에 의하여 해결할 것을 합의하지 못하면 편리한 중재제도를 이용할 수 없게 된다. 따라서 무역계약을 체결할 경우에는 중재조항을 반드시 삽입하되 중재기관, 중재장소 및 준거법 등을 포함시키도록 하는 것이 바람직하다.

# 제 14 장 신용장 발행과 조건변경

## 제 1 절 신용장과 거래 당사자

### 1. 신용장의 의의와 특성

#### (1) 신용장의 의의

신용장(letter of Credit: L/C)은 무역거래의 대금결제를 원활하게 하기 위하여 수입업자의 거래은행이 수입업자의 요청에 따라 발행하는 것으로, 신용장에 명시된 조건과 일치하는 선적서류와 상환으로 수출업자 또는 그 지시인이 발행하는 환어음에 대하여 지급(payment), 인수(acceptance) 또는 매입(negotiation)할 것을 확약한 서신이다.

#### (2) 신용장의 특성

신용장은 매매계약에 근거를 두고 발행되는 것이지만, 일단 발행된 신용장은 매매계약과는 별개의 독립된 거래가 된다. 이러한 특성을 신용장의 독립성이라고 한다. 신용장거래는 물품거래가 아니고 오직 서류상의 거래이다. 이 특성을 신용장의 추상성이라고 한다.

### (3) 신용장의 기능

무역계약이 체결되면 수출업자는 무역물품을 확보하여 수출을 준비하게 된다. 수입업자도 무역대금결제를 위한 준비를 하게 된다. 그런데 수출업자로서는 무역계약서에 합의한 대로 수출을 이행한다고는 하지만 수입업자가 수출대금을 합의한 날에 지급할 것인가에 대한 의문이 발생하게 된다. 수입업자는 대금지급에 대한 준비가 되었다고 하더라도 무역계약을 체결할 때 합의한 물품을 제대로 인수할 수 있을 것인가에 대한 의문이 발생하게 된다. 이러한 무역계약 당사자의 이해상관관계를 해결하는 것이 신용장이다. 신용장은 다음과 같은 기능을 가지고 있다. 신용장이 발행되면 수출거래가 확정되고 신용위험을 회피할 수 있다. 신용장이 발행되면 환결제 위험을 회피할 수 있으며 금융상의 혜택을 받을 수 있다.

## 2. 신용장거래 당사자

### (1) 기본당사자

신용장의 기본당사자는 발행은행, 수익자, 확인은행이다. 발행의뢰인이 제외되는 것은 신용장에 의한 대금결제에서 결제를 발행은행에 위임하였기 때문이다. 발행은행(issuing bank)은 발행의뢰인의 의뢰에 따라 신용장을 발행하는 은행이다. 수익자(beneficiary)는 수출업자이며 매도인 그리고 송화인인 동시에 선적인이다. 확인은행(confirming bank)은 신용장을 발행한 발행은행에 대한 신뢰도가 낮을 때에 수익자의 요청으로 제3의 은행이 이미 발행된 신용장에 대하여 지급, 인수, 매입에 대한 확약을 하여 주는 은행이다.

### (2) 기타 당사자

신용장의 기타 당사자는 신용장 거래에서 어떠한 역할을 하는 가에 따라 명칭이 결정된다. 신용장의 기타 당사자는 선적서류를 첨부한 환어음의 지급, 인수, 매입 등을 비롯하여 어느 단계에서 어떠한 역할을 하였는가에 따라 통지은행, 매입은행, 지급은행, 인수은행, 상환은행, 양도은행, 지정은행 등으로 결정된다.

# 제 2 절 신용장의 종류

## 1. 신용장의 일반형태

신용장에는 상업신용장(commercial Credit), 클린신용장(clean Credit), 보증신용장(stand-by Credit), 여행자신용장(traveller's Credit), 일반신용장(simple Credit), 상환신용장(reimbursement Credit), 은행신용장(banker's Credit), 개인신용장, 수출신용장(export's Credit), 수입신용장(import's Credit) 등이 있다.

## 2. 신용장의 기본형태

### (1) 취소불능신용장과 취소가능신용장

취소불능신용장(irrevocable Credit)은 발행은행이 신용장에 명기된 선적서류가 제시되는 것을 조건으로 환어음을 지급, 인수 또는 매입할 것을 확약하거나 다른 외국환은행에 지급, 인수 또는 매입을 하도록 수권하겠다는 것을 수익자 또는 선의의 어음소지인에게 확약한 신용장이다. 취소가능신용장(revocable Credit)은 신용장에서 명시한 조건에 따라 발행은행이 확약한 사실에 대하여 신용장 당사자 전원의 합의가 없어도 어느 일방에 의하여 신용장의 조건을 변경하거나 취소할 수 있는 조건으로 발행한 신용장이다.

### (2) 화환신용장과 무화환신용장

화환신용장(documentary Credit)은 수출업자가 물품을 선적한 후에 신용장조건에 일치하는 선적서류를 첨부하여 발행하는 환어음에 대하여 지급, 인수, 매입을 확약하는 조건으로 발행한 신용장이다. 무화환신용장(documentary clean Credit)은 수익자가 선적서류의 첨부 없이 환어음을 발행하는 경우 이에 대하여 지급, 인수, 매입할 것을 확약하는 조건으로 발행한 신용장이다. 수출업자가 선적서류를 수입업자에게 직접 발송하고 은행에는 환어음만 매입을 의뢰할 수 있는 신용장이다.

### (3) 확인신용장과 미확인신용장

확인신용장(confirmed Credit)은 이미 발행한 신용장의 발행은행에 대한 신용이나 신뢰도에 문제가 있다고 판단하는 경우 제3의 은행이 발행은행과는 별도의 확약을 보증하는 조건으로 발행한 신용장이다. 미확인신용장(unconfirmed Credit)은 이미 발행한 신용장에 대하여 별도의 확약이 없는 신용장이다.

### (4) 상환청구가능신용장과 상환청구불능신용장

상환청구가능신용장(with recourse Credit)은 환어음을 매입한 은행이 수익자에 대한 대금지급이후 발생의뢰인의 사정으로 환어음의 주심이 불능상태가 되면 환어음의 수지인인 은행이 수익자에게 지급한 대금을 상환청구할 수 있는 조건으로 발행한 신용장이다. 상환청구불능신용장(without recourse Credit)은 환어음을 매입한 은행이 수익자에 대한 대금지급이후 수익자에게 상환청구권을 행사하지 못하는 조건으로 발행한 신용장이다.

### (5) 매입신용장과 지급신용장

매입신용장(negotiation Credit)은 수익자가 발행하는 환어음의 매입을 허용한 신용장이다. 지급신용장(straight Credit)은 수익자가 발행하는 환어음의 지급을 허용한 신용장이다.

### (6) 보통신용장과 특정신용장

보통신용장 혹은 개방신용장(general, open Credit)은 신용장조건에 의하여 발행된 환어음의 매입을 어느 은행에서나 취급할 수 있도록 허용하는 조건으로 발행한 신용장이다.

특정신용장 혹은 특수신용장(special, restricted Credit)은 신용장조건에 의하여 발행된 어음의 매입을 특정은행으로 제한하여 발행한 신용장이다.

### (7) 일람출급신용장과 기한부신용장

일람출급신용장(sight Credit)은 신용장에서 허용하고 있는 환어음의 발행이 일람출급 환어음으로 되어 있는 신용장을 의미한다. 기한부신용장(usance Credit)은 신용장에서 허용하고 있는 환어음의 발행이 기한부 환어음으로 되어 있는 신용장을 의미한다.

#### (8) 양도가능신용장과 양도불능신용장

양도가능신용장(transferable Credit)은 신용장에 양도가능(transferable)이라는 표시를 하여 수출업자가 제2의 수익자에게 양도할 수 있도록 지급은행이나 인수은행 또는 매입은행에 요청하는 것을 허용하는 조건으로 발행한 신용장이다. 양도불능신용장(non-transferable Credit)은 신용장의 양도가 허용되지 않는 신용장이다.

### 3. 신용장의 특수형태

신용장의 특수형태로는 회전신용장(revolving credit), 전대신용장 혹은 선대신용장(red clause credit, packing credit), 연장신용장(extended credit), 동시발행신용장(back to back credit), 기탁신용장(escrow credit), 백지신용장(blank credit), 내국신용장(local credit) 등이 있다.

## 제 3 절 신용장의 발행 · 조건변경 · 양도

### 1. 신용장의 내용

신용장의 내용은 신용장 자체에 관한 사항, 환어음에 관한 사항, 서류에 관한 사항, 물품에 관한 사항, 선적에 관한 사항, 신용장 통일규칙 준거문언에 관한 사항 등이다.

### 2. 신용장의 발행

신용장의 발행은 발행의뢰인의 지시에 따라 발행은행이 발행하여 수익자에게 우편 또는 전신으로 통지하여 확인 또는 전달받은 상태라고 할 수 있다. 신용장을 발행하는 경우에는 신청서류를 작성해야 하며 담보를 제공하는 경우가 많다.

## 3. 신용장의 조건변경

수출업자는 신용장을 접수하면 신용장 조건을 점검하게 된다. 점검결과 무역계약조건과 다른 내용이 있다거나 신용장 자체에 문제가 있어 그대로 두면 계약물품의 선적이나 환어음의 매입에 지장이 있다고 판단될 경우 신용장의 발행신청인인 수입업자에게 조건변경을 요청한다. 수입업자로서도 신용장이 발행된 다음 수입허가 또는 승인사항이 변경되게 되면 신용장의 내용변경이 필요하게 된다. 신용장의 조건변경이나 취소는 신용장의 종류에 따라 다르게 이행된다. 취소불능신용장인 경우에는 신용장 당사자 사이에 전원 합의를 하여 은행에 조건변경을 요구하게 된다.

## 4. 신용장의 양도

신용장의 양도는 신용장상의 수익자가 자기의 권리의 전부 또는 일부를 수익자가 지시하는 다른 당사자인 제2의 수익자에게 이전하는 것이다. 신용장의 양도는 신용장 금액 전체를 한 사람에게 양도하느냐 또는 신용장금액의 일부를 한 사람이나 여러 사람에게 양도하느냐에 따라 전액양도와 분할양도로 구분된다.

신용장은 발행은행에 의하여 양도가능(transferable)이라고 명시적으로 지정된 경우에만 양도될 수 있고 양도가능신용장은 지급, 연지급확약, 인수, 매입이 허용된 은행만 취급할 수 있다. 또한 양도은행은 허용한 범위와 방법에 의해서만 양도할 수 있으며, 양도에 관련하여 수수료, 요금, 비용 또는 지출금을 포함한 양도은행의 경비는 별도로 합의되지 않는 한 제1수익자가 부담한다. 양도가능신용장은 1회에 한하여 양도되며, 양도되는 신용장의 조건은 원칙적으로 원신용장 조건과 동일하여야 한다.

# chapter 15 수출화물의 집화·검사·포장

## 제 1 절 수출입승인

### 1. 수출입관리 대상

#### (1) 수출입제한

주무행정기관의 장은 헌법에 의하여 체결되고 공포된 조약과 일반적으로 승인된 국제법규에 의한 의무의 이행, 생물자원의 보호 등을 위하여 필요하다고 인정하는 경우에는 수출 또는 수입을 제한할 수 있다. 그리고 주무행정기관의 장은 수출입 승인 대상물품의 품목별 수량과 금액 그리고 규격, 수출 및 수입지역을 제한할 수 있다.

#### (2) 수출입 승인

수출입 승인기관은 주무행정기관의 장이 지정하여 고시하는 관계 행정기관 또는 단체의 장이다. 물품의 수출 또는 수입의 승인을 신청하려고 하는 자는 수출입 신청서에 주무행정기관의 장이 정하는 서류를 첨부하여 주무행정기관의 장에게 제출하여야 한다.

### (3) 수출입 실적

수출실적은 주무행정기관의 장이 정하여 고시하는 기준에 해당하는 수출통관액, 입금액, 가득액과 수출에 제공되는 외화획득용 원료 및 기재의 국내공급액이다. 대외무역법에서 규정한 수출 및 수입실적에서 수출실적으로 인정하는 금액은 FOB 거래규칙 가격기준의 수출통관액으로 한다.

수입실적은 주무행정기관의 장이 정하여 고시하는 기준에 해당하는 수입통관액 및 그 지급액이다. 수입실적으로 인정하는 금액은 CIF 거래규칙 가격기준의 수입통관액으로 한다. 다만 외국인수수입의 경우에는 외국환은행의 지급액으로 한다.

### (4) 외화획득용 원료 및 기재의 수입

외화획득용 원료 및 기재의 수입은 수출물품의 생산에 필요한 원료 및 기재를 국내에서 확보할 수 없는 경우에 이루어진다. 외화획득용 원료 및 기재는 외화획득용 원료 및 외화획득용 시설기재 및 외화획득용 제품이다. 외화획득용 원료는 외화획득에 제공되는 물품을 생산하는데 필요한 원자재, 부자재, 부품 및 구성품 등이다.

## 2. 수출입공고 등

### (1) 수출입공고

#### 1) 수출입품목의 의의와 표시

수출입공고는 주무행정기관의 장이 승인대상물품의 품목별 수량, 금액, 규격 및 수출 또는 수입지역 등의 한정 등 물품이 수출 또는 수입의 제한 및 절차 등을 정하여 공고하는 것인데, 수출입품목관리를 위한 기본공고이다.

수출입공고의 표시 형식에는 수출 또는 수입이 허용되는 품목만을 표시하는 것을 허가품목 표시방식(positive list system)과 수출 또는 수입의 제한 내지 금지되는 품목만을 나열하는 것을 금지품목 표시방식(negative list system)이 있다. 우리나라의 경우에는 후자의 방법을 사용한다.

#### 2) 수출입품목의 분류방법

표준국제무역분류(Standard International Trade Classification: SITC)는 무역물품을 분류하는 방법의 하나로 경제분석과 물품별 무역자료의 국제적 비교를 용이하게 하는 데에 필요한 무역통계를 제시하는 것을 목적으로 하고 있다.

관세협력이사회 물품분류표(Customs Cooperation Council Nomenclature: CCCN)는 1952년에 설립된 관세협력 이사회(CCC)가 물품 분류의 국제적 통일을 기하기 위하여 쥬네브 관세품목표를 기초로 하여 1955년 7월에 작성한 모든 물품의 분류리스트이다.

조화제도(Harmonized System: HS)는 물품분류체계인 SITC, CCCN과 기타 주요국의 관세율표 및 수출입통계표 등을 통일적으로 적용하기 위하여 CCCN을 골격으로 한 새로운 국제통일 물품 분류체계인 국제통일 물품명 및 코딩시스템(The Harmonized Commodity Description and Coding System: HCDCS)이다. HS는 CCCN을 골격으로 보완한 것을 채택한 것이기 때문에 New CCCN이라고도 한다. 우리나라가 사용하는 10단위는 HSK(Harmonized System Korea)라고 한다.

### (2) 통합공고

통합공고는 주무행정기관의 장이 수출, 수입요령의 제정 또는 개정내용을 관계행정기관의 장으로부터 제출받아 그 수출요령, 수입요령을 통합하여 공고하는 것이다. 통합공고의 목적은 대외무역법 이외의 다른 법령에 해당물품에 대한 수출입의 요건 및 절차 등을 정하고 있는 경우에 수출입요건 확인, 통관업무의 간소화, 무역질서유지를 위하여 타법령이 정한 물품의 수출이나 수입의 요건 및 절차에 관한 사항을 조정하고 통합하기 위함이다.

### (3) 전략물자 수출입고시

전략물자 수출입고시는 주무행정기관의 장이 국제평화 및 안전유지, 국가안보를 위하여 필요하다고 인정하는 때에 전략물자의 수출제한 및 수입증명서 발급에 관한 사항 등을 정하여 고시하는 것이다. 즉 주무행정기관의 장은 전략물자 수출입고시에서 고시된 전략물자를 수출하려는 자에게 관계 행정기관의 장이 수출허가를 받게 하는 등의 제한을 하거나, 전략물자를 수입하려는 자가 그 수입증명서의 신청을 하는 경우에 이를 발급할 수 있다.

# 제 2 절 화물의 집화

## 1. 완제품 및 원재료의 국내구매

### (1) 내국신용장에 의한 구매

내국신용장은 수출용 완제품이나 수출용 원료를 가공한 제품을 국내에서 구매하는 경우에 활용하는 수단이다. 그래서 내국신용장은 그 용도에 따라 다양한 형태로 발행하여 사용한다.

### (2) 구매확인서에 의한 구매

구매확인서는 물품 등을 외화획득용 원료, 외화획득용 용역, 외화획득용 전자적 형태의 무체물 또는 물품으로 사용하기 위하여 국내에서 구매하려는 경우 외국환은행의 장 또는 전자무역 촉진에 관한 법률에 따라 산업통상자원부장관이 지정한 전자무역기반사업자가 내국신용장에 준하여 발급하는 증서이다. 구매확인서는 내국신용장과는 다르게 외국환은행이 대금지급을 보증하지 않고 있으며 무역금융의 대상도 되지 않지만 영(零)세율을 적용받을 수 있다.

## 2. 외화획득용 원료 · 기재의 수입과 구매 등

### (1) 외화획득용 원료 · 기재의 수입의 의의

외화획득용 원료 · 기재를 수입하는 것은 국내에 해당되는 원료가 없기 때문이다. 외화획득용 원료의 수입은 수출입공고의 적용을 받지 않는다. 외화획득용 원료를 수입할 때에 부과된 관세는 해당 원료를 사용한 물품의 수출이 완료된 후 환급받을 수 있다. 또한 수출생산자금에 대한 부담을 줄여 주고자 무역금융을 지원하기도 한다.

(2) 외화획득용 원료 · 기재의 수입과 구매 등과 소요량의 책정

소요량은 수출품 전량을 생산하는 데에 소요된 원자재의 실량과 손모량을 합한 양이다. 단위실량은 수출품 1단위를 생산하는 데에 소요된 원자재의 양이다. 기준소요량은 고시된 수출품 1단위를 생산하는 데에 소요된 원자재의 양으로서 단위실량과 평균손모량을 합한 양이다. 단위소요량은 기준소요량이 고시되지 않은 품목에 대하여 소요량증명서 발급기관이 산출한 수출품 1단위를 생산하는 데에 소요된 원자재의 양으로서 단위실량과 평균손모량을 합한 양이다. 평균손모량은 수출품을 생산하는 과정에서 생기는 원자재의 손모량 즉 손실량 및 불량품 생산된 원자재의 양을 포함한 것을 평균한 량이다. 손모율은 평균손모량을 백분율로 표시한 값이다.

(3) 외화획득용 원료 · 기재의 수입과 구매 등과 소요량증명서 및 가수요량증명서

소요량증명서는 소요량증명서 발급기관이 외화획득을 이행하는 데에 소요된 원자재의 양을 계산하고 그 내용을 확인하여 발급하는 증명서이다. 소요량계산서는 외화획득을 이행하는 데에 소요된 원자재의 양을 당해 기업이 자체 계산하여 작성한 서류이다. 가소요량증명서는 소요량을 산정하는 데에 원료의 종류가 다양하거나 제품공정과정이 특수하여 확정소요량을 산출하는 데에 장시간이 소요되는 경우에 발급하는 서류이다.

## 제 3 절 무역금융

### 1. 무역금융의 의의와 대상

(1) 무역금융의 의의

무역금융은 수출물품의 확보를 위하여 생산자금, 원자재 구매자금, 원자재 수입자금 등을 지원받는 행위를 의미한다. 따라서 수출허가 또는 승인을 받은 후에 완제품 또는 원자재의 확보를 위한 자금이 부족한 경우에 활용할 수 있는 수단이 무역금융이다.

### (2) 무역금융의 대상자

무역금융의 대상자는 수출신용장, 선수출계약서, 외화표시 물품공급계약서, 내국신용장 등 융자대상 증빙서류를 보유한 자이다. 또한 법에 의한 과거의 수출실적이 있는 자도 무역금융의 대상자이다.

### (3) 무역금융의 융자대상

생산자금은 수출용 완제품 또는 원자재를 직접 제조, 가공하는 데에 소요되는 자금이다. 생산자금은 수출물품을 확보하는 데에 가장 근본적인 생산활동을 지원하는 무역금융이다. 원자재 수입자금은 수출용 원자재를 해외로부터 직접 수입하거나 국내의 유통업자로부터 수입원자재를 원상태로 조달하는 경우 지원하는 자금이다. 원자재 구매자금은 국내에서 생산된 원자재를 내국신용장에 의하여 구매하는 데에 소요되는 자금을 융자하여 주는 무역금융이다.

## 2. 무역금융의 유형

무역금융에는 금융의 방향에 따라 수출금융, 수입금융, 현지금융으로 구분된다. 무역금융은 금융의 화폐종류에 따라 원화금융, 외화금융으로 구분된다. 무역금융은 선적시점을 기준으로 선적 전 금융, 선적 후 금융으로 구분한다. 무역금융은 기간에 따라 단기금융, 중장기금융, 장기금융으로 구분이 가능하다. 신용공여자의 소재지를 중심으로 국내금융과 국제금융으로 구분이 가능하다.

## 3. 무역금융의 융지방식

신용장 기준방식은 신용장 실적을 기준으로 건별로 융자를 받는 방식이다. 실적 기준방식은 과거의 수출실적을 기준으로 업체별 융자한도 범위 내에서 융자받는 방식이다. 무역업계에서는 대부분 실적 기준방식이 이용된다.

# 제 4 절 수출검사

## 1. 수출검사의 의의와 효과

### (1) 수출검사의 의의

무역거래에서 수입업자는 무역계약을 체결할 때 합의하였던 물품을 수령하려고 한다. 그러므로 수출업자는 수출 전에 계약물품의 품질, 수량, 포장 등에 대하여 충분한 검사를 하여 수입업자에게 전달될 수 있도록 하여야 한다. 수출업자가 이러한 책임을 다하지 못하게 되면 거래분쟁이 발생하게 된다. 그래서 수출검사는 무역계약을 체결할 때 합의한 계약물품과 실제 무역계약을 이행할 때의 물품과 일치하는가를 검사하는 데에 의의가 있다.

### (2) 수출검사의 효과

수출검사는 수출업자의 신뢰를 구축하는 데에 효과가 있다. 수출검사는 수출국가의 이미지를 제고시키는 효과가 있다. 물품에 대한 이미지는 국가 이미지와 연결되는 것이기 때문에 국가에서도 관리 규제를 하게 된다.

## 2. 수출검사의 종류

수출검사는 검사주체에 따라 자체검사, 수입업자가 요구하는 검사 등이 있다. 자체검사는 계약물품에 대한 품질, 수량, 포장 등에 대하여 수출업자 자신이 검사를 하는 형태이다. 자체검사의 방법으로는 식별법, 시용법, 과학적 검사 등이 있다.

무역거래를 할 때에 수입업자가 별도의 수출검사를 요구하는 경우가 있다. 따라서 무역계약상의 품질조건에서 검사기관 또는 수입업자나 그 대리인의 검사를 받도록 약정되어 있는 경우에는 그 약정에 따라 검사하여야 한다.

# 제 5 절 수출포장

## 1. 수출포장의 의의와 효과

### (1) 수출포장의 의의

수출포장은 수출물품의 운송 보관에 이르는 과정에서 물품의 가치 및 상태를 보호하기 위하여 적합한 재료나 용기에 포장하는 방법을 의미한다.

### (2) 수출포장의 효과

수출포장은 운송, 하역, 보관 등과 같은 작업과정 중에 물품이 손상되지 않도록 보호하는 효과가 있다. 수출포장은 판매를 촉진하는 효과가 있다. 물품포장은 고객의 소비욕구를 충동하는 역할을 하기도 한다.

### (3) 수출포장의 요건

수출포장 재료는 물품의 특성에 적합한 것이어야 한다. 수출포장 기술은 최소의 비용으로 포장의 기능을 최대한 살릴 수 있는 포장기술이 되어야 한다. 수출포장 단위는 물품을 포장하는 과정, 부관하는 과정, 선적이나 양륙작업 과정 등에서 취급하기가 용이한 적정단위의 포장이 되어야 한다.

## 2. 수출포장이 구분

### (1) 단위포장

단위포장은 1개의 운송용기에 넣은 물품을 각각 보호하기 위하여 포장하는 최소단위의 포장이다. 그래서 단위포장은 개포장이라고도 한다.

### (2) 내부포장

내부포장은 단위포장이 이루어진 물품을 1개의 운송용기에 넣을 때 단위포장 사이에 충격완충 역할을 하는 재료를 넣는 것이다.

### (3) 외부포장

외부포장은 외부포장 전체를 의미한다. 외부포장은 화물의 운송, 하역, 보관 등에 편리하도록 이루어진다. 그리고 외부포장은 물품이 외부로부터의 충격, 압력, 습도, 온도, 도난 등과 같은 것으로부터 보호받을 수 있도록 이루어진다.

## 3. 수출화인

### (1) 화인의 의의

화인(貨印, mark)은 포장화물의 외부포장에 기입하는 수입업자명 또는 주소, 대조번호, 목적지, 번호, 기타의 표지를 말한다. 화인을 표시하는 목적은 물품의 운송, 하역, 보관 등에 있어서 관계당사자인 운송업자나 하역업자 그리고 보관업자가 화물을 용이하게 구별하는 데에 도움을 주기 위한 것이다.

### (2) 화인의 구성

기본화인(main marks)은 다른 화물과 식별하기 위한 표시로서 주표지 또는 주화인이라고도 한다. 기본화인은 수입업자 표지(main mark), 대조번호 표지(counter mark), 주문번호 표지, 총중량 표지, 목적지 표지(destination mark), 화물번호 표지(case mark) 등으로 이루어진다. 정보화인(information marks)은 원산지 표지, 신용장 표지 등에 관한 사항을 표시한 것이다. 취급주의 화인(cargo handling marks, caution mark)은 화물의 특성에 따라 운송, 하역, 보관상의 주의사항을 표시한 것이다. 그래서 운송, 하역, 보관에 관계된 업자들이 판별하기 쉽도록 붉은 잉크나 페인트를 사용하기도 한다. 또한 주의를 환기시킬 목적으로 그림이나 문자로 표시하기도 한다.

# 제 16 장 화물의 국제운송

## 제 1 절 육상운송과 항공운송

### 1. 국제운송의 의의와 수단

#### (1) 국제운송의 의의

국제운송은 무역물품을 국가와 국가 사이에 운송하는 모든 수단과 운송에 관련된 업무 관계를 의미한다. 국제운송은 국제물류과정 중의 한 단계이다. 국제물류는 국가와 국가 사이에 이루어지는 물적 유통활동인데 운송, 하역, 포장, 보관 등과 같은 기능이 통합적으로 수행되고 있다.

#### (2) 국제운송의 수단

무역업자는 무역거래의 상황, 즉 물품의 종류, 계약이행기간, 운송거리 및 운송업계의 상황 등을 검토한 후에 운송수단을 선택하게 된다. 국제운송수단으로는 육상운송, 해상운송, 항공운송 그리고 복합운송 등을 들 수 있다.

## 2. 육상운송과 항공운송

### (1) 도로화물운송

#### 1) 도로화물운송의 의의

국제도로화물운송은 자동차에 의하여 도로로 운송하는 방법을 의미한다. 도로화물운송은 문전에서 문전까지의 일관운송 서비스 체제를 운영할 수 있는 수단이다. 도로화물운송은 철도역에서 하역한 물품을 창고나 최종소비자에게 전달하는 수단으로 사용되기 시작하여 현재로서는 중요한 운송수단이 되고 있다.

#### 2) 도로화물운송과 법규

우리나라에서는 상법에 육상운송에 관한 법규를 두고 있다. 도로화물운송업의 경우에 정기적으로 정기노선을 운송할 때는 자동차운송사업법, 도로운송차량법의 적용을 받는다. 국제도로화물운송에서는 국제도로화물운송조약(convention on the contract for international carriage of goods by road: CMR)을 적용한다.

### (2) 철도화물운송

#### 1) 철도화물운송의 의의

철도화물운송은 중장거리에서 도로운송과 경합관계에 있다. 철도화물운송은 궤도를 주행하는 화차를 이용한다. 이에 따라 철도화물운송에 필요한 기반시설을 갖추는 데에는 투자규모가 크고 투자자본을 회수하는 데에도 장기간이 소요된다.

#### 2) 철도화물운송과 법규

우리나라에서는 상법에 육상운송에 관한 법규를 두고 있어 도로화물운송계약에 활용하고 있다. 또한 철도와 궤도의 운송에 관하여는 철도법, 철도화물운송법, 궤도사용법 등이 있어 철도화물운송계약에 적용하고 있다. 국제철도화물운송에서는 국제철도화물운송조약(international convention concerning carriage of goods by rail: CIM)을 적용한다.

### (3) 항공운송

#### 1) 항공운송의 의의

항공운송은 항공기를 이용하여 승객, 우편, 화물 등을 탑재하여 한 공항에서 항공로로 다른 공항까지 운송하는 것이다. 항공운송은 고급품목이 증가하고 신속한 유통이 필요해지는 추세 속에서 성장세를 거듭하고 있다. 또한 국제분업의 가속화 및 항공운송에 적합한 고부가가치품목의 증가도 항공운송을 활성화시키는 요인이 되고 있다.

#### 2) 항공운송과 법규

국제항공운송에서는 국제항공운송협약(protocol to amend the convention for the unification of certain rules relating international carriage by air signed at warsaw on oct. 1929: Warsaw Convention: W.A.), 즉 바르샤바조약이 적용되고 있다. 항공운송에서는 국제항공운송협회(international air transport association: IATA)가 제정한 IATA 표준운송약관이 활용되기도 한다. IATA 표준운송약관은 IATA회원인 항공사가 행하는 운송에서 항공운송에 관한 조건, 항공화물운송장의 양식, 발행방법, 항공사와 고객의 권리와 의무에 관한 사항 등을 규정한 것이다.

# 제 2 절 해상운송과 택배운송

## 1. 해상운송

### (1) 해상운송의 의의

해상운송은 해상에서 선박을 이용하여 사람 또는 화물을 운송하고 그 대가로서 운임을 받는 상행위이다. 해상운송은 무역이 발생한 초기부터 가장 많이 이용한 방법이다. 해상운송은 육상운송이나 항공운송에 비하여 대량운송이 가능하기 때문에 운임이 저렴하다. 그리고 해상운송은 장거리운송에 적합하다.

## (2) 해상운송계약

해상운송계약은 낙성계약이다. 해상운송인이 화물 또는 여객의 해상운송을 인수하고 송화인 또는 용선자가 이에 대하여 보수를 지급할 것을 약정함으로써 성립하게 된다.

## (3) 정기선운송

### 1) 개품운송계약

개품운송계약(contract of affreightment in a general ship)은 개개의 화물을 계약의 목적으로 하여 화주와 운송인이 일정한 서식에 의거 개별적으로 체결하는 운송계약이다. 개품운송계약인 경우 정기항로에 취항하는 정기선에 의하여 운송이 이루어지기 때문에 화주는 다수이나 운송인은 1인이 되는 경우가 많다.

### 2) 개품운송계약의 체결

수출업자가 화물을 선적하기 위해서는 배선표 등을 참고로 하여 계약된 화물에 필요한 선복(ship's space)을 수배하여야 한다. 수출업자가 선박을 선정하면 선복신청서(shipping request)에 적재할 화물의 종류와 필요 톤수 등을 기재하여 선박회사나 선사대리점에 신청하고, 이를 선박회사가 승낙하면 선복원부에 기입함으로써 선복의 예약이 이루어진다.

선복신청서는 선박회사에 비치된 것을 대부분 사용하지만 임의로 작성하여도 된다. 수출업자가 선복신청서를 2통 작성하여 제출하면 선박회사에서 책임자가 서명을 한 후 1통은 반환한다. 선복신청서를 전화로 신청하는 경우에는 선박회사에서 책임자가 서명한 서류를 2통을 송부하여 오는데 그 중 1통을 수출업자가 서명한 후 1통을 반송하여도 된다. 이것은 양자 사이에 착오가 발생하는 것을 방지하기 위한 방법이다.

### 3) 개품운송계약의 주요 사항

① 물품명

개품운송계약에서는 물품의 특성과 종류에 따라 물품에 대한 운임률을 적용한다. 그러므로 수출업자는 물품명을 정확하게 기입하여야 한다. 물품명은 무역거래에서 작성되는 다른 선적서류와도 일치하여야 하는 것이므로 정확하게 기입하여야 한다.

② 적재톤수

개품운송계약에서 적재되는 화물의 적재톤수는 정확하여야 한다. 수출업자가 선복을 예약할 때에 약정하였던 중량에 미달되는 경우에는 부적운임(dead freight; 不積運賃)을, 중량을 초과하는 경우에는 할증운임을 지불하여야 한다.

③ 운임의 계산

개품운송계약에서 물품의 운송에 따른 운임을 결정할 때 사용하는 방법은 중량계산법, 용적계산법, 선주의 중량 또는 용적 선택방법, 개수계산법, 종가계산법 등이다.

최저운임(minimum freight)은 화물의 중량이 일정기준에 미달하는 경우에 적용하는 운임이다. 만약 화물 1개의 중량이나 용적이 극히 작아 최저운임마저 적용하기 어려운 경우에는 소화물운임(parcel freight)을 적용한다. 상자운임(box rate)은 화물의 종류나 중량에 관계없이 무조건 컨테이너 1개를 기준으로 계산하는 운임이다.

화물형태별 할증운임(additional freigh)은 중량할증운임, 용적할증운임, 장척할증운임 등이다. 항해형태별 할증운임은 양륙항선택 할증운임, 체선 할증운임, 환적화물 운송접속 할증운임, 양륙지변경 할증운임 등이 있다.

### (4) 용선운송

#### 1) 용선운송계약의 의의

용선운송계약(contract of affreightment by charter party)은 수출업자가 수출물품의 특성에 적합한 선박을 전세(傳貰)로 빌려 운송을 하려는 경우에 선박회사와 체결하는 계약방법이다. 용선은 선박을 전세로 빌리는 것이며 선박을 전세로 빌리는 수출업사가 용선자(傭船者)가 된다. 용선사가 용선계약을 체결하기 위해서는 용선중개인의 중개를 통하여 용선운송계약을 체결하는 것이 대부분이다. 용선계약을 할 때에는 선박회사와 용선자 사이에 용선계약서(charter party: C/P)를 작성하게 된다.

#### 2) 용선운송계약의 대상 물품

용선운송계약의 대상 화물은 대량의 산화물이다. 산화물은 일반잡화 중에서 단위화되지 않은 곡물, 광석, 유류 등인데 포장하지 않고 그대로 선창에 선적하기 때문에 피대(belt), 화물이동활차(conveyor), 관(管, pipe) 등으로 단시일에 선적되고 양륙할 수 있다.

### 3) 용선운송계약의 대상 선박

용선운송계약의 대상선박은 용선운송계약의 대상물품을 운송할 수 있는 선박이어야 하는데 전용선, 겸용선, 유조선, 화학약품 유조선, 당밀유조선 등이 있다.

### 4) 용선운송계약의 종류

① 항해 용선운송계약

항해 용선운송계약(voyage charter party)은 항로용선계약 또는 단독용선계약이라고도 한다. 선복 용선운송계약(lump sum charter party)은 항해를 기준으로 용선계약을 체결하지만 운임계산에서는 실제 선적량과 관계없이 1항해에 대한 운임을 포괄적으로 약정하는 용선운송계약이다. 일당 용선운송계약(daily charter party)은 화물의 선적항이나 양륙항의 하역설비가 미비한 지역이거나 항로가 험난한 경우에 1항해에 소요되는 기간을 확정하기 어려울 때 해운업자가 입을 손해를 방지하려는 용선운송계약이다.

② 기간 용선운송계약

기간 용선운송계약(time charter party)은 정기용선계약이라고도 한다. 기간용선계약은 6개월 또는 1년 등과 같이 일정기간 동안 선복을 빌리는 용선운송계약이다.

③ 선체 용선운송계약

선체 용선운송계약(船體 傭船運送契約: bareboat charter party)은 선주가 선박 자체만을 일정기간 동안 용선자에게 대여하고, 용선자는 선장 및 선원을 임명하는 계약이다.

④ 재용선운송계약

재용선운송계약(sub-charter)은 해운업자와 용선계약을 체결한 자가 다시 제3자와 제2의 운송계약을 체결한 경우이다. 제2의 운송계약을 체결한자는 다시 제3의 운송계약을 체결할 수는 없다.

### 5) 용선운송계약의 체결

용선운송계약에 의하여 화물을 운송하는 경우에는 화주가 선박회사와 직접 또는 용선중개인을 통하여 용선운송계약을 체결한다. 용선운송계약이 체결되면 그 운송계약의 증거서류로서 용선운송계약서를 작성하게 된다.

### 6) 용선운송계약의 주요 사항

① 화물의 명세와 운임

화물의 명세에 관한 내용은 화물의 종류, 수량 또는 중량 등이다. 화물의 적재수량은 중량 또는 용적으로 표시한다. 운임률 및 운임지급조건에 대한 내용은 운임산정의 기준, 지급시기, 지급장소, 지급수단 등이다. 운임은 톤당으로 계산을 하게 된다.

③ 적재 및 하역비용 부담조건

적재에 관한 사항은 선적항, 양륙항 등을 의미한다. 선적항 및 양륙항은 1개 또는 수개의 항을 정할 수 있다.

선내 적부비용 부담조건에서 적양비용 선박회사부담조건(Berth Term)은 선내하역비를 적재(in) 및 양륙(out)을 할 때, 모두 선주 측이 부담하는 조건이다. 적양비용 화주 부담조건은(free in and out: F.I.O.)는 Berth Term과는 반대의 조건이다. 선적비용 화주 부담조건(free in: F.I.)은 적재할 때의 선내하역비는 화주부담이고, 양륙할 때의 선내하역비는 선주가 부담하는 조건이다. 양륙비용 화주 부담조건(free out: F.O., free discharge: F.D.)은 적재할 때의 선내하역비는 선주부담이고, 양륙할 때의 선내하역비는 화주가 부담하는 조건이다.

⑤ 정박기간조건

관습적 조속하역조건(customary quick despatch: C.Q.D.)은 정박기간 중 1일의 하역 작업량을 확정하지 않고 그 항구의 관습적인 방법으로 가능한 대로 빨리 하역하는 조건이다. 작업량확정 하역소선은 1일의 하역 작업량을 확정하고 있는 조건이다. 연속 24시간 하역조건은 정박기간의 개시시산부터 하역이 끝날 때까지 모두 정박기간에 산정하는 조건이다. 호천후 작업일 24시간 하역조건(weather working days: W.W.D.)은 기후소선이 하역 작업 가능한 날짜만을 정박기간에 산입하고 우천 등과 같이 일기불량으로 하역작업이 불가능한 기산은 세외하는 방법이다.

⑥ 체선료와 조출료

체선료(demurrage)는 계약상의 하역일수를 초과하는 경우에 초과일수에 대하여 지급되는 운임이다. 조출료(despatch money)는 계약상의 정박기간 만료 전에 하역이 만료된 경우 단축된 기간에 대하여 선주가 용선자에게 환불하는 금전이다.

## 2. 컨테이너운송

### (1) 컨테이너

#### 1) 컨테이너의 의의

컨테이너는 화물의 단위화를 목적으로 한 운송용기를 의미한다. 컨테이너는 이질적인 운송수단에 적용할 수 있는 적합성에 중점을 두어 제작한 운송용기이다. 이에 따라 컨테이너는 물품의 특성에 따라 운송하기에 필요한 용적을 가지고 제작된다.

#### 2) 컨테이너의 요건

국제표준화기구(international organization for standardization: ISO)가 컨테이너를 정의하면서 컨테이너가 운송설비 용구로서 갖추어야 할 요건을 다음과 같이 제시하고 있다.

컨테이너는 반복사용이 가능하도록 내구성과 충분한 강도를 유지하여야 한다. 컨테이너는 운송도중 내용 화물의 환적없이 하나 또는 그 이상의 운송형태에 의하여 화물운송이 용이하도록 설계되어야 한다. 컨테이너는 운송형태를 전환할 때에 신속하게 취급할 수 있는 장치를 구비하여야 한다. 컨테이너는 화물의 적입과 적출이 용이하도록 설계되어야 한다. 컨테이너는 내부용적이 1 입방미터(㎥) 즉 35.3 입방 피트(cubic feet) 이상이어야 한다.

#### 3) 컨테이너의 종류

① 일반 용도에 따른 분류

건화물 컨테이너(dry container)는 온도조절이 필요 없는 일반 잡화를 적부하여 운송하는 컨테이너인데 밀폐식으로 제작된 것이 대부분이다. 보온 컨테이너(thermal container)는 냉동 또는 보냉(保冷)이 필요한 물품의 운송에 활용되는 컨테이너인데 냉동 컨테이너와 보냉 컨테이너 그리고 통풍 컨테이너로 구분된다. 냉동 컨테이너(refrigerated container)는 과일, 고기, 야채 등과 같은 냉장식품을 운송하기 위하여 활용하는 컨테이너이다. 보냉 컨테이너(insulated container)는 과일 및 야채 등을 운송할 때 일정한 온도를 유지할 수 있도록 제작된 컨테이너이다. 통풍 컨테이너(ventilated container)는 과일, 야채, 식물 등을 수송할 때에 호흡작용을 돕기 위하여 측면에 통풍구멍을 낸 컨테이너이다.

② 특수 용도에 따른 분류

산화물(散貨物) 컨테이너(bulk container)는 곡물, 사료 등과 같은 산화물의 운반에 사용되는 컨테이너이다. 유조 컨테이너(tank container)는 액체상태의 화물을 운반하는 탱커로 된 컨테이너로서 유조형식이다. 상단 개방 컨테이너(open top container)는 컨테이너 상부를 개방한 것이다. 평면 받침 컨테이너(platform container)는 한 면의 바닥평면 구조로 된 컨테이너이다. 측면개방 컨테이너(side open container)는 측면에서 화물을 적재 내지 하역할 수 있도록 제작된 컨테이너인데 측면은 문을 달아 놓고 있다. 자동차 컨테이너(car container)는 도로화물운송을 위하여 자동차 크기와 높이로 구조물만 설치된 2단 구조의 컨테이너이다. 생동물용 컨테이너(livestock container)는 살아있는 가축을 수송할 때 음식을 투입할 수 있도록 투입구가 측면에 장치가 되어 있고 하부에는 배설물이 배수될 수 있는 배수구 장치가 되어 있는 컨테이너이다. 탈취기 장착 컨테이너(hide container)는 동물의 피혁 등과 같이 악취가 나는 화물을 운송하기 위하여 탈취기를 장착한 컨테이너이다.

③ 재질에 따른 분류

강철 컨테이너(steel container)는 강재로 용접하여 제작한 컨테이너이다. 알루미늄 컨테이너(aluminium container)는 알루미늄 판으로 제작된 것이다. 알루미늄 컨테이너는 가볍다는 장점이 있으나 손상이 쉽고 가격이 비싸다는 단점이 있다. 유리섬유 강화플라스틱 컨테이너(fiberglass reinforced plastic container)는 강철프레임과 합판의 양면에 유리섬유 강화플라스틱을 부착하여 제작한 컨테이너이다. FRP 컨테이너는 두께가 얇고 부식이 적으며 열전도율이 낮다는 장점이 있으나 무겁고 재료비가 비싸다는 단점이 있다.

### (2) 컨테이너운송

#### 1) 컨테이너운송의 의이

컨테이너를 활용한 운송을 컨테이너운송이라고 한다. 컨테이너운송은 일관운송을 가능하게 만들었다. 컨테이너운송은 경제성, 신속성, 안전성의 이점을 가지고 있다. 그러나 컨테이너는 용기를 제작하는데 비용이 많이 들고 모든 화물을 구분없이 적입할 수 있는 것이 아니기 때문에 컨테이너운송에 지장을 받게 된다. 또한 컨테이너운송은 항구에 컨테이너를 선적 또는 하역할 수 있는 설비가 없다면 이용할 수가 없다.

### 2) 컨테이너운송계약의 체결

컨테이너운송계약의 절차는 다음과 같다. 화주가 선박회사의 지점 및 대리점에 선적예약을 한다. 선적예약을 하면 지점 및 대리점은 화물선적예약서(booking note)를 작성하게 된다. 본점에서는 지점 및 대리점으로부터 송부되어 온 화물선적예약서를 집계하여 화물인수목록(booking list)을 작성한다. 이후 본점에서 관계 지점이나 부서에 화물인수목록을 배부하면서 계약이 체결된다.

### 3) 컨테이너화물의 운송형태

① CY/CY

CY/CY(FCL/FCL, door to door) 운송형태는 컨테이너 만적화물(滿積貨物, full container load: FCL)을 송화인은 1인이고 수화인도 1인인 경우에 주로 이용된다. CY/CY 운송형태는 컨테이너를 가장 효율적으로 활용하는 일관운송형태이다.

② CFS/CFS

CFS/CFS(LCL/LCL, pier to pier) 운송형태는 컨테이너 부분적화물(部分積貨物, less than container load: LCL)을 송화인으로부터 인수하여 수화인에게 부분적화물로 인도할 때에 이용되는 형태이다. CFS/CFS 운송형태는 송화인이 다수이고 수화인도 다수인 경우에 주로 이용된다.

③ CY/CFS

CY/CFS(FCL/LCL, door to pier) 운송형태는 송화인의 창고 또는 공장에서 만적된 컨테이너를 인수해서 컨테이너 적치장에 적치한 후에 컨테이너운송을 하여 수입지의 컨테이너화물집화소에서 부분적화물로 분산시켜야 하는 화물을 운송하는 형태이다. CY/CFS 운송형태는 송화인이 1인이고 수화인이 다수인 경우에 주로 이용된다.

④ CFS/CY

CFS/CY(LCL/FCL, pier to door) 운송형태는 선적항의 컨테이너화물집화소에서 다수로부터 화물을 인수하여 적부된 컨테이너운송을 하고 수입지의 컨테이너 적치장에 적치한 후에 만적된 컨테이너를 수화인의 창고 또는 공장까지 운송하는 형태이다. CFS/CY 운송형태는 송화인이 다수이고 수화인이 1인인 경우에 주로 이용된다.

## 3. 복합운송

### (1) 복합운송의 의의와 특징

#### 1) 복합운송의 의의

복합운송(combined transport)은 어느 한 나라에 위치하고 있는 물건을 인수한 지점에서 다른 나라에 위치하고 있는 인도가 예정된 지점까지 적어도 두 가지 이상의 운송수단에 의한 물건운송을 의미한다.

#### 2) 복합운송의 특징

복합운송은 복합운송인이 화물의 수령에서부터 인도에 이르는 전 운송구간 또는 전 운송기간에 걸쳐 복합운송인이 복합운송 물품에 대하여 책임을 지는 단일책임원칙을 따르고 있다. 그래서 복합운송인은 복합운송 전 운송구간에 대하여 책임을 커버하는 복합운송증권을 발행하고 있다.

#### 3) 복합운송의 유형

통운송(通運送)은 단일 운송계약에 의하여 2인 이상의 운송인이 참여하는 운송형태이다. 단일 통운송은 2인 이상의 운송인이 참여하지만 통운송 중 각 구간마다 모두 동일한 운송수단을 활용하는 운송형태이다. 일관 통운송은 2인 이상의 운송인이 참여하지만 통운송 중 각 구간마다 각각 다른 운송수단을 활용하는 운송형태이다.

부분운송은 화주가 직접 또는 화주가 수 명의 운송인을 대리인으로 하여 각 운송구간마다 별개의 운송계약을 체결하는 운송형태이다. 하청운송은 최초의 운송인이 전 운송구간에 걸쳐 운송을 인수하고 계약의 전부 또는 일부를 다른 운송인에게 이전시켜 운송을 시키는 운송형태이다. 동일운송은 수명의 운송인이 화주와 구간별 운송계약의 당사자가 되어 전 운송구간을 연결시키는 운송형태이다. 순차운송은 동일운송과 같이 수 명의 운송인이 운송당사자가 되는데 운송구간을 순차적으로 연결하는 운송형태이다. 수 명의 운송인이 서로 운송구간, 화물의 교환, 운임의 분배 등에 대하여 연결관계를 가지고 있어 화주가 제1의 운송인에게 운송을 위탁하면 다른 운송인도 운송에 관계하는 형태이다.

## (2) 복합운송계약

### 1) 복합운송계약의 의의

복합운송계약은 낙성계약이다. 화주나 화주의 대리인이 청약을 하고 복합운송인이 승낙을 하면 계약은 성립한다. 복합운송계약은 불요식계약이다. 당사자 사이에 계약에 대한 일정한 형식이 필요 없다.

2) 복합운송 주요경로

① Land Bridge Service

Land Bridge Service는 대륙횡단철도를 이용하여 대륙양안을 연결하는 해상-육상-해상의 복합운송 형태이다. Land Bridge Service는 북미대륙을 횡단하는 경로와 시베리아대륙을 횡단하는 경로가 있다. 북미대륙을 횡단하는 경로는 ALB(american land bridge), 시베리아대륙을 횡단하는 경로는 SLB(siberian land bridge)라고 한다.

② Mini-Land Bridge

Mini-Land Bridge는 극동/미국 태평양 연안의 해상운송을 연결하여 미국의 동해안에 위치한 항구까지 철도운송을 하는 해상-육상의 복합운송 형태이다.

## 4. 국제택배운송

국제택배운송서비스(international courier service)는 서류 및 소형 및 경량 물품을 항공기를 이용하여 문전에서 문전까지 수령, 배달하는 운송서비스이다. 국제택배운송은 전자상거래의 발달과 상관관계를 갖고 괄목할만한 성장을 하고 있다.

국제택배운송서비스는 스피드를 기본으로 일정기간 내에 수탁 물품의 인도를 보장하며 일괄요금(package fee)으로 문전에서 문전까지 수령 및 배달하는 서비스 또는 사무실에서 사무실까지 수령, 배달하는 서비스(door to door or desk to desk)를 제공한다. 국제택배운송업자가 탁송 물품을 수령하고 탁송 물품을 인도할 때까지 총괄하여 책임을 지는 형태이기 때문에 이용이 증가하고 있다.

# 제 17 장 해상보험과 무역보험

## 제 1 절 해상보험과 해상보험계약

### 1. 해상보험과 해상보험계약 당사자

#### (1) 해상보험과 해상위험

##### 1) 해상보험

해상보험(marine insurance)은 해상위험, 즉 항해에 관한 사고에 의하여 발생하는 손해를 보상할 것을 목적으로 하는 보험으로서 손해보험의 일종이다. 무역거래에서 발생하는 위험은 신용위험(Credit risk), 비상위험(emergency or political risk), 환위험(exchange risk), 운송위험(transportation risk) 등이다. 그 중 신용위험, 비상위험, 환위험 등은 그 규모를 예측하기도 어렵지만 그러한 위험이 발생하면 규모가 거대하기 때문에 일반 보험회사에서는 취급을 하지 않는다. 따라서 국제무역에서는 물품의 운송 중에 발생하는 운송위험에 대한 우려가 가장 높다.

#### 2) 해상위험

국제무역에서 물품의 운송 중에 발생하는 운송위험은 운송수단에 따라 다르게 나타난다. 육상운송인 도로화물운송이나 철도화물운송에서는 운송화물과 자동차 또는 철도에 관련한 육상위험이 존재하고 있다. 항공운송에서는 항공운송화물과 항공기에 관련한 항공위험이 존재하고 있다. 해상운송에서는 해상운송화물과 선박에 관련한 해상위험이 존재하고 있다. 해상운송 중에 발생하는 위험으로 인한 손해를 보상해주는 제도가 해상보험이다.

해상보험은 선박보험과 적하보험으로 구분할 수 있다. 해상보험에서 선박보험은 선박을 부보대상으로 하는데 선박의 선체, 기관, 연료, 식료품 및 그 밖의 소모품 등이 포함된다. 따라서 선박에 손해가 발생한 경우에는 선박 운항 중의 사고로 인한 손해와 손해방지비용 등도 보상의 대상이 된다. 해상보험에서 적하보험은 적하를 부보대상으로 한다. 따라서 적하에 대하여 발생하는 손해를 보상하게 된다.

### (2) 해상보험계약 당사자

#### 1) 보험자

보험자(insurer, assurer, underwriter)는 거래객체인 일정한 사고에 의하여 생기는 손해의 보상, 즉 위험부담이라고 하는 무형의 서비스를 급부한다. 보험계약자로부터 보험료를 받는 대신에 보험기간 내에 보험사고가 발생할 경우 보험금을 지급할 것을 약속한 자이다.

#### 2) 보험계약자

보험계약자(policy holder)는 보험자와 보험계약을 체결하고 보험료를 지급하기로 약속한 자이다.

#### 3) 피보험자

피보험자(insured, assured)는 피보험이익의 주체로서 보험계약에 의하여서 보호되는 자이다. 피보험자는 보험계약의 당사자는 아니지만 보험보호의 대상이 되는 이익을 갖는 주체이다. 피보험자는 이익의 주체가 되기 때문에 위험이 발생한 경우 그 이익에 손해를 입는 당사자가 된다. 결국 피보험자는 보험사고가 발생한 경우에 보험자로부터 손해의 보상을 받는 자이다.

## 2. 해상보험계약과 주요 용어

### (1) 보험가액과 보험금액

보험가액(insurable value)은 피보험이익을 금전으로 평가한 가액, 즉 사고가 발생한 경우에 피보험자가 입게 될 손해액의 최고한도액이다. 보험가액은 통상적으로 보험목적의 시가라고 할 수 있다. 그러므로 보험가액은 손해가 발생한 장소에서 그 때의 시가에 따라 평가되는 것을 원칙으로 한다. 보험금액(insured amount)은 손해가 발생하였을 때에 보험자가 부담하는 보상책임의 최고한도로서 보험계약에서 당사자가 정한 금액이다. 보험금(insurance money)은 보험사고가 실제로 발생한 경우에 보험자가 피보험자 내지는 보험수익자에 대하여 지급하는 금액이다.

### (2) 보험기간

보험기간은 보험자의 위험부담책임의 존속기간이다. 보험자는 보험기간 내에 발생한 담보위험에 의하여 야기된 손해를 보상하고 보험기간 전 또는 후에 발생하면 그 손해는 보상하지 않는다. 보험기간의 설정은 보험계약조건, 즉 보험약관 또는 당사자와의 특약에 의하여 이루어진다.

### (3) 보험증권과 보험약관

보험증권(insurance policy)은 보험계약의 성립 및 보험계약 내용을 명백하게 하기 위하여 보험자가 작성하여 보험게약자에게 교부하는 증서이다. 보험증권이 보험계약의 성립을 위한 필수조건은 아니다. 보험사고가 발생한 경우에 문제를 해결하기 위한 기준으로서 중요한 것이다. 보험계약자는 보험계약을 체결할 때에 보험계약 당사자 사이에 합의된 사항이 보험증권에 정확하게 기술되어 있는가를 신중하게 검토하여야 한다.

보험약관(insurance clause)은 일반보험계약을 체결할 때 공통으로 적용되는 표준적 사항을 보험자가 미리 정하여 놓은 것이다. 보험약관에는 보통보험약관(general clause, general conditions)과 특별보험약관(special clauses : special policy conditions)이 있다.

### (4) 보험담보조건

#### 1) 구협회적하약관상의 담보조건

전위험담보(all risks: A/R) 조건은 일반적으로 보험증권에 열거되어 있는 부담보위험 이외의 모든 위험을 담보한다. 그런데 전위험(all risks)이라는 개념은 해상사업상의 모든 위험을 포함하는 개념이 아니고 일정한 제외사항이 있다. 분손담보(with average: W.A.) 조건은 전손 및 공동해손, 단독해손인 분손 등을 담보하는 조건이다. 단독해손부담보(free particular average: F.P.A.) 조건은 분손을 제외한 전손을 담보하는 조건이다.

#### 2) 협회적하약관 1982와 협회적하약관 2009의 담보조건

① ICC(A)

ICC(A)[Institute Cargo Clause(A): 협회적하약관(A)]는 손해가 면책약관에 의한 면책위험을 제외하고는 적하에 발생한 모든 위험을 보험자가 부담하는 조건이다. 협회적하약관의 ICC(A)는 구협회적하약관의 전위험담보(A/R) 조건에서 보험자가 담보하는 위험을 전위험이라는 용어로 포괄적으로 명시함으로써 보험가입자들이 전위험에 대한 오해를 하는 경우가 많아 이를 명확하게 하였다는 점에 특징이 있다. 전위험이라는 것은 담보조건에서 제시한 면책위험을 제외하고 그 외의 모든 위험을 담보한다는 의미를 분명하게 하였다.

② ICC(B)와 ICC(C)

ICC(B)[Institute Cargo Clause(B): 협회적하약관(B)]와 ICC(C)[Institute Cargo Clause(C): 협회적하약관(C)]는 면책약관에 의한 면책위험을 제외하고는 보험약관에 열거된 모든 위험을 담보한다. 협회적하약관의 ICC(B)와 ICC(C)는 구협회적하약관의 분손담보(W.A.) 조건과 단독해손부담보(F.P.A.) 조건에 해당하는 것이지만 담보약관의 내용은 상당한 차이가 있다. 담보범위는 ICC(B)가 ICC(C)보다 확장되고 있다. 예를 들면 화재 또는 폭발의 위험, 선박의 좌초, 침몰 또는 전복위험, 육상수송용구의 전복 또는 탈선의 위험, 선박이나 그 이외의 타물건과의 충돌 또는 접촉의 위험, 피난항에서 화물을 하역할 때의 위험, 공동해손의 희생위험, 투하의 위험 등이 ICC(B)와 ICC(C)에서 공통의 열거위험으로 되어 있다. 그런데 ICC(B)에서는 지진, 분화 또는 낙뢰의 위험, 파도의 위험, 해수 등의 침입위험, 추락 또는 낙하의 위험 등까지 열거되어 확장 담보되고 있다.

# 제 2 절 해상보험과 해상보험계약

## 1. 해상보험계약의 체결

### (1) 해상보험계약의 특성

해상보험계약은 한쪽의 당사자가 청약을 하고 다른 쪽 당사자가 이를 승낙함으로써 효력을 발생하는 낙성계약,[7] 불요식계약, 유상계약, 사행계약, 조건부계약, 부합계약,[8] 쌍무계약의 특성을 갖는다.

### (2) 해상보험계약의 원칙

#### 1) 피보험이익의 원칙

피보험자는 해상손해가 발생한 경우에 피보험이익의 원칙에 의하여 자기 자신에 생긴 손해를 증명하여야 한다. 그렇지 않으면 보험사고가 발생하여도 자기에게 지급될 금액을 회수할 수가 없다.[9] 손해가 발생하였을 때에 피보험자로 기명된 사람이 이미 재물에 이해관계를 가지고 있지 않다면 해상보험증권에 의한 어떠한 보상책임도 존재하지 않는다.

#### 2) 손해보상의 원칙

손해보상의 원칙은 피보험이익과 밀접하게 관련을 갖고 있다. 피보험이익에 있어서의 문제는 피보험자가 손해를 입었는가 또는 입지 않았는가를 파악하는 것이다. 그리고 손해보상에 있어서의 문제는 그 손해가 어느 정도인가를 파악하는 것이다. 손해의 정도가 파악되면 해상보험에서는 손해가 발생한 부분에 대해서만 보상하게 된다.[10] 따라서 해상보험을 이용하여 이익을 취할 수는 없도록 해당 손해액에 대해서만 보전하여 주는 것이다.

---

7) Mehr Robert I. & Cammack Emerson, *Principles of Insurance*, Irwin, 7th ed., 1980, p. 124.
8) Mehr Robert I., *Fundamentals of Insurance*, p. 102.
9) Greene, M. R.& Trieschmann J. S., *Risk & Insurance*, 6th ed., South Western Publishing Co., 1984, p. 148.
10) Greene, M. R. & Trieschmann J. S., *Risk & Insurance*, p. 149.

#### 3) 대위의 원칙

해상보험증권에서는 보험자가 손해를 입은 피보험자에게 손해를 보상한 후, 피보험자가 가해자에게 요구할 손해배상청구권을 비롯한 모든 권리를 피보험자로부터 대위할 수 있다고 정하고 있다.[11] 즉 대위의 원칙에 의해서 보험자가 피보험자에게 보상을 하고 그 손해에 책임을 져야 할 제3자에 대하여 손해배상청구권을 대신 행사함으로써 피보험자가 보험자로부터 보상을 받고 손해배상청구권까지 행사하여 이중으로 보상을 받는 모순을 제거하는 것이다. 따라서 손해보상의 원칙을 성실하게 실행하게 만드는 역할을 한다.

#### 4) 신의성실의 원칙

해상보험계약은 최대 신의성실의 계약이라고 한다.[12] 신의성실의 원칙이라는 것은 해상보험계약을 체결할 때에 당사자가 신의성실에 입각하여 고지의무를 이행하여야 한다는 원칙이다. 해상보험계약이 체결되기 전에 해상보험계약 청약인이 이행하는 고지는 계약의 일부분이 아니다.[13]

## 2. 해상보험자의 위험부담

### (1) 담보위험

#### 1) 담보의 의의

담보란 보험자가 어떠한 사실이나 상황을 책임진다는 의미이다. 보험회사는 위험을 인수하기 전에 위험에 영향을 미치는 일정한 사항을 파악하고 있어야 한다. 보험계약자도 담보에 영향을 줄 수 있는 사항을 보험자에게 고지하여야 한다. 따라서 담보위반이 있게 되면 해상보험계약은 무효가 된다. 담보는 확약적 담보와 확인적 담보로 구분된다. 확약적 담보는 해상보험계약의 유효기간 중에 손해가 발생하는 경우 사실 또는 상황이 조건에 충족하면 보상하기로 한 담보이다. 확인적 담보는 해상보험계약에 따라 손해가 발생하더라도 보상하여야 하는 사실을 확인할 때에만 보상이 가능하도록 한 담보이다.

---

11) Mehr Robert I., *Fundamentals of Insurance*, 2nd ed., Irwin, 1980, p. 112.
12) Mehr Robert I., *Fundamentals of Insurance*, p. 104.
13) Bickelhaupt D. L., *General Insurance*, Irwin, 11th ed., 1983, p. 110.

#### 2) 명시담보와 묵시담보

담보는 그 내용을 해상보험약관에 명기하고 있느냐의 여부에 따라 명시담보와 묵시담보로 구분이 가능하다. 명시담보는 해상보험증권의 보험약관에 명기되어 있는 것이다. 묵시담보는 해상보험증권의 보험약관에 명기되어 있지는 않지만 보험계약당사자 사이에 당연히 알고 있거나 당연하게 이행되리라고 여겨지는 내용이다.

### (2) 면책위험

#### 1) 면책위험의 의의

보험자가 보험과 관련하여 발생하는 모든 위험을 부담한다는 것은 불가능하다. 이에 따라 해상보험에서는 손해를 발생시킬 수 있는 일정한 위험을 담보대상에서 제외하고 있다. 이것을 면책위험이라고 하는데 그 대상은 해상보험약관에 명시되어 있다.

#### 2) 면책위험의 종류

해상보험에서는 보험의 대상이 될 수 없기 때문에 면책시키는 위험이 있다. 해상보험의 면책위험으로는 전쟁, 변란의 위험, 폭발물과의 접촉 또는 그 폭발의 위험, 나포, 포획, 억류, 또는 해적행위의 위험, 쟁의행위, 폭동, 정치 또는 사회소요의 위험, 원자핵 반응, 원자핵 붕괴의 위험, 보험계약자, 피보험자 등의 고의 또는 중대한 과실의 위험 등이 있다.[14] 이러한 손해는 신빙성 있는 예측이 어렵고 손해의 정도도 대부분 파멸적이기 때문에 면책위험으로 한다.

적하보험의 특수한 면책위험으로는 부가위험에 해당하는 화물의 자연소모 또는 그 고유의 결함 또는 성질에 의한 발화나 폭발 및 부패, 변질, 변색 등의 위험, 하주의 불안전, 운송지연의 위험, 검역 또는 행정관리의 처분의 위험, 파손 또는 곡손의 위험, 누출, 증발, 혼합 또는 불착의 위험, 담수유, 오유, 벌레 또는 쥐에 의한 위험 등이 있다.

이러한 위험은 우발적인 것은 아니지만 필연적으로 발생한다. 이에 따라 해상보험계약을 체결할 때에 보험계약자가 부담하는 보험요율을 극히 높게 하지 않는 한 면책위험으로 한다. 그러므로 보험계약자가 이러한 위험을 보험에 부보시키려면 특약을 하여야 한다.

---

14) 木村榮一, 海上保險, 千倉書房, 1978, pp.110-119 참조.

# 제3절 무역보험

## 1. 무역보험의 의의와 특성

### (1) 무역보험의 의의

무역보험은 통상의 무역거래와 관련한 해상보험 등에서 취급하지 않는 비상위험, 신용위험, 기업위험 등을 담보함으로써 무역업자의 불안을 제거하고 안전한 무역거래를 보장하여 무역진흥을 도모하는 비영리 정책보험이다. 과거에는 이를 수출보험이라 하였다.

### (2) 무역보험의 기능

무역보험은 무역업자의 무역거래 불안을 제거하여 무역을 증대시킨다. 무역보험의 보험료는 저렴하여 무역거래 가격의 경쟁력을 향상시킨다. 무역보험은 무역준비 과정에서 금융기관으로부터 신용을 제공받을 수 있어 자금유동성을 높일 수 있고 금융기관도 무역금융지원에 대한 위험부담을 제거할 수 있다. 무역보험은 운영주체가 무역과 관련된 신용정보를 무역업자에게 제공하여 신시장의 개척 및 무역의 진흥에 기여하게 된다.

### (3) 무역보험의 담보위험

비상위험은 수출입국에서의 수출입 및 환거래의 금지 또는 수출입 당사국에서의 전쟁, 내란, 파업, 비상사태 등과 같은 위험이다. 신용위험은 수출입업자의 일방적인 계약 파기 또는 수출입업자의 파산 등과 같은 위험이다. 기업위험은 기업이 수출입 계획 및 실행상의 예측착오가 발생하거나 외국환은행들이 금융지원 및 보증의 실패로 발생하는 위험이다. 환율 변동위험은 수출입업자가 수출입 계약시점에 산정한 환율과 무역대금 결제시점의 환율 차이에서 오는 위험이다. 이자율 변동위험은 무역업자가 금융기관으로부터 대출을 한 경우에 부담하는 이자율의 변동에 대한 위험이다.

## 2. 무역보험의 종목

### (1) 수출보험 종목

#### 1) 단기 수출보험

단기 수출보험(short term export insurance)[15]은 수출대금의 결제기간이 2년 이내인 수출거래를 대상으로 하는 무역보험상품인데 선적 전 수출불능위험과 선적 후 수출대금 회수불능위험으로 인하여 발생한 손실을 보상한다.

선적 전 수출불능위험은 수출업자가 수출계약을 체결한 후에 수입국에서 비상위험 또는 수입업자로 인하여 신용위험이 발생하여 수출을 하지 못하는 위험이다. 선적 후 수출대금 회수불능위험은 수출이 이루어지고 난 이후에 수입국에서 비상위험 또는 수입업자로 인하여 신용위험이 발생하여 수출대금을 받을 수 없는 위험이다.

#### 2) 중소기업Plus⁺보험

중소기업Plus⁺보험(small and m전자문서교환체제um business plus⁺ insurance)은 보험계약자인 수출기업이 연간 보상한도에 대한 보험료를 납부하고 수출기업의 전체 수출거래를 대상으로 위험별 책임금액을 설정하여 보험계약자가 선택한 담보위험으로 손실이 발생할 때 책임금액 범위 내에서 손실을 보상하는 무역보험상품이다.

#### 3) 수출신용보증

수출신용보증(export Credit bank guarantee)은 수출대금 결제기간이 1년 이상인 선박, 차량, 플랜트 등 자본재를 수출할 때 입찰시점과 실제 대금결제시점 사이의 환율변동에 따른 손실을 보전하여 주는 무역보험상품이다. 그러므로 수출신용보증은 수출보험의 신용위험뿐만 아니라 환율변동위험까지 부보해주는 무역보험상품이다. 실제적으로 플랜트수출의 경우에는 대부분 결제기간이 장기간이기 때문에 환율의 영향을 많이 받는다.

---

15) 수출보험종목은 무역보험공사에서 배포한 수출보험제도 해설 제1권 및 제2권 그리고 http://www.keic .or.kr에서 게시한 내용을 참조하여 설명함.

#### 4) 수출 환변동보험

수출 환변동보험(exchange floating insurance)은 수출대금 결제기간이 1년 이상인 선박, 차량, 플랜트 등 자본재를 수출할 때 입찰시점과 실제 대금결제시점 사이의 환율변동에 따른 손실을 보전하여 주는 무역보험상품이다.

#### 5) 신뢰성보험

신뢰성보험(confidence insurance)은 국내 부품소재산업의 경쟁력을 제고하고 부품소재에 대한 해외의존도의 심화를 개선하기 위한 것으로 부품소재 전문기업이 생산, 판매, 제조한 제조물이 제3자에게 양도된 후에 그 제조물에 결함이 발생하여 부품소재기업이 부담해야 하는 법률상 배상책임을 담보하는 무역보험상품이다. 신뢰성이란 부품, 소재의 품질, 성능 등이 일정한 조건하에서 일정한 기간에 요구되는 수준을 갖추고 있는 것을 의미한다.[16] 즉 매매당사자들의 거래대상인 부품 제조물에 대한 보증을 의미한다.

#### 6) 수출보증보험

수출보증보험(export bond insurance)은 금융기관이 해외공사계약 또는 수출계약 등과 관련하여 보증서(bond)를 발급한 경우에 보증상대방으로부터 보증이행청구를 받아 이를 이행함으로써 발생하는 손실을 보상하는 무역보험상품이다.

#### 7) 중장기 수출보험

중장기 수출보험(m전자문서교환체제um/long term export Credit insurance)은 수출대금의 결제시기가 2년을 초과하는 거래를 대상으로 하는 것으로 과거의 중장기 연불수출보험, 수출대금금융보험 및 일반수출보험을 통합한 무역보험상품이다.

#### 8) 해외마케팅보험

해외마케팅보험(foreign marketing insurance)은 수출기업이 해외시장개척을 위하여 해외마케팅비용을 지출하였으나, 해외마케팅활동 후의 효과가 그 계획보다 현저하게 저조하여 해외마케팅에 지출한 비용을 회수하지 못하는 손해를 보상하는 무역보험상품이다. 즉 해외마케팅을 장려하기 위한 무역보험상품이다.

---

16) 상게서 제1권, p.50 참조.

### 9) 해외사업금융보험

해외사업금융보험(foreign business financial insurance)은 국내외의 금융기관이 외국인에게 수출을 증진하거나 외화획득에 기여하는 효과가 있을 것으로 예상되는 해외사업에 필요한 자금을 상환기간 2년 초과 조건으로 공여하는 금융계약을 체결한 후에 위험의 발생으로 인하여 대출원리금을 상환받지 못하여 국내외의 금융기관이 입게 되는 손실을 보상하는 무역보험상품이다.

### 10) 해외공사보험

해외공사보험(overseas constructional works insurance)은 해외건설공사 또는 해외건설 용역을 제공한 후 비상위험 또는 신용위험에 의하여 해외공사 대금을 회수할 수 없게 되거나 해외건설공사를 할 수 없게 되어 발생하는 손실을 보상하는 무역보험상품이다.

### 11) 해외투자보험

해외투자보험(overseas investment insurance)은 투자자들이 개발도상국, 후진국, 자원보유국 등을 대상으로 해외투자활동을 추진할 수 있도록 지원하는 무역보험상품이다. 투자수혜국에서의 전쟁이나 혁명 또는 내란, 투자수혜국 정부에 의한 해외투자설비 수용 등과 같은 위험을 대비하여 투자자금의 회수 및 손실보상을 보장하는 무역보험상품이다.

### 12) 해외자원개발펀드보험

해외자원개발펀드보험(overseas exploitation of resources fund insurance)은 해외자원개발펀드가 해외자원개발사업에 투자되어 투자수용국가의 전쟁, 수용, 송금제한 등과 같은 비상위험과 투자 상대방의 파산, 해당자원의 가격변동 등과 같은 사업위험을 포함한 신용위험으로 손실이 발생하는 경우 손실액의 일부를 보상하는 무역보험상품이다.

### 13) 이자율 변동보험

이자율 변동보험(interest rate floating insurance)은 외국환은행이 고정금리로 수출금융을 대출하고 대출에 필요한 자금은 금융시장에서 변동금리로 차입하는 경우 외국환은행의 고정금리인 대출금리와 변동금리인 차입금리 사이의 격차를 한국무역보험공사가 보전 또는 환수함으로써 외국환은행의 이자율변동 위험을 담보하여 주는 무역보험상품이다.

#### 14) 농수산물 수출보험

농수산물 수출보험(agro-fishery export insurance)은 UR 이후 농수산물시장개방에 대응하기 위하여 도입된 무역보험상품이다. 농수산물 수출보험은 수출농가 육성과 농수산물의 해외수출기반 확보를 목표로 하고 있다.

#### 15) 농수산물 패키지보험

농수산물 패키지보험(agro-fishery insurance)은 농수산물의 수출에 관련된 전위험(all-risk)을 담보하는 무역보험상품이다.

#### 16) 지식서비스 수출보험

지식서비스 수출보험(intellectual property service insurance)은 국내 수출업체가 정보통신, 문화 컨텐츠, 기술, 엔지니어링 등의 지식서비스를 수출하고 이에 따른 지출비용 또는 확인대가(running royalty)를 회수하지 못함으로써 입게 되는 손실을 보상하는 무역보험상품이다.

#### 17) 문화 수출보험

문화 수출보험(culture export insurance)금융기관을 포함한 투자자가 영화, 드라마, 게임 등과 같은 문화상품의 제작에 소요되는 총 제작비용을 투자 또는 대출하였으나 투자한 원금 또는 대출한 원리금을 회수하지 못하여 입게 되는 손실을 보상하는 무역보험상품이다.

#### 18) 탄소종합보험

탄소종합보험(carbon insurance warp)은 탄소배출권사업과 관련한 투자, 금융, 보증 등에서 발생하는 손실을 종합적으로 보증하는 무역보험상품이다. 탄소배출권사업은 친환경기술 등을 사용하여 감축한 온실가스 배출량만큼 탄소 배출권을 확보하여 배출권거래시장에서 매매할 수 있는 사업을 의미한다.

#### 19) 원자재가격 변동보험

원자재가격 변동보험(raw material price floating insurance)은 수출기업이 수출용 원자재 구매에 따른 가격변동위험을 최소화하여 구매가격을 안정적으로 유지할 수 있도록 지원하는 무역보험상품이다.

#### 20) 수입업자 신용조사 서비스

수입업자 신용조사 서비스(importer Credit investigate service)는 한국무역보험공사가 해외지사 및 세계의 신용조사기관과 연계하여 해외소재 기업의 회사개요, 재무제표 등의 신용조사를 실시한 후 의뢰인에게 정보를 제공하는 서비스이다.

#### 21) 해외미수채권 추심대행 서비스

해외미수채권 추심대행 서비스(foreign outstanding bond collection agency service)는 수출 또는 기타 대외거래와 관련하여 발생한 해외미수채권에 대하여 한국무역보험공사가 해외네트워크를 통하여 채권회수를 대행하는 서비스이다.

### (2) 수입보험 종목

#### 1) 수입보험

수입보험(import insurance)은 수입과 관련하여 비상위험, 신용위험, 기업위험 등이 발생하여 수입업자가 부담하게 되는 손실을 보상하는 무역보험상품이다. 수입보험은 수입업자용과 금융기관용으로 구분된다.

#### 2) 수입 환변동보험

수입 환변동보험(import exchange floating insurance)은 수출 환변동보험과는 반대구조로 결제시점의 환율이 보험가입을 할 때에 보장하는 환율보다 상승하면 즉 원화가 약세가 되면 환차손을 보상받고, 반대로 하락하면 즉 원화가 강세가 되면 환차익을 납부하는 무역보험상품이다.

# 제 18 장 수출입통관과 화물의 적양

## 제 1 절 보세구역과 통관

### 1. 보세구역

#### (1) 보세구역

##### 1) 보세구역의 의의

보세구역은 보세상태로 외국 물품을 일정기간 장치하거나 또는 가공, 제조, 전시, 건설할 수 있는 일정한 구획을 갖춘 토지나 그 위의 건조물 또는 수면으로서 세관장이 지정하거나 특허한 장소이다.

##### 2) 지정보세구역

지정보세구역은 외국 물품을 일정기간 장치, 가공, 제조, 전시, 건설할 수 있도록 세관장이 지정한 장소이다. 지정보세구역에는 지정장치장과 세관검사장 등이 있다. 지정장치장은 통관을 하려는 물품을 일시 장치하기 위한 장소로서 세관장이 지정한 구역이다. 세관검사장은 통관을 하려는 물품을 검사하기 위한 장소로서 세관장이 지정한 구역이다.

### 3) 특허보세구역

특허보세구역은 영리를 목적으로 세관장의 설영특허를 받아 설치한 보세구역이다. 특허보세구역에는 보세창고, 보세공장, 보세전시장, 보세건설장, 보세판매장 등이 있다.

### 4) 자율관리보세구역

자율관리보세구역은 지정보세구역 또는 특허보세구역 중에서 수출입화물을 관리하거나 세관이 보세구역을 감독 또는 감시하는 데에 지장이 없다고 인정된 보세구역에 대하여 화물관리를 보세구역의 운영인에게 위임하여 자율적으로 운영하도록 허가한 장소이다.

### 5) 종합보세구역

종합보세구역은 보세장고, 보세공장, 보세전시장, 보세건설장 또는 보세판매장의 기능 중 둘 이상의 기능을 수행할 수 있는 장소이다. 종합보세구역은 관세청장이 직권으로 또는 관계 중앙행정기관의 장이나 지방자치단체의 장, 그 밖에 종합보세구역을 운영하려는 자의 요청에 따라 무역진흥 기여 정도, 외국물품의 반입물량과 반출물량 등을 고려하여 지정한 지역이다.

## (2) 타소장치

타소장치는 화물의 특성이나 화주의 사정상 보세구역에 반입할 수 없는 경우에 보세구역 이외의 장소에 장치하는 것을 의미한다. 관세법에 규정된 타소장치가 가능한 물품으로는 거대중량이나 장척 및 기타의 사유로서 보세구역에 장치하기 곤란한 물품, 재해나 기타이 부득이한 사유로 임시 장치한 물품, 보세구역에 장치할 수 없는 검역대상 물품, 국내법에서 규정한 법규를 위반한 압수 물품, 국내법에서 규정하고 있는 우편 물품 등을 들 수 있다.

## (3) 보세운송

보세운송(bonded transportation)은 외국 물품을 국내 통로에 의하여 다른 특정지역으로 운송하는 것이다. 즉 외국 물품을 개항, 보세구역, 타소장치의 허가를 받은 장소, 세관관서, 통관역, 통관장 등에 한하여 운송하는 것을 의미한다. 보세운송은 세관장이 지정한 기간 내에 종료되어야 한다.

## 2. 통관

### (1) 통관과 세관

#### 1) 통관의 의의

① 통관의 의의

통관(clearance)은 물품을 외국으로 수출하거나 외국에서 수입하는 경우 거치는 세관절차이다. 통관은 수출통관과 수입통관으로 구분된다.

② 통관절차의 이행자

통관절차의 이행자로는 화주, 통관업자인 관세사 또는 관세사법인 등을 들 수 있다.

화주는 수출승인서에 기재된 수출업자이다. 법에 특별히 지정한 물품에 대해서는 화주가 직접 수출할 수 있다. 그러나 화주가 수출입통관과 관련한 모든 법령 등을 알기는 어렵기 때문에 특정의 물품에 대해서는 관세사를 채용하여 수출입업무를 대행시킨다.

통관업자는 관세사, 관세사법인, 통관취급법인 등을 모두 지칭하는 용어이다. 관세사는 관세사(customs agent)는 복잡한 수출입업무 처리등 관세행정에 대하여 민원인을 대신하여 그 일을 수행하며 관세사시험에 합격하여 수출입신고, 관세에 관한 상담 등 통관업무를 취급하는 자이다. 관세사 법인은 통관절차의 조직적 이행과 공신력을 높이기 위하여 3인 이상의 관세사를 사원으로 하여 관세청장으로부터 관세사 법인의 설립인가를 받은 법인이다. 통관법인(brokes' corporation)은 관세사법에 의한 운송업, 보관업 또는 하역업의 등록 또는 특허를 받은 법인 중 자본금 3억 원 이상의 법인으로서 기획재정부령이 정하는 시설 또는 장비를 갖춘 법인이다.

2) 세관

세관(customs house)은 외국과의 통상무역과 관련하여 국경통과에 수반하여 발생하는 일체의 사무를 취급하는 관청이다. 즉 세관은 수출입물품 통관 및 여행자 휴대품 검사 등 관세행정업무를 수행하는 관공서를 말한다.

## (2) 수출통관

### 1) 수출통관의 의의

수출통관(export clearance)은 물품을 외국으로 수출할 때 거치는 세관절차이다.

### 2) 수출통관 절차

① 수출신고

수출신고는 세관에 수출면허를 요청하는 통관의 의사표시를 의미한다. 수출신고는 외국으로 수출되는 물품에 대한 정확성을 기하기 위하여 실시하는 것이다.

② 수출신고서류의 심사

세관은 수출신고인의 수출신고가 있으면 신고서류에 대한 형식적 심사 및 실질적 심사를 하게 된다. 형식적 심사는 수출신고를 할 때에 제출한 서류가 법에서 규정하고 있는 사항에 따라 정해진 기간 내에 제출되고, 서류의 구비요건을 충족시키고 있는가에 대한 심사이다. 실질적 심사는 수출신고를 할 때에 제출한 서류가 법에서 규정하고 있는 사항에 따라 합법적으로 유효하게 기재되어 있는가에 대한 심사이다.

③ 수출물품의 검사

수출물품의 검사는 수출신고된 서류에 기재된 수출물품에 대한 사항과 실제로 수출될 물품이 일치하는가에 대한 검증 및 확인을 하는 단계이기 때문에 어려움이 따르게 된다. 세관에서는 전수검사를 하지 못하고 우범화물을 선별하게 된다. 우범화물은 위장 및 불법화물 등 범죄의 발생가능성이 있는 화물이다 이에 대해서는 우범화물 선별시스템(cargo selectivity system: C/S)을 구축하여 운영하고 있다.

④ 수출신고의 수리

세관장은 수출신고가 적법하게 이루어진 경우에는 지체없이 수리한다.

⑤ 수출신고 서류의 보관과 제출

수출업사가 무역자동화에 의하여 수출신고를 한 후 세관으로부터 신고수리 사실을 통보받은 경우에는 수출신고서, 송장, 첨부서류 등을 보관하고 1월의 범위 내에서 세관장에게 제출하여야 한다.

## (3) 수입통관

### 1) 수입통관의 의의

수입통관(import clearance)은 물품을 외국에서 수입할 때 거치는 세관절차이다. 무역자동화 수입통관 시스템의 구축으로 선박이 입항하면 수입신고를 하고 또는 입항전이면 사전 수입신고를 하고 관세납부의 과정을 거친 후 물품을 반출하는 과정을 거치게 된다.

### 2) 수입통관절차

① 수입물품의 보세구역 반입

㉠ 선박의 입항과 하선작업

무역자동화에 의한 수입물품관리는 선박이 입항하면 입항보고서와 적하목록을 제출하고 하역작업 배정보고, 배정적하목록 제출, 하선작업 신고, 하선작업 완료보고 등의 절차를 완료한 후 관할 내 간이보세운송과에 도착완료 보고를 함으로써 부두 반출 및 운송을 하는 단계를 거친다.

㉡ 보세구역 반입

무역업자가 물품을 수입하려고 할 때는 화물을 적재한 선박 또는 항공기로부터 물품을 인수한 후 보세구역에 반입하여 관할 세관에 수입신고를 한다.

㉢ 타소장치의 허용

세관장이 특별히 인정하는 물품에 대해서는 타소장치를 허용하고 있다. 그리고 보세구역이나 타소장치에도 반입하지 못하는 경우에는 본선 또는 항공기에 적재한 상태에서 선상 통관절차를 이행할 수 있다. 이것은 수입통관을 신속히 이행하는데 목적이 있다.

② 수입신고

수입신고(import declaration)는 세관에 수입면허를 요청하는 통관의 의사표시를 의미한다. 수입업자가 외국으로부터 수입되는 물품에 대하여 수입업자가한 정확성을 기하기 위하여 실시하는 것이다. 무역자동화에 의한 수입통관제도가 시행되면서 모든 수입화물을 통제하는 범위를 벗어나 우범화물만 선별하여 검사를 하고 그 이외는 수입신고, 즉시 수입화물의 반출을 허용하고 있다.17)

17) 관세법 제241조 참조.

③ 수입신고 서류의 심사

수입신고를 받은 세관은 통관시스템으로 조회하여 적격성 여부를 판단하게 된다. 수입신고 서류가 접수되면 심사를 하여 즉시수리를 하게 된다. 즉시수리는 수입신고의 내용 중 위법사항이 발견되면 수입신고인이 책임을 부담한다는 조건을 전제로 하고 수입신고 내용대로 수리하는 것으로 신고서류에 대한 형식만 확인한다.

④ 수입물품의 검사

수입물품의 검사는 승인된 물품의 내역과 실제로 수입될 물품이 일치하는가에 대한 검증 및 확인을 하는 것이다. 수입물품의 검사는 수입신고 서류와 수입물품을 대조하여 세율, 과세가격 등을 결정하는 기준이 된다.

⑤ 관세의 확성과 납부

과세가격은 세액결정의 기준이 되는 과세물건의 가격이다. 과세가격은 수입신고일 현재의 가격과 수량에 의하여 부과한다. 관세를 납부하여야 할 물품에 대해서는 관세를 납부하여야 수입면허를 받을 수 있다. 관세납부제도에 의한 관세의 납부는 신고납부와 부과고지에 의한 방법을 따르게 된다. 수입통관을 하는 경우에 세금납부 절차의 까다로움으로 인하여 화물의 흐름과정이 원활하지 못한 경우가 있다. 그래서 세금을 납부하기 전에 일정한 납세담보만 제공하면 수입면허를 할 수 있는 것이 관세사후납부제도이다.

⑥ 수입신고수리와 반출

세관장은 수입신고가 적법하게 이루어진 경우 이를 수리하고 신고인에게 신고필증을 지체없이 교부한다.[18] 수입업자는 관세 및 기타 내국세를 납부하고 그 영수증을 세관에 제시하면 수입면장(import permit)을 교부한다. 이것이 수입면허이다. 수입면장이 교부되면 물품은 내국물품이 되어 보세구역에서 반출할 수 있다.

⑦ 수입신고수리 전 반출

특별한 사유가 있는 경우에는 수입업자의 신청에 의하여 수입신고의 수리 전에 관세 상당액을 담보로 제공하고 세관장의 승인을 얻어 물품을 보세구역으로부터 반출할 수 있다.[19] 수입신고수리 전 반출승인에 의하여 반출된 물품은 내국물품으로 간주된다.

18) 종전에는 관세 및 기타 내국세에 해당하는 특별소비세, 방위세 및 부가가치세를 납부하고 그 영수증을 세관에 제시하면 수입면장의 교부, 즉 수입면허를 받을 수 있었다.

19) 관세법 제248조 제1항

## 3. 관세환급

### (1) 관세환급의 의의

환급이라는 개념은 국가가 부과 징수한 조세에 대하여 일정한 법적 요건을 구비한 경우에 되돌려 주는 조치이다.

수출업자가 외화획득용 원자재를 수입할 때에 부과하는 조세에는 관세, 임시수입부가세, 특별소비세, 주세, 교통세, 농어촌특별세, 교육세, 부가가치세, 가산세 등이 있다. 수출이행 확인절차를 거쳐 정액환급 또는 개별환급 방법에 의하여 부가가치세, 가산세를 제외한 나머지 조세는 세관장이 환급하고 부가가치세는 관할 세무서장이 환급한다. 그러나 가산세는 세법에 환급에 관한 규정을 두고 있지 않기 때문에 환급되지 않는다.

관세환급은 원재료를 수입할 때에 부과되는 관세의 부담을 경감시키려는 것이다. 관세환급 승인권자는 수출입 주무행정기관의 장이나 당해 물품을 관장하는 중앙행정기관의 장에게 위탁되어 있다. 관세환급 승인신청은 사후관리기관의 장에게 하여야 한다.

### (2) 관세환급의 방법

#### 1) 정액환급

정액환급은 수입을 할 때 관세를 납부하였거나 또는 징수유예를 받은 물품으로 제조, 가공한 물품을 수출하였을 때 수출품목별로 환급하여야 할 금액을 사전에 정한 정액환급률표에 의하여 환급하는 방식이다. 즉 수출물품이 수출되었을 때 신고필증만 제시받아 소요원재료별 납부세액 등을 계산하지 않고 정액환급률표에 기재된 환급금액을 환급하여 주는 방법이다.

#### 2) 개별환급

개별환급은 정액환급률표에 게시되어 있지 않은 물품을 수출하였을 때 그 물품생산에 소요된 각종 원재료의 종류와 수량을 소요량증명서에 의하여 확인하고 그 원재료를 수입할 때 납부한 세액이 얼마인가를 수입면장에 의거 산출하여 그 세액을 환급하는 방법이다.

### (2) 관세환급 신청서류

정액환급을 신청하는 자는 환급신청서에 정액환급률표에서 정하는 수출사실을 증명하는 관계서류를 첨부하여 수출 등에 제공된 날로부터 2년 이내에 관세청장이 지정한 세관에 환급신청을 한다. 수입신고필증은 수출수리 신고일로부터 2년 이내이어야 한다. 그리고 선적이 확인된 것이어야 한다. 그러나 환급기관이 인정하는 경우에는 선장이 발행한 본선수취증으로 선적 확인을 대신할 수 있다. 개별환급을 신청하는 자는 환급신청서에 소요량계산서, 수입신고필증 등을 첨부하여 환급신청을 한다.

### (3) 관세환급의 신청과 지급

#### 1) 관세환급 신칭자

관세환급을 신청할 수 있는 자는 원칙적으로 환급을 받고자 하는 대상물품을 수출하였거나 이와 동등한 자격을 가진 자 또는 국내에서 외화를 획득하는 용도에 제공한 자가 된다. 따라서 수출대행인 경우에는 수출업자 이외에 수출을 위탁한 자도 환급신청자 될 수 있다. 관세환급 신청기관은 관세청장이 지정한 전국세관과 세관출장소로써 관세환급 신청자의 제조장소를 관할하는 세관장이다.

#### 2) 관세환급금 지급

관세환급 대상자가 관세환급금을 세관에 신청한 경우, 세관장은 이를 심사하여 환급액을 결정하고 환급지시서를 환급신청인이 지정한 환급은행에 송부한다. 세관장은 이와 별도로 환급신청인에게 환급통지서를 교부하는데 관세환급 신청인이 이를 해당 은행에 제시하여 관세환급을 반는다.

관세 환급대상자가 관세환급금을 환급은행에 신청한 경우, 환급은행의 상은 신청내용을 심사하고 환급액을 결정하여 신청인에게 지급한다.

### (4) 관세한급 관련 제도

관세환급과 관련한 제도로는 환급에 갈음하는 관세율 인하제도, 평균세액증명제도, 사후정산제도, 과소환급금 환급제도, 자율소요량제도 등이 있다.

# 제 2 절 화물의 선적과 양륙

## 1. 화물의 선적

### (1) 개품운송계약 화물의 선적

화물을 선적할 때에는 선박회사로부터 본선의 선장 앞으로 당해 화물의 선적을 지시한 선적지시서(shipping order: S/O), 선박회사의 물품인수목록(booking note)을 수령하고, 부선의 경우에는 부선송장(cargo boat note) 등을 수령하여 이것을 세관으로부터 교부받은 수출허가서(export permit)와 함께 본선의 선장 또는 일등항해사 그리고 승선 세관원에게 해당서류를 제시한다. 승선 세관원이 제출한 서류와 선적물품이 일치하는가를 대조, 확인하고 적재를 허가하면 선적한다.

선적이 종료되면 화물의 수령자인 선장 또는 일등항해사가 본선수취증(mate's receipt: M/R)을 발행한다. 선장 또는 일등항해사가 선적할 때에 화물의 이상유무 상태를 확인하여 그 내용을 본선수취증의 비고(remark)란에 기재하고 기명, 날인하게 된다. 화주는 수령한 본선수취증을 선박회사에 제시하면 선적화물의 이상 유무에 따라 해당되는 선화증권을 발급받는다.

### (2) 용선운송계약 화물의 선적

용선운송계약에 의한 선적은 일반적으로 자가 적재방식에 의한다. 선장은 본선에 대한 입항절차가 끝나면 화주에게 선적준비완료 통지(notice of readiness)를 한다. 용선운송계약에 의한 선적은 보세구역으로부터 접안 선적이나 정박지 선적의 방식으로 선적하는 경우는 적다. 대부분은 보세구역 이외에서 이루어진다.

그러므로 출장검사신청 및 타소장치 장소로부터의 선적에 대한 승인을 받아야 한다. 선적이 완료되면 정박일수계산서(lay time statement)가 작성된다. 정박일수 계산서는 선박회사, 선주, 화주가 각각 서명하여 작성한 것으로 정박기간 산정의 기초자료가 된다.

## (3) 컨테이너화물의 선적

### 1) 컨테이너 만적화물의 선적

컨테이너 하나에 한 화주의 화물을 모두 적입할 수 있는 컨테이너 만적화물(滿積貨物, full container load: FCL)인 경우에는 화주가 컨테이너 적치장(積置場, container yard: CY) 운영인(operater)에게 기기수도증(equipment receipt or interchange receipt: E/R)을 접수하고 필요한 공컨테이너를 차용한다. 화주는 보세구역 또는 타소장치 허가를 받은 장소에서 세관원의 파견을 요청하여 통관절차를 거친 화물을 컨테이너에 적입하고 시건장치로 봉하여 적치장에 반입한다.

이때 화주는 컨테이너내의 화물의 명세를 기재한 컨테이너 적부표(container load plan: CLP)와 부두수취증(dock receipt: D/R) 또는 창고증권을 작성하고 세관의 수출신고서 원본을 첨부하여 CY운영인에게 제출한다. CY운영인은 화물이 인도되었음을 확인하면 화주가 제출한 부두수취증에 서명하고 화주용 부두수취증 1부를 화물인수증으로 화주에게 교부한다. 화주는 부두수취증을 선박회사에 제출하고 운임 및 제비용을 지급한 후 선화증권을 교부받는다.

### 2) 컨테이너 부분적화물의 선적

컨테이너 하나에 적입하기에는 화물의 량이 적은 경우 타인과 혼적을 하여야 하는 컨테이너 부분적화물(部分積貨物, less than container load: LCL)인 경우에는 화주가 선박회사에 선복을 신청하여 선복신청이 승인되면 선박회사가 지정하는 컨테이너화물집화소(貨物集貨所, container freight station: CFS)까지 직접 수출화물을 운송한다. 이때 화주는 부두수취증과 수출신고서 원본을 CFS운영인에게 제출한다.

CFS운영인은 컨테이너화물집화소에 반입된 화물을 인수하고 이상 유무를 확인한다. 확인이 종료되면 부두수취증에 인수물품의 확인내용을 기재한 후 서명하여 화주에게 교부한다.. CFS운영인은 여러 곳에서 반입된 물품을 동일목적지로 향하는 다른 컨테이너 부분적화물과 함께 혼재하여 봉함하고 수출화물의 적부표를 작성한다. 적입이 종료되면 봉함된 컨테이너는 컨테이너 적치장으로 인도된다. 화주는 CFS운영인이 서명하여 교부한 부두수취증을 선박회사에 제출하고 운임 및 제비용을 지급한 후 선화증권을 교부받는다.

### (4) 항공화물의 탑재

화주는 항공화물대리점이나 운송주선인으로부터 선적신청서를 받아 기재한 후 상업송장, 포장명세서, 수출승인서를 제출한다. 운송대리인은 해당 화물을 화주로부터 인수하여 항공기의 적재공항의 항공화물터미널로 운송하여 보세창고에 반입한다. 보세구역에 반입된 화물은 검량업체의 검량을 받은 후 수출통관절차를 밟아 적재된다.

## 2. 화물의 양륙

### (1) 본선 입항의 확인과 화물인도지시서의 입수

수입업자는 본선이 입항되었다는 것을 확인하면 화물의 인수절차를 이행하게 된다. 수입업자는 화물의 수입대금을 은행에 지급하고 선적서류를 입수하게 된다. 수입업자는 선적서류 중에서 선화증권을 선박회사에 제출하면 선박회사는 본선 선장 또는 화물소재지의 책임자에게 기재된 화물을 인도할 것을 지시한 화물인도지시서(delivery order: D/O)를 발부하게 된다. 화물인도지시서는 선박회사 또는 대리점의 책임자가 본선선장으로부터 제출된 적하목록을 화주가 제출한 선화증권과 대조하여 확인한 후 기재된 화물을 화주에게 인도하라고 본선선장 또는 현장책임자에게 지시한 서류이다.

### (2) 화물의 인수

#### 1) 개품운송화물의 인수

일괄 양륙은 선박회사가 지정한 하역업자가 모든 화물을 일괄하여 양륙한 후 보세구역에 반입하여 장치하는 방식이다. 이후 세관의 현품검사가 종료되면 통관절차를 마치고 하역에 대한 비용을 지급하고 화물인도지시서와 상환하여 화물을 인수하게 된다. 즉 창고반입인도의 형태로서 화주가 하역업자의 창고에 가서 화물인도지시서와 상환으로 화물을 인수하는 것이다. 자가 양륙은 화주가 직접 양륙대리인을 지정하여 부선으로 본선 선측에서 화물을 인수하는 방식이다. 즉 본선인도의 형태로서 선박회사에서 선장 앞으로 발행한 화물인도지시서를 교부받아 본선에 제출하고 화물을 인수한다.

### 2) 용선운송 화물의 인수

용선운송계약에 의한 화물의 인수에서는 계약조건에 따라 하역비 부담자가 다르게 된다. 용선계약에서는 선주가 선적과 양륙을 할 때에 하역비를 모두 부담하지 않는 조건, 즉 용선자가 선적과 양륙을 할 때에 하역비를 모두 부담하는 F.I.O.조건을 활용한다. 또한 선주가 선적을 할 때에만 하역비를 부담하고 양륙을 할 때에는 하역비를 부담하지 않는 조건, 즉 용선자가 양륙을 할 때에만 하역비를 부담하는 F.O.조건을 활용하기도 한다.

용선선박이 도착하여 입항절차가 끝나면 선박회사 또는 선박회사 대리점은 화주에게 선장명의의 하역준비 완료통지서(notice of readiness)를 2통 교부한다. 화주는 그중 1통에 날인하여 반송한다. 이에 의하여 하역업자의 하역작업이 시작되면 매일의 작업상황을 본선의 일등항해사의 서명을 받아 화주에게 송부한다. 이것은 정박일수 계산서를 작성하는 데에 기초자료로 사용한다.

그런데 화주가 물품의 시장성을 감안하여 용선운송계약에 의한 물품운송의 경우 선박의 입항시기에 맞추어서 물품을 인수하려고 한다면 화주가 선적서류를 사전에 입수하고 준비하여야 한다. 즉 화주가 선박의 입항 전에 선화증권 또는 수입화물선취보증서(L/G)를 입수하여 선박회사에 제출하고 화물인도지시서를 입수하는 것이 바람직하다. 그리고 선박회사가 송부한 적재도면(stowage plan)을 하역업자에게 제시하고 하역계획을 세워 물품의 하역을 원활하게 하여야 한다.

화주는 하역이 완료되면 본선 책임자와 함께 선박회사 또는 대리점에 가서 선박회사가 작성한 정박일수 계산서를 검토하고 이상이 없으면 선박회사, 선장 및 화주가 서명한다.

### 3) 컨테이너화물의 인수

컨테이너를 적재한 본선이 입항하여 양륙을 하게 되면 컨테이너는 즉시 컨테이너 야적장(CY)에 반입된다. 이때 컨테이너 만적화물인가 혹은 컨테이너 부분적화물인가에 따라 화물의 인수방법이 다르게 된다. 컨테이너 만적화물인 경우에는 컨테이너 적치장에서 각각 선박회사가 발행한 화물인도지시서와 상환으로 화물을 인수하게 된다. 컨테이너 부분적화물인 경우에는 컨테이너가 컨테이너화물집화소에 인계되면 그곳에서 CFS운영인이 화물을 적출(unstuffing)하여 수화인별로 분류해 놓으면 화물인도지시서와 상환으로 인수하면 된다.

# 제3절 화물의 손상과 구상

## 1. 손해의 발생과 손해보상 청구

### (1) 책임에 대한 규명

수입물품에 손상이 발생한 경우에는 손해의 발생시각 및 발생위치, 책임소재 등을 규명하기가 어렵다. 따라서 물품에 발생한 손해에 대하여 수출업자, 해상운송인, 보험회사에 손해가 발생하였다는 사실을 통보하여야 한다. 조사를 통하여 손상에 대한 상대자로 판명되는 경우에는 정식으로 구상할 것이라는 내용의 사고통지서를 서면으로 발송한다.

수출업자에게는 매매계약서상에 합의된 거래분쟁의 발생과 관련한 규정을 근거로 신속하게 통보하여야 한다. 선박회사에도 해상운송계약을 전제로 한 책임관계를 규명하여 줄 것을 요청하여야 한다. 보험회사에도 보험계약을 전제로 한 손해보상문제를 조사하여 줄 것을 요청하여야 한다. 보험회사가 담보한 위험이면 보상이 확실하게 된다. 그러나 보험자가 담보하지 않는 면책위험인 경우에는 위험을 피보험자 자신이 부담하여야 한다.

### (2) 손해의 구상대상

#### 1) 선박회사에 대한 구상

선적화물이 불착인 경우나 지연 또는 손상된 상태로 도착한 경우에는 이러한 사실을 확인한 수화인이 선박회사에 서면으로 사고가 발생하였음을 통지하여 손해배상청구의 권리를 유보하고 있음을 알려 주어야 한다. 해상운송인의 귀책사유는 상업과실이고 면책사유는 항해과실이다. 그러므로 수화인이 선박회사를 상대로 하여 손해보상 청구를 하였다면 선박회사는 선화증권에 명시된 책임조항을 근거로 수화인에게 항변을 하게 된다. 만약 선박회사에서 해난보고서를 작성하여 보유한 경우에는 근거자료가 되기 때문에 책임을 규명하기가 용이해진다. 따라서 무역업자도 책임소재를 규명할 수 있는 입증자료를 확보하여야 한다. 해상운송 중에 발생한 손해에 대한 입증책임이 화주에게 있기 때문이다.

### 2) 보험회사에 대한 구상

① 단독해손인 경우

화물의 손상이나 멸실이 단독해손 보험사고로 확인되면 화물을 인수하기 전에 즉시 보험회사에 보험증권에 기재된 양륙지의 보험회사 또는 보험대리점에 통지하고 입회검사를 요구한다. 손해에 대한 사정이 종료되면 보험회사에 보험금을 청구하게 된다.

② 공동해손인 경우

공동해손은 공동해손행위로 발생하는 분손이다. 공동해손행위는 선박 및 화물을 공동의 위험으로부터 벗어나게 해주기 위하여 선박 또는 화물을 선장이 고의로 손상시키는 행위이다. 이에 따라 공동해손에서는 공동해손행위로 직접적인 손해가 발생하거나 공동해손행위의 간접적인 결과로 비용손해가 발생하기도 한다. 공동해손이 발생하면 선박회사는 검정인을 선임하여 선박 및 적하에 대한 손해를 평가한다. 그리고 화주에게 공동해손의 발생사실을 통지하고 정산지의 지정, 정산인의 선정 등에 대하여 화주의 동의를 얻기 위하여 공동해손계약서(general average bond)를 작성하여 공동해손손해를 해결하게 된다.

## 2. 해상손해의 보상

### (1) 손해의 구분

전손은 해상보험에서 보상대상이 되는 직접 손해로서 소유이익의 전면적 삭감으로 나타난다. 전손은 물리적 멸실, 물건 고유성질의 상실, 회복불능의 상실 등이나. 분손은 해상보험에서 보상대상이 되는 직접 손해로서 소유이익의 부분적 삭감으로 나타난다. 분손은 물리적 손상, 물건 고유성질의 저하, 보험목적의 일부를 회복할 수 없는 상실 등이다.

### (2) 손해의 보상원칙

해상보험에서는 직접손해보상의 원칙에 의하여 전손과 분손을 구분하지 않고 물적 손해가 있으면 원칙적으로 보상책임을 진다. 직접손해 중에서 손해액이 일정액에 달하지 않는 소손해는 보상하지 않는다.

## 3. 위부와 대위

### (1) 위부

위부(abandonment)는 추정전손이 발생한 경우 화주인 피보험자는 그 피보험화물에 대하여 갖는 일체의 권리를 보험자에게 이전하고 보험금액 전액을 청구하는 것을 의미한다. 추정전손은 위부를 하는 경우에 있어서의 전손을 의미한다. 보험목적이 정당하게 유기되어진 경우가 이에 해당된다.

### (2) 대위

대위(subrogation)는 보험자가 보험금을 지급한 경우 피보험자가 보험의 목적에 대하여 가지는 권리 및 제3자에 대하여 가지는 권리를 피보험자를 대신하여 보험자가 취득하는 것을 의미한다. 보험자의 대위는 잔존물 대위와 구상권 대위로 구분된다.

잔존물 대위는 적하에 손해가 발생한 후 보험금을 지급받은 피보험자로부터 잔존물에 관한 권리를 보험자가 취득하는 것을 의미한다.[20] 구상권 대위는 보험계약을 체결한 조건에 의하여 피보험자가 손해에 대한 보상금을 받고 제3자에 대한 손해배상청구 권리를 보험자가 취득하는 것을 의미한다.

20) 木村榮一, 海上保險, p.163 참조; Goodacre J. Kenneth, *Marine Insurance Claims*, 2nd ed, London, Witherby & Co., Ltd., 1981, p.685 참조.

# 제 19 장 무역대금결제와 환어음

## 제 1 절 수출업자의 무역대금결제

### 1. 무역대금결제의 의의

무역대금결제는 수출업자와 수입업자 사이의 거래 물품에 대한 대금결제이다. 무역거래가 2국 사이의 거래이기 때문에 다양한 대금결제 유형이 존재한다. 무역대금결제는 수출업자의 수출대금결제와 수입업자의 수입대금결제의 의미를 포함한다. 수출업자의 입장에서는 수출대금의 결제로서 선적서류를 준비하여 외국환은행에 환어음과 함께 매입을 의뢰하는 행위로 나타난다. 수입업자의 입장에서는 수입대금을 결제함으로써 선적서류를 입수하여 수입화물을 인수하는 행위로 나타난다.

수출업자의 무역대금결제는 수출업자로서는 무역실무의 최종적인 단계에 해당한다. 따라서 수출업자로서는 가장 중요한 단계이기도 하다. 수출업자의 무역대금결제가 원활하게 되기 위해서는 무엇보다도 수출한 물품에 대하여 수입업자로부터 아무런 손해배상문제가 제기되지 않아야 한다. 그리고 무역대금결제에 대한 보장이 확실하여야 한다. 그래서 수출업자는 신용장 거래에 입각한 무역대금결제를 선호하게 된다.

## 2. 선적서류의 준비

### (1) 기본서류

#### 1) 선화증권

선화증권(bill of lading: B/L)은 선박회사와 송화인과의 해상운송계약에 의하여 선박회사가 화물을 수령 또는 선적한 경우 송화인의 요청에 의하여 해상운송인이 작성하여 교부한 증권이다. 수출업자는 본선에 화물을 선적하고 본선수취증을 받아 선박회사에 제출하여 선화증권을 발행 받는다. 따라서 선화증권은 운송화물의 수취증이라는 성격을 갖는다.

또한 선화증권은 운송인이 화물을 운송계약조건에 따라 목적항까지 운송하고 선화증권의 정당한 소지인에게 증권과 상환으로 당해 화물을 인도할 것을 약속한 유가증권인 동시에 권리증권이다.[1] 따라서 선화증권은 수출업자가 신용장조건에 의한 수출대금결제를 받는 데에 중요한 서류가 된다.

#### 2) 상업송장

상업송장(commercial invoice)은 수출업자가 작성하여 수입업자에게 발송하는 화물의 명세서이며 대금청구서 및 화물의 계산서이다. 상업송장의 법적 형식은 존재하지 않으나 관습적으로 사용하는 형식이 존재한다. 상업송장은 선적송장(shipping invoice)과 견적송장(pro-forma invoice)으로 구분된다.

#### 3) 보험서류

보험서류는 보험계약을 체결하였을 때 보험자가 발행하는 서류이다. 보험서류에는 보험증권(insurance policy), 보험증명서(certificate of insurance), 보험각서(cover note) 등이 있다. 보험서류는 수출업자가 신용장에 의한 거래를 하였을 때 신용장조건에 일치하는 선적서류의 매입을 의뢰하는 경우 은행에 제출하는 기본서류이다. 신용장통일규칙에서 규정하고 있는 보험서류는 보험증권과 보험증명서 등으로 되어 있다.

---

1) 선화증권이 갖는 유가증권으로서의 법률적 성질은 요인증권, 요식증권, 유통증권, 지시증권, 문언증권, 상환증권, 처분증권, 인도증권으로 설명될 수 있다.

### (2) 부속서류

부속서류는 기본서류 이외에 수입업자 또는 수출업자의 사정에 따라 요구하거나 요구받아 준비하는 서류이다. 부속서류에는 포장명세서, 원산지증명서, 검사증명서, 용적증명서 및 중량증명서, 위생증명서 등이 있다.

포장명세서는 선적화물의 포장방법, 각 포장단위별 내용명세, 순중량, 총중량, 용적 등을 명시한 것이다. 원산지증명서는 당해 화물이 확실히 그 수출국에서 생산 또는 제조되었다는 사실을 증명하는 공문서이다. 검사증명서는 수출화물에 대하여 권위 있는 검사기관이나 수입업자가 지정한 자의 검사에 합격하였음을 증명하는 서류이다. 용적증명서 및 중량증명서는 화물의 용적 및 중량에 대한 증명서이다. 선적지에서 공인검량업자가 발행한다.

## 3. 수출업자의 환어음 발행

### (1) 환어음의 의의

환어음(bill of exchange)은 채권자가 채무자에게 그 지급기일에 어음 면에 기재된 금액을 자기 또는 제3자에게 지급하도록 위탁한 일종의 지급지시서이다. 수출업자가 발행인이 되며 수입업자나 수입지의 발행은행이 환어음의 지급인이 된다.

### (2) 환어음의 종류

환어음에는 일람출급 환어음(sight bill), 기한부 환어음(time bill, usance bill), 화환어음(documentary bill), 무담보어음(clean bill), 인수인도조건(D/A) 환어음, 지급인도조건(D/P) 환어음 등이 있다.

일람출급 환어음은 발행인이 지급인에게 어음을 제시한 날을 지급기일로 하는 것을 조건으로 발행하는 환어음이다. 기한부 환어음은 발행인이 환어음을 발행 또는 제시하면 지급인이 환어음 금액에 대하여 일정기간이 지난 후 지급하기로 약속한 어음이다. 화환어음은 환어음의 매입을 의뢰할 때에 선적서류를 첨부하는 환어음이다. 무담보어음은 환어음의 매입을 의뢰할 때에 선적서류를 첨부하지 않는 환어음이다.

## 4. 외국환은행의 환어음 매입

### (1) 신용장 조건의 환어음 매입

수출업자가 신용장을 발행하여 무역거래를 한 경우에 무역대금을 결제받기 위해서는 환어음 및 관계 운송서류 등을 구비하여 외국환은행에 환어음의 매입을 신청한다. 신용장 발행은행에서는 제출된 선적서류와 환어음 및 기타 서류가 신용장 조건과 일치하는가를 확인하고 아무런 하자가 없으면 이를 매입하게 된다. 일람출급 환어음인 경우는 발행은행에 제시하는 즉시 대금이 지급받을 수 있다. 기한부 환어음인 경우에는 발행은행이 인수를 하고 환어음의 만기일에 대금을 지급하게 된다.

### (2) 인수인도조건 환어음과 지급인도조건 환어음의 매입

인수인도조건 환어음은 수입업자가 은행으로부터 화환어음의 제시를 받았을 때 어음대금을 지급하지 않고 만기일에 결제하는 조건으로 인수를 한 후, 선적서류를 인도 받는 조건의 기한부 환어음이다. 지급인도조건 환어음은 수입업자가 은행으로부터 화환어음의 제시를 받았을 때 어음대금을 지급하고 서류를 인도받는 조건의 일람출급 환어음이다.

# 제 2 절 수입업자의 무역대금결제

## 1. 수입대금의 결제

### (1) 수입대금결제

수입업자가 화물을 인수하기 위해서는 선적서류를 입수하여야 한다. 수입업자는 정상적인 절차에 따라 신용장에 의하여 추심되어 온 환어음 대금을 결제한 후 선적서류를 은행으로부터 인수하여야 한다.

### (2) 수입화물대도

수입화물대도(trust receipt: T/R)는 외국환은행이 수입업자에게 선적서류를 대여하여 수입어음대금 결제이전에 화물을 수령하여 처분할 수 있도록 하는 방법이다. 무역거래에서 선적서류와 화물이 도착하였으나 수입업자가 결제자금이 부족하여 수입절차를 적기에 실행하지 못하는 경우에 이 문제를 해결해 주는 것이 수입화물대도이다.

### (3) 수입화물 선취보증서

수입화물 선취보증서(letter of guarantee: L/G)는 선적서류의 도착 전에 수입업자와 외국환은행이 연대 보증하는 보증서이다. 무역거래에서는 수입화물은 도착하였으나 선적서류가 도착하지 않아 문제가 발생하는 경우가 있다. 이때 수입업자가 수입화물 선취보증서를 선박회사에 선화증권 원본 대신에 제출하고 수입화물을 인도받을 수 있다.

## 2. 환어음의 결제

### (1) 신용장부 환어음의 결제

#### 1) 일람출급 환어음의 결제

일람출급 환어음의 결제에서는 수출업자가 외국환은행에 환어음의 매입을 의뢰하면 매입은행은 즉시 환어음 대금을 지급하고 발행은행으로 추심한다. 발행은행은 환어음 대금을 수입업자에게 요구하면 수입업자는 즉시 대금결제를 하고 선적서류를 입수하게 된다. 발행은행은 결제받은 금액을 수출업자에게 송부하면 된다.

#### 2) 기한부 환어음의 결제

기한부 환어음의 결제에서는 수출업자가 선적서류의 매입을 요구할 때 환어음을 인수하면 이 은행이 환어음 인수은행이 된다. 지급인이 환어음의 만기일에 어음금액을 지급하면 발행은행은 그 대금을 인수은행으로 송부하여 수출업자에 송부하여 결제절차를 종료하게 된다.

### (2) 인수인도조건 환어음과 지급인도조건 환어음의 결제

#### 1) 인수인도조건 환어음의 결제

인수인도조건(D/A) 계약인 경우는 수출업자로부터 추심의뢰를 받은 수출지의 외국환은행이 어음대금을 추심하기 위하여 환어음과 담보물인 선적서류를 수입지의 외국환은행에 우송한다. 수입지의 외국환은행은 당일로 수입업자에게 환어음의 인수를 요구하게 된다. 수입업자는 환어음의 배면에 인수(accepted)라는 문언과 인수일자를 기재한 후 서명하여 은행에 반송한다. 이후 수입업자는 선적서류를 받아 선박회사로부터 물품을 수령한다.

#### 2) 지급인도조건 환어음의 결제

지급인도조건(D/P) 계약인 경우는 추심의뢰를 받은 수입지의 외국환은행이 서류인도를 조건으로 수입업자에게 환어음의 결제를 요구하게 된다. 이 경우 수입업자로서는 환어음 대금을 지급한 후 선적서류를 받을 수 있다. 수출금융으로 수입대금을 결제할 경우에는 은행에 수입화물대도(T/R)를 제출하고 선적서류를 인도받는다.

# 제 20 장 무역거래분쟁과 해결

## 제 1 절 무역거래분쟁의 개요

### 1. 무역거래분쟁의 의의와 원인

#### (1) 무역거래분쟁의 의의

무역거래에서의 무역거래분쟁(claim)은 무역계약 당사자의 일방이 계약의 내용을 이행하지 않았을 경우에 그로 말미암아 손해를 입은 당사자가 권리의 회복을 요구하거나 또는 손해의 배상을 청구하는 것을 의미한다. 즉 무역거래분쟁은 무역계약당사자중 일방의 계약불이행이나 계약위반에 대하여 상대방이 제기하는 계약의 해제 또는 해지, 인도 또는 인수의 거절, 가격인하 요구 또는 손해보상의 요구 등을 말한다.

#### (2) 무역거래분쟁의 발생원인

무역거래분쟁의 발생원인은 언어의 이해부족, 신용조사 미비, 무역실무지식 부족, 계약조건 미비, 국제상관습 이해부족, 거래상의 위험 등이다.

## 2. 무역거래분쟁의 종류

무역거래분쟁은 물품의 품질, 수량, 운송 및 선적, 포장 및 화인, 가격, 대금결제, 서류, 계약 등의 위반으로 발생하는 것이 대부분이다.

물품의 품질과 관련한 무역거래분쟁의 원인은 품질상위, 규격상위, 색상상위 등이다. 물품의 수량과 관련한 무역거래분쟁의 원인은 수량부족, 중량부족, 용적상위, 면적상위 등이다. 물품의 운송과 관련한 무역거래분쟁의 원인은 환적, 환적취급불량, 분실 등이다. 물품의 선적과 관련한 무역거래분쟁의 원인은 선적지연, 선적불이행, 과잉선적, 선적불량 등이다. 물품의 포장에 관련한 무역거래분쟁의 원인은 포장불완전, 포장파손 등이다. 물품의 화인과 관련한 무역거래분쟁의 원인은 화인누락, 화인의 혼합 등이다. 물품의 가격과 관련한 무역거래분쟁의 원인은 가격조정요구, 초과지급, 비용초과지출 등이다. 물품의 대금결제와 관련한 무역거래분쟁의 원인은 대금결제지연, 대금결제거절 등이다. 물품의 서류와 관련한 무역거래분쟁의 원인은 내용부실, 기재사항의 상위, 서류의 통수 부족 등이다 물품의 계약과 관련한 무역거래분쟁의 원인은 계약불이행, 계약불완전이행, 계약취소 등이다.

# 제2절 무역거래분쟁의 제기

## 1. 무역거래분쟁 제기의 의의

무역업자는 무역거래분쟁이 발생하였을 때 무역거래분쟁에 대한 원인의 분석이 없이 무조건 항의를 하거나, 주관적 판단기준을 가지고 손해배상 청구를 하면 안 된다. 무역거래분쟁은 객관적인 타당성을 가지고 제기되어야 한다. 객관적 타당성이 없는 무역거래분쟁이라면 법적인 보호를 받을 수 없다. 거래분쟁을 제기할 때, 제기방법에 대하여 당사자가 약정한 경우에는 합의한 내용을 따른다. 무역거래분쟁 제기방법에 대한 약정이 없는 경우에는 무역거래분쟁의 당사자가 제기방법을 선정하여 제기하게 된다.

## 2. 무역거래분쟁의 제기절차

### (1) 무역거래분쟁 대상자의 결정

무역거래분쟁의 사유가 발생하면 거래분쟁을 제기할 대상자를 결정하여야 한다. 무역거래분쟁의 대상자는 무역거래상에서 발생하는 문제에 따라 다르게 결정된다. 무역계약에서는 매매당사자가, 운송계약에서는 화주와 운송인이, 보험계약에서는 보험자와 보험계약자가 이해당사자가 되기 때문에 무역거래분쟁 대상자가 다르게 된다.

### (2) 무역거래분쟁의 통지

국제무역거래에서 물품을 인수하고 검사한 후에 하자를 발견하면 가장 빠른 방법으로 무역거래분쟁이 발생한 사실을 서면으로 정식의 무역거래분쟁을 제기한다. 지체없이라는 의미는 물품에 대한 검사를 완료할 수 있는 합리적인 시기를 경과한 후를 의미한다.

### (3) 무역거래분쟁의 처리

무역거래분쟁에 대하여 상대자가 이의를 제기하지 않고 승복을 하면 무역거래분쟁에 대한 문제가 쉽게 해결될 수 있다. 무역거래분쟁에 대하여 상대자가 승복을 하지 않으면 직접해결 또는 간접해결방법을 선택하여 해결하여야 한다.

## 3. 무역거래분쟁의 대응

무역거래분쟁을 제기 받은 당사자는 상대방이 제기한 무역거래분쟁의 내용을 충분히 검토하여야 한다. 무역거래분쟁을 검토한 후 무역거래분쟁에 대하여 관계당사자로서 갖는 입장표명과 함께 해결방안에 대하여 신속하게 상대방에게 의사를 전달하여야 한다. 상대방으로부터 충분한 설명을 들어야 무역거래분쟁의 해결에 도움이 된다. 무역거래분쟁이 제기되었다고 해서 당황하게 되면 분별력을 상실하여 올바른 판단을 할 수가 없기 때문에 초기의 대응이 중요하다. 무조건 무역거래분쟁 제기자의 일방적 의사에 따를 필요는 없다.

# 제 3 절 무역거래분쟁의 해결

## 1. 직접해결

### (1) 청구권의 포기

청구권의 포기(waiver of claim)는 무역거래분쟁 제기자가 제기한 손해보상청구액이 소액이거나 다른 조건에 의하여 제기되었던 무역거래분쟁에 대한 불만 요인이 제거되어 거래분쟁을 철회하는 것이다. 청구권의 포기는 손해를 입은 거래분쟁 제기자가 피제기자로부터 거래분쟁의 내용에 대하여 즉각적으로 그 사항을 인정하고 손해배상을 할 것을 제의하게 받음으로서 이루어진다. 혹은 무역거래분쟁 피제기자가 무역거래분쟁에 대하여 반론을 제기한 후에 제기자가 이를 수용하는 경우에도 청구권의 포기는 이루어진다. 이러한 경우는 화해와는 다른 것이다.

청구권의 포기는 무역거래분쟁 제기자의 손해가 분명한 경우에는 그 결정이 매우 어려운 것이다. 왜냐하면 무역거래분쟁 제기자가 물질적 손해에 대하여 손해를 감수하고 청구권을 포기하더라도 정신적 피해까지 감수하기는 어렵기 때문이다. 그런데 무역거래에서 상대방과 무역거래를 상당기간 유지하여 왔던 관계이고 향후에도 지속적으로 무역거래를 유지하여야 하는 불가분의 관계에 놓여 있는 것이라면 무역거래분쟁 제기자의 입장에서 청구권의 포기가 결코 불리한 결정이 되는 것만은 아니라는 점을 인식할 필요가 있다.

### (2) 화해

화해(amicable settlement)는 당사자 쌍방이 직접 또는 중개인의 교섭을 통하여 청구액의 범위 및 구상방법을 합의하는 것이다. 화해는 당사자 사이의 자율적인 교섭과 양보로 분쟁을 해결하는 방법이다. 즉 화해는 직접적인 협의를 통하여 상호 납득할 수 있는 합의점을 찾는 방법이다. 화해를 하기 위해서는 당사자 사이의 양보, 분쟁의 종결합의, 화해의 내용에 대한 약정이 등이 필요하다.

## 2. 간접해결

### (1) 알선

알선(intercession, intermediation)은 당사자 일방의 의뢰에 의하여 상업회의소(chamber of commerce) 등과 같은 제3의 기관이 사건에 개입하여 해결방안을 제시하거나 조언하는 것이다. 알선은 당사자 사이의 비밀이 보장되고 무역거래관계를 지속할 수 있다. 알선은 쌍방의 협력이 있어야 한다. 알선은 해결과 관련한 강제력이 없다.

### (2) 조정

조정(conciliation)은 양당사자가 공정한 제3자를 조정자로 선임하고 이러한 조정자가 제시하는 구체적인 해결안에 대하여 합의함으로써 무역거래분쟁을 해결하는 것이다.

### (3) 중재

중재(arbitration)는 분쟁당사자 사이의 합의에 의하여 사법상의 법률관계를 법원 소송절차에 의하지 않고 사인인 공정한 제3자를 중재인(arbitrator)으로 선임하고 이 중재인의 판정에 복종함으로써 무역거래분쟁을 해결하는 방법이다. 상사중재는 중재의 신청, 중재의 수리 및 통지, 답변서의 제출, 중재인의 선정, 중재심판, 중재판정 등과 같은 중재절차를 거쳐 처리한다.

### (4) 소송

소송(litigation)은 당사자의 일방이 상대방에게 강제집행권을 행사하기 위하여 국가기관인 법원에 제소하여 국가공권력의 발동을 요청하는 것이다. 국제무역거래에서는 상대자가 속한 국가의 법이 존재하기 때문에 우리나라의 재판권이 미치지 못하게 된다. 만약 외국과의 사법협정이 체결되어 있지 못한 경우에는 소송에 의한 판결결정이 있더라도 외국에서 그 판결에 따른 승인 및 집행을 보장받지 못한다.

# 전자무역거래론

# 제21장 전자문서교환체제와 전자상거래

## 제1절 전자문서교환체제

### 1. 전자문서교환체제와 표준

#### (1) 전자문서교환체제

전자문서교환체제(전자문서교환체제, Electronic Data Interchange: EDI)는 표준화된 서식을 기업과 기업 또는 조직과 조직 사이에 합의된 통신표준을 이용하여 컴퓨터로 교환하는 교환방식이다. 전자문서교환체제에서는 업무시간 단축, 업무비용 절감, 고객서비스 향상, 업무 간소화, 정보 공유, 경쟁력 강화 등과 같은 효과가 있기 때문에 기업이나 관공서에서 그 활용도가 높다.

#### (2) 전자문서교환체제 표준

전자문서교환체제 표준은 전자문서교환체제 사용자 사이에 교환되는 전자문서의 내용과 구조, 통신방법, 업무처리방식 등에 관련된 규칙 및 지침이다. 전자문서교환체제의 표준에는 전자문서표준, 통신표준, 전용표준, 산업표준, 국가표준, 국제표준 등이 있다.

## 2. 전자문서교환체제 네트워크

### (1) 직접 통신망

직접통신망은 거래상대자 사이에 직접적으로 컴퓨터 모뎀과 공중전화망 또는 전용회선을 이용하여 전자문서를 교환하는 방식이다. 직접통신망은 상호 사이에 사용하는 전송속도, 회선규약, 통신규약 등이 일치하여야 사용할 수 있다.

### (2) 서비스 제공 통신망

서비스 제공 통신망은 거래당사자들이 송수신하는 통신방법, 통신시간, 통신속도 등에 관한 이질성을 극복하기 위하여 전자문서교환체제 서비스 제공업자를 활용하는 통신망이다. 전자문서교환체제서비스 제공업자들이 제공하는 서비스제공 통신망을 부가가치정보망(Value Added Network: VAN)이라고 한다.

# 제 2 절 전자상거래

## 1. 전자상거래의 의의와 효과

### (1) 전자상거래의 의의

전자상거래(electronic commerce)는 거래의 형태상으로 정보통신 네트워크를 이용한 재화나 용역의 매매를 의미한다. 그래서 전자상거래는 기업활동을 전자적으로 실행하는 전자자료교환체제, 인터넷(internet), 칼스(cals)와 가상경영활동(cyber business), 전자우편(e-mail), FAX, 파일전송(file transfer), 전자자금이체(EFT), Image 시스템, 음성사서함(voice mail), Bar Code, 전자정보서비스(electronic information service) 등을 포함한다.

### (2) 전자상거래의 효과

전자상거래는 물류활동의 지원, 경영전략의 혁신, 거래영역의 확대, 전자결제수단의 다양화, 정보산업의 발전 등과 같은 긍정적 효과가 있다. 반면에 전자상거래 시스템의 문제로서 시스템 사고의 책임규명 불능 ,신분확인 장치 불완전, 지적재산권의 침해, 정보의 유출 등이 발생하고 있다. 그리고 전자상거래 매매당사자의 문제로서 매도인의 책임전가 매수인의 선택범위 제한, 매매시점의 불명료, 거래내용의 서면 확인 불능 등과 같은 단점이 있다. 또한 전자상거래 시장의 문제로서 유통경로의 변화, 중소기업의 경쟁력 약화, 국가와 국가의 세원 적용법령 상이, 전자상거래 국가 사이의 정책 마찰 등이 발생하고 있다.

## 2. 전자상거래 시스템의 구축

전자상거래 시스템을 구축하기 위한 인프라부문은 인터넷상 기능을 연결하여 주는 하드웨어, 소프트웨어, 데이터베이스, 통신망 등으로 구분된다. 전자상거래에서 인터넷기능을 연결하는 소프트웨어 부문에는 대금결제방법을 연결하는 지불결제시스템, 전자상거래의 당사자를 확인하는 데에 활용하는 보안 및 인증시스템, 필요한 사항 등을 검색하는 검색시스템, 표준문서를 교환하는 전자문서교환체제 단계가 있다.

## 3. 전자상거래의 유형

### (1) 거래주체 기준

전자상거래는 거래주체를 기준으로 소비자와 소비자(consumer to consumer: C to C, C2C) 거래, 소비자와 기업(consumer to business: C to B, C2B) 거래, 소비자와 정부(consumer to administration: C to A, C2A; consumer to government: C to G, C2G) 거래, 기업과 기업(business to business: B to B, B2B) 거래, 기업과 정부(business to administration: B to A, B2A; B to G, B2G) 거래, 정부와 정부(administration to administration: A to A, A2A; G to G, G2G) 거래 등으로 구분이 가능하다.

### (2) 거래대상 및 정보교환 기준

전자상거래는 거래대상을 기준으로 인터넷 전자거래업, 인터넷 컨텐츠 서비스업, 인터넷 중개 서비스업, 인터넷 포털 서비스업 등으로 구분할 수 있다. 전자상거래는 정보교환을 기준으로 폐쇄형 전자거래와 개방형 전자거래로 구분할 수 있다.

## 4. 전자상거래의 인증과 사이버 몰

### (1) 전자서명과 검증키

전자서명은 전자문서를 서명한 작성자의 신원과 당해 전자문서가 그 작성자에 의하여 작성되었음을 나타내는 전자형태의 서명이다. 서명키는 전자서명의 작성에 사용하는 개인의 암호키와 같은 일회적인 전자적 자료이다.

### (2) 인증과 인증기관

인증은 전자서명 검증키가 자연인 또는 법인이 소유하는 전자서명 키에 합치한다는 사실 등을 확인하고 증명하는 행위이다. 인증서는 자연인 또는 법인이 소유하는 전자서명 키에 합치한다는 사실 등을 확인하고 증명하는 전자적 정보이다. 인증기관은 신청에 따라 전자서명사용자의 신원확인 및 기타 관련 업무를 취급하는 기관이다.

### (3) 사이버 몰

사이버 몰(cyber-mall)은 컴퓨터 등과 정보통신 설비를 이용하여 재화 또는 용역을 거래할 수 있도록 설정된 가상의 영업장을 의미한다. 즉 사이버 몰은 개방형 네트워크인 인터넷과 폐쇄형 네트워크인 부가가치정보망(VAN)을 활용하여 생성되는 가상공간을 모두 이용하는 영업장이기 때문에 인터넷을 주로 활용하는 인터넷 거래와는 차이가 있다. 그렇지만 인터넷 거래의 발달이 사이버 몰의 발달을 가져왔기 때문에 유기적인 관계에 있다.

# 제 22 장 전자무역거래

## 제 1 절 무역자동화

### 1. 무역자동화의 의의와 효과

#### (1) 무역자동화의 의의

무역자동화(trade automation)는 수출입에 관련된 무역거래절차를 전자문서의 형태로 전환하여 시간과 경비를 절약하는 체제이다. 무역자동화는 정부정책의 지원으로 무역업자와 관련 기관들이 참여하는 시스템을 구축하여 경쟁력을 제고시키는 데에 의의가 있다.

#### (2) 무역자동화의 효과

무역자동화는 세계화 추세에 부응, 무역비용 및 시간의 절약, 물류활동의 지원, 데이터의 반복 사용 가능, 경영전략의 혁신, 국내정보산업의 발전, 등과 같은 효과가 있다. 무역의 측면에서 그 효과가 양국에 걸쳐 나타난다는 데에 의의가 있다.

## 2. 무역자동화와 전자문서

무역자동화를 위하여 전자문서의 표준화가 이루어졌는데 수출입관리 전자문서 표준화, 외환거래 전자문서 표준화, 통관 전자문서 표준화, 운송계약 전자문서 표준화, 무역보험계약 전자문서 표준화 등을 통하여 전자무역을 활성화 하고 있다. 무역자동화와 관련한 서류는 각 무역이행단계에 필요한 전자문서이기 때문에 각 이행단계에 따라서 전자서류를 발행하는 관련 기관이 상이하기 때문에 전자문서에 대한 취급방법이 다르다. 무역 관련 전자문서의 전송과 출력에 있어서는 법에서 정하고 있는 사항을 준수하여야 한다.

## 3. 무역단계별 자동화

### (1) 신용장 개설 및 조건변경

무역계약이 체결되고 신용장 내도 통보절차에서는 세계은행간 지급결제 정보망(society for worldwide interbank financial telecommunication: SWIFT)을 활용한다. 신용장 개설 및 변경절차에따른 업무에서는 신용장통지 전자문서(ADV 700), 수출신용장통지 전자문서(ADV 705), 신용장조건변경통지 전자문서(ADV 707), 신용장 개설응답서(INF 700), 개설통지서(ADV 700, ADV 705, ADVOLD)신용장조건 변경응답서(INF 707) 등이 이용된다. 내국신용장을 개설하는 경우에는 내국신용장 개설신청서(LOCAPP), 내국신용장 개설통지서(LOCADV), 내국신용장조건 변경신청서(LOCMAR), 내국신용장조건 변경통지서(LOC AMA) 등이 활용된다.

### (2) 수출입승인

무역거래자는 수출입승인과 관련하여 수출승인신청서(APPEXP),수출승인서(EXPLIC) 수입추천신청서(PAPIMP), 수입추천서(IMPREC), 수입승인신청서(APPIMP), 수입승인서(IMPLIC) 등을 활용한다.

### (3) 수출입통관

무역거래자는 수출입통관과 관련하여 수출신고의뢰서(EXPERT), 수출신고서(CURSED), 수출승인사항통보서(EXPRESS), 수출승인서(EXPLIC), 수출승인통보서(CURSE-BGM 1001=5AA), 수입신고의뢰서(IMPERT), 수입신고서(CURSED), 수입승인사항통보서(IMPR ESS), 수입승인서(IMPLIC) 등을 활용한다.

### (4) 운송 및 보험

무역거래자는 운송 및 물류업무와 관련하여 선적요청서(SHPREQ), 선적요청 응답서(SHPRES), 선화증권 발행통지서(BLADVI), 본선적부서(BAPLIE), 화물도착통지서(FT MAN) 등을 활용한다.

무역거래자는 무역보험계약과 관련하여 적하보험청약서(APPCIP), 적하보험발급통지서(CIPADV) 등을 활용한다.

## 제 2 절 전자무역거래

### 1. 전자무역의 의의와 대상

전자무역은 무역의 전부 또는 일부가 컴퓨터 등 정보처리능력을 가진 장치와 정보통신망을 이용하여 이루어지는 국제거래를 의미한다. 전자무역에서의 수출은 거주자가 비거주자에게 전자적 형태의 무체물을 정보통신망을 통한 기타 수출입 주무행정기관의 장이 정하여 고시하는 방법으로 인도하는 것을 의미한다. 그리고 전자무역에서의 수입은 거주자가 비거주자로부터 전자적 형태의 무체물을 정보통신망을 통한 기타 수출입 주무행정기관의 장이 정하여 고시하는 방법으로 인수하는 것을 의미한다. 전자적 형태의 무체물이란 소프트웨어, 디지털 콘텐츠(digital contents) 중 수출입 주무행정기관의 장이 지정하여 고시하는 것을 의미한다.

## 2. 전자무역 관련 법규

전자무역과 관련한 국내 법규로는 대외무역법, 전자거래기본법, 전자서명법, 무역업무자동화 촉진에 관한 법률, 화물유통촉진법, 무역거래기반조성에 관한 법률, 정보통신망 이용촉진 및 정보보호 등에 관한 법률, 저작권법 등이 있다.

전자무역과 관련한 국제 법규로는 국제무역법위원회(The United Nations Commission on International Trade Law: UNCITRAL) 모델법, 국제무역법위원회 전자서명 통일규칙, 국제무역법위원회의 국제자금에 관한 모델법 등이 있다.

# 제 3 절 전자무역거래 절차

## 1. 전자무역 해외시장조사

전자무역에서 해외시장조사를 하기 위하여 활용할 수 있는 사이트는 다양하다. 한국무역협회의 한국무역정보서비스(Korea trade information service: KOTIS), 한국무역정보통신(KTNET)의 EC(electronic commerce) Korea, 대한무역투자진흥공사의 수출거래 알선시스템(Korea Business Opportunity : KOBO)은 무역거래업자 사이에 무역상담을 하여 무역계약을 체결할 수 있도록 돕는 종합적인 무역거래 알선사이트다.

UseNet은 인터넷의 전자게시판인데 뉴스를 서비스하기 위하여 공동의 이해관계를 가진 집단 사이에 활용하는 뉴스그룹이다.

Mailing List는 관심분야별로 구분된 Mailing List에서 원하는 분야를 선택하여 활용하는 방법이다.

E-Mail의 활용은 일반인에게 할당되어 있는 'at'라는 표시의 '@'라는 기호를 사용하는 인터넷방식과 'bang'이라는 표시의 '!'라는 기호를 사용하는 UCCP방식의 주소에서 상대방을 확인하고 의사를 교환할 수 있다.

## 2. 전자무역 신용조사

### (1) 기업정보조사

전자무역에서 기업에 대한 정보조사는 전국 무역업자(www.kotis.net), 전국 기업체 총람(www.kccior.kr), 벤처기업정보(www.iin.co.kr), Korea Business info(www.kinfo.co. kr), Nice기업정보(www.bizCredit.co.kr) 등을 활용하여 검색할 수 있다. 해외기업현황 정보검사는 Kompass(www.kompass.com), ThomasRegister(www.thomasregister.com), Com pany Link(www.businessfactory.com), Hoover's Corporate Directory (www.hoovers. com) 등을 활용하여 검색할 수 있다.

### (2) 기업신용조사

전자무역에서 기업에 대한 신용조사는 대한무역투자진흥공사(www.co tra.or.kr), 신용보증기금(www.shinbo.co.kr), 한국무역보험공사(www.keic.or.kr), 한국신용정보(www. nice. co.kr), 한국신용평가정보(www.kesline.co.kr) 등이다. 기업의 신용조사를 하기 위한 해외신용조사기관의 사이트는 Anderson Counselling (www.ac.com), J. P. Morgan(www. jpmor gan.com), Moodys(www.moodys.com), World Trade Database(www. wtdb.com) 등이다.

## 3. 전자무역 청약과 승낙

전자무역계약은 웹(Web)화면을 통하여 매도인이 제시하는 조건에 따라 매수인이 동의한 사실을 표시하여야 계약이 유효하나. 전자적 의사표시는 직위나 변조의 위험성이 없는 컴퓨터의 연산작업에 의하여 정보처리절차를 거쳐 전달되는 의사표시를 의미한다

전자무역에서는 매수인이 인터넷상의 홈페이지나 E-Mail을 통하여 구입의사를 표시하면 유효한 청약이 된다. 전자무역에서는 매도인이 인터넷상의 홈페이지나 E-Mail을 통하여 매수인의 의사표시에 대하여 승낙의 의사를 표현하면 유효한 승낙으로 간주한다.

## 4. 전자무역 계약체결

전자무역에서도 승낙의 효력이 발생할 때 전자계약이 성립한다. 전자무역에서는 당사자의 의사와는 무관하게 발신자가 상대방으로부터 승낙을 표시하는 메시지를 수령한 때에 계약은 성립한다. 따라서 E-Mail에 의한 경우와 w.w.w.(Worid Wide Web)의 사이트를 이용하는 경우에는 피청약자의 승낙을 청약자가 수신한 때에 계약이 성립된 것으로 간주된다.

## 5. 전자무역 서류

전자무역 서류는 전자무역거래단계에서 준비되는 무역자동화의 표준화 문서 등이다. 그러므로 전자무역을 이행하고 전자무역 결제를 하기 위해서는 전자무역 서류를 구비하여 전자무역 대금결제 절차를 이행하여야 한다.

## 6. 전자무역 대금결제

소비자가 전자무역 대금결제에 활용하는 수단으로는 인터넷 신용카드에 의한 지급, 전자화폐에 의한 지급, 전자수표에 의한 지급, Trade Card에 의한 지급, 인터넷 가상은행을 이용한 전자자금 이체, 휴대폰 이용에 의한 지급, E-Mail에 의한 지급 등이 활용된다.

기업이 전자무역 대금결제에 사용하는 수단으로는 전자외상매출, 온라인 송금, 구매전용카드, 기업구매자금 대출 등이 활용된다. 기업과 금융기관 사이에는 금융 무역자동화를 이용하여 금액이전(金額移轉), 자금이체(資金移替)와 송금통지의 방식 등으로 전자무역 대금에 대한 결제를 하게 된다.

정부의 전자무역 대금결제수단은 독자적인 결제수단을 창안하기보다는 소비자와 기업의 전자무역 대금결제수단을 응용하여 사용하면 될 것이다.

# 제 23 장 전자거래분쟁과 해결

## 제 1 절 전자거래분쟁의 개요

### 1. 전자거래분쟁의 의의

전자거래분쟁은 전자무역 당사자의 일방이 전자무역계약의 내용을 충실히 이행하지 않았을 경우에 그로 말미암아 손해를 입은 당사자가 권리의 회복을 요구하거나 또는 손해의 배상을 청구하는 것을 의미한다. 즉 전자거래분쟁은 전자무역계약 당사자중 일방의 계약 불이행이나 계약위반에 대하여 상대방이 제기하는 계약의 해제 또는 해지, 인도 또는 인수의 거절, 환불의 요구 또는 손해보상의 요구 등을 의미한다.

전자거래분쟁이 발생하면 전자무역 당사자인 매도인과 매수인을 포함하여 인터넷 서비스 제공업사, 택배회사, 대금결제 관련 은행 및 인증기관 또는 신용카드 회사 등이 거래분쟁 관련 당사자가 된다. 따라서 전자무역에서 거래분쟁이 발생하면 전자거래 당사자는 기존의 고객이나 신규 거래자와 비대면의 상태에서 거래분쟁이 발생하는 것이기 때문에 가능한 최소의 비용으로, 단시간 내에 문쟁을 해결하도록 노력하여야 한다.

## 2. 전자거래분쟁의 유형

### (1) 구입물품과 관련한 전자거래분쟁

전자무역에서 구입물품과 관련한 거래분쟁은 다양한 유형으로 나타난다. 수입업자가 인터넷으로 주문한 물품이 배달된 후 확인한 결과 제품이나 프로그램이 인터넷상의 제품과 상이하거나 불량품인 경우, 불량품이나 반환 의사가 있어 반품과 환불을 요구하였음에도 불구하고 그 이행을 하지 않는 경우 등이 이에 해당한다.

### (2) 구입물품 대금결제와 관련한 전자거래분쟁

전자무역에서 구입물품의 대금결제와 관련한 거래분쟁은 주로 선급결제와 관련된 것이 많다. 수입업자가 대금을 지급하였음에도 불구하고 물품을 보내주지 않는 경우, 수입업자의 승낙이 없었음에도 불구하고 대금이 인출된 경우, 수입업자가 제품을 구매하지도 않고 서비스를 제공받지 않았음에도 불구하고 대금지급을 청구한 경우 등이 이에 해당한다.

# 제 2 절 전자거래분쟁의 해결

## 1. 전자거래분쟁의 해결 원칙

전자거래분쟁을 해결하는 데에는 일반 거래분쟁의 해결에서 활용하였던 직접해결 방법으로서의 청구권의 포기, 화해 등을 그대로 원용한다. 그리고 간접해결 방법으로서의 알선, 조정, 중재, 소송 등을 원용하여 해결한다. 일반적인 거래분쟁의 해결방법을 전자거래분쟁에 활용하는 것은 무역의 근원이 동일하기 때문에 무역거래자들이 전자적 매체를 이용하여 거래를 한다고 하더라도 해결을 할 때에는 같은 방법을 사용하게 된다. 다만 전자거래분쟁에서는 온라인 분쟁해결제도가 등장하였기 때문에 이를 근간으로 하여 해결하게 된다.

## 2. 온라인 분쟁해결제도

### (1) 온라인 분쟁해결제도의 의의

온라인 분쟁해결제도(on-line alternative dispute resolution: on-line ADR)는 온라인을 통하여 분쟁을 해결하는 제도이다.

### (2) 온라인 분쟁해결제도 제공기구[1)]

온라인 분쟁해결제도에는 세계지적재산권기구 분쟁중재센터(arbitration and mediation center: WIPO), 인터넷 주소관리기구(The Internet Corporation for Assigned Names and Numbers: ICANN), 온라인 옴브즈만 센터(on-line ombudsman office), 온라인 중재프로그램(better business bureau on-line) 등이 있다.

세계지적재산권기구 분쟁중재센터는 도메인 네임과 관련한 분쟁사건 및 지적재산권 분쟁처리 시스템을 개발하여 거래분쟁의 해결을 돕고 있다. 인터넷 주소관리기구는 온라인 도메인 네임과 IP주소에 대한 분쟁해결정책을 수립하고 시행하는 국제기구이다. 온라인 옴브즈만 센터는 대학과 비영리 단체가 운영하는 사적인 분쟁해결기구이다. 거래분쟁 당사자가 온라인 옴브즈만 센터에 온라인을 통하여 거래분쟁 해결을 신청하면 온라인 옴브즈만 센터의 조정인과 거래분쟁 당사자들이 E-Mail을 통하여 상호의견을 교환하고 조정인자가 제시한 조정안에 대하여 거래분쟁 당사자가 동의함으로써 해결하는 방법을 활용한다. 온라인 중재프로그램은 회원으로 가입한 자만 이용할 수 있는 거래분쟁 중재프로그램이다. 그래서 온라인 중재프로그램에 가입한 회원은 그 중재 판정에 구속을 받는다. 온라인 중재프로그램은 제3자에 의한 중립적인 중재절차를 온라인을 통하여 진행한다.

1) 정완용, 인터넷 전자거래의 법률관계에 관한 고찰, 한국법제 연구원, 2000.11., pp. 92-94 참조.

# 참고문헌

## 1. 국내문헌

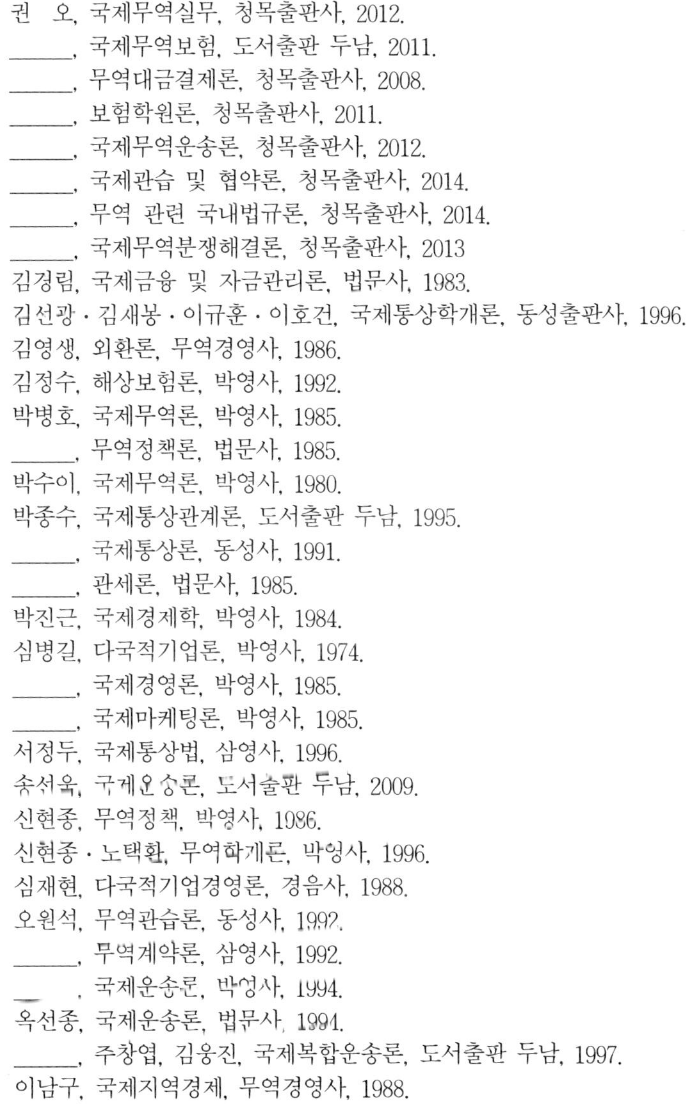


권　오, 국제무역실무, 청목출판사, 2012.
______, 국제무역보험, 도서출판 두남, 2011.
______, 무역대금결제론, 청목출판사, 2008.
______, 보험학원론, 청목출판사, 2011.
______, 국제무역운송론, 청목출판사, 2012.
______, 국제관습 및 협약론, 청목출판사, 2014.
______, 무역 관련 국내법규론, 청목출판사, 2014.
______, 국제무역분쟁해결론, 청목출판사, 2013
김경림, 국제금융 및 자금관리론, 법무사, 1983.
김선광 · 김새봉 · 이규훈 · 이호건, 국제통상학개론, 동성출판사, 1996.
김영생, 외환론, 무역경영사, 1986.
김정수, 해상보험론, 박영사, 1992.
박병호, 국제무역론, 박영사, 1985.
______, 무역정책론, 법문사, 1985.
박수이, 국제무역론, 박영사, 1980.
박종수, 국제통상관계론, 도서출판 두남, 1995.
______, 국제통상론, 동성사, 1991.
______, 관세론, 법문사, 1985.
박진근, 국제경제학, 박영사, 1984.
심병길, 다국적기업론, 박영사, 1974.
______, 국제경영론, 박영사, 1985.
______, 국제마케팅론, 박영사, 1985.
서정두, 국제통상법, 삼영사, 1996.
송선욱, 국제운송론, 도서출판 두남, 2009.
신현종, 무역정책, 박영사, 1986.
신현종 · 노택환, 무역학개론, 박영사, 1996.
심재현, 다국적기업경영론, 경음사, 1988.
오원석, 무역관습론, 동성사, 1992.
______, 무역계약론, 삼영사, 1992.
______, 국제운송론, 박영사, 1994.
옥선종, 국제운송론, 법무사, 1994.
______, 주창엽, 김웅진, 국제복합운송론, 도서출판 두남, 1997.
이남구, 국제지역경제, 무역경영사, 1988.

이대호, 신외환론, 형설출판사, 1995.
이시환, 신무역실무강의, 신양사, 2006.
______, 무역계약론, 대왕사, 2005.
______, 무역보험론, 대왕사, 2005.
정도영, 국제경제, 박영사, 1986.
정완용, 인터넷 전자거래의 법률관계에 관한 고찰, 한국법제연구원, 2000.11.
정인기, 수출입실무절차 해설, 조세통람사, 1999.
조동성, 국제경영학, 경문사, 1987.
한의영, 수출마케팅론, 박영사, 1979.
대한상사중재원, 중재제도 안내, 2004.
한국금융연수원, 금융총서, 환업무, 1992.
한국무역보험공사, 수출보험제도해설 제1권, 2009.
______________, 수출보험제도해설 제2권, 2009.
한국무역상무학회, ISBP 국제표준은행관습, 2003.

## 2. 日本文獻

久保新一・中川新義, 國際貿易論, 有斐閣, 1981.
龜井利明, マリン·リスクマネヅメントと保險制度, 千倉書房, 1982.
________, リスク・マネジメントの理論と實務, ダイセモント社, 1980.
大木一男, 船荷證券の實務的 解說, 成山堂, 1979.
藤井茂, 貿易政策, 千倉書房, 1967.
木村榮一, 海上保險, 千倉書房, 1978.
山本敬三, 國際取引法, 學陽書房, 1984.
石田貞夫, 改訂 貿易實務, 自桃書房, 1981.
小隆宮太郎・天野明弘, 國際經濟學, 岩波書店, 1972.
小島 淸, 交易條件, 勁草書房, 1956.
_______, 外國貿易, 春秋社, 1979.
_______, 低開發國の貿易, 1964.
_______・山澤逸平 譯, 國際貿易の新理論, グイヤモンド社, 1964.
松島 惠, 貨物海上保險概說, 成文堂, 1990.
小田正雄, 新い貿易政策, 千倉書房, 1980.
園乾治, 危險と保險, 文雅堂, 1978.
津田 昇, 現代外國爲替論, 千倉書房, 1980.
_______, 改訂 輸出マ-ケティング論, 東洋經濟新報社, 1977.
________, 貿易賣買と商慣習(第3版), 東京布井出版(株), 1982.
中村 弘, 貿易契約の基礎, 東洋經濟新報社, 1983.
東京銀行 編, 新版 貿易と信用狀, 實業之日本社, 1987.
日本海技協會, 海難の處理と海上保險, 日本海技協會, 1982.

## 3. 英美文獻


Aftalion, A., Monnaie, Prix et Change, Paris, 1927(재참조).

Aharoni, Y., *The Foreign Investment Decision Process*, Boston: Harvard University Press, 1966.

Aliber, R. Z., *A Theory of Direct Investment*, in C.P. Kindelberger(ed), The International Corporation, Cambridge: MIT Press, 1970.

Athearn James L., *Risk and Insurance*, Meredith Corporation, 1969.

Baglins Norman A., *Risk Management in American Multinational and International Corporation*, University Microfilms International, 1974.

Balassa, B., "Trade Liberalization and Revealed Comparative Advantage(R.C.A)," *Manchaster School*, Vol. 33, May, 1956(재참조).

______, *Trade Liberalization Among Industrial Countries*, McGraw-Hill, 1967.

Bastable, C. F., *The Theory of International Trade*, 4th ed., London, 1903(재참조).

Bickelhaupt, D. L., *General Insurance*, Irwin, 11th ed., 1983.

Brooke M. Z., and Remmers H. L., *The Strategy of Multinational Enterprise*, London, 1971.

Buckley, Peter J., & Mark Christopher Casson, *The Future of Multinational Enterprise*, New York: The Macmillan Press, Ltd., 1978.

Casson, M., *Alternatives to the Multinational Enterprise*, London, Macmillan, 1979.

Cateora, P. R., & J. M. Hess, *International Marketing*, 3rd ed., Illinois: Irwin, 1975.

______, International Marketing, 4th ed., Illinois: Irwin, 1979.

David Ricardo, "On the Principles of Political Economic and Taxation, 1917," *The Works and Correspondence of david Ricardo*, 2nd ed., by Piero Sraffa, Cambridge, 1970.

Dunning, J. H., Toward an Ecletic Theory of International Production, *Journal of International Business Studies*, Spring Summer 1980.

Fayerweather, J., *International Business Management*, McGrow-Hill, 1969.

______, *International Marketing*, 2nd ed., Prentice-Hall, Inc., 1970.

Goschen, G. J., *The Theory of the Foreign Exchange*, 1961.

Greene M. R., *Risk and Insurance*, 2nd ed., South Western Publishing Company, 1968.

Greene, M. R. & Trieschmann J. S., *Risk & Insurance*, 6th ed., South Western Publishing Co., 1984.

Greiner, L., Evolution and Revolution as Organization Grow, Harvard Business Review, July-August 1972

Gruber, W., Mehta, D., Vernon, R., The R&D Factor in International Trade and International Investment of United States Industries, Journal of Political Economy, February, 1967.

Haberler, G., *The Theory of International Trade*, W. Hodge and Company, 1936(재참조).

______, *International Trade and Economic Development*, National Bank of Egypt, 1590.

Hamilton, A., *Report on Manufactures, 1971, reprinted in a Documentary History of American Economic Policy Since 1789*, 2nd ed by W. Letwin, New York, 1961.

Harrod, R. F., *International Economics*, 4th., 1957; Alexander S. S., *Effects of a Devaluation on a Trade Balance*, IMF Staff Papers, April. 1952(재참조).

Haufbauer, G. C., *Synthetic Materials and the Theory of International Trade*, London, Gerald

Duckworth & Co., Ltd., 1965.

Head George L., *Risk Management Pross, Risk and Insurance Management Society*, Inc., 1978.

Heckscher, E. F., *The Effect of Foreign Trade on the Distribution of Income, Translated from Swedith and Reprinted in Readings in the Theory of International Trade*(American Economic Association Series), 1953(재참조).

Hume D., Political Discourse, 1752, *reprinted in Writing on Economics*, 2nd ed by E. Rotwin, 1955.

Hymer, S. H., *The International Operations of National Firms: A Study of Direct Foreign Investment*, Cambridge, Mass.: The M.I.T. Press, 1976.

_____, *United States Investment Abroad*, in Peter Drysdale ed., Direct Foreign Investment in Asia and Pacific, Australian National University Press, 1972.

Kemp M. C., The Mill-Bastable Infant-Industry Dogma, Journal of Political Economy, Feb. 1960.

Knickerbocker, F., *Oligopolistic Reaction and Multinational Enterprise*, Harverd University Press, 1973.

Kulp C. A. and Hall J. W., *Casualty Insurance*, 4th ed., The Ronald Press Company, 1968.

Leontief, W. W., *Domestic Production and Foreign Trade*, The American Capital Position Reexamined, Economica Internationale, 1954; Reprinted in Readings in International Economics, 1968.

Linder, S. B., *Trade and Trade Policy for Development*, Fredrik A. Praeger, Inc., N. Y. 1976.

_____, *An Essay on Trade and Transformation*, Uppsala: Almqviet & Wiksells, 1961

List, F., *Das National System der Politischen Ökonomie*, Bd. I, Stuttgart u. Tűbingen, 1841(Sammlung Sozialwissenschftlich Meister von Meisterr von H. Wäntig 1928)(재참조).

McDougall, C. D. A., *The Benefits and Costs of Private Investment from Abroad: A Theorical Approach, Economic Record*, 1960.

Mill, J., *Principles of Political Economy*, London, 1917; New York: Appleton, 1902(재참조).

Mowbray A. H., Blanchard R. H. and Williams, Jr C. A., *Insurance*, 6th ed., McGraw-Hill Book Company, New York, 1969.

Ohlin, B., *Interregional Trade*, Havard University Press(1933), Revised, ed., 1962.

Posner, M. V., *International Trade and Technical Change*, Oxford Economic Papers, Oct. 1961.

Ricardo, D., *The Works and Correspondence of David Ricardo*, Cambridge University Press, 1951 (재참조), vol. I, 'on the Principles of Political Economy and Taxation, Chapter Ⅶ.'

Rugman, A., *International Diversification and the Multinational Enterprise*, New York: Lexington Books, 1979.

Rybczynski, T. M., Factor Endowment and Relative Commodity Prices, *Economica*, 1955. 11.

Scammel W. M., *International Monetary Policy*, 2nd ed., 1961,

Smith, A., *An Inquiry into the Nature and Causes of the Wealth of Nations*, London, 1776(재참조).

Stolper, W. F. and Samuelson P. A., *Protection and Real Wage*, R. E. Stat., Nov. 1941(재참조).

Terpstra V., *International Marketing*, 3rd ed., The Dryden Press, 1983.

Vernon, R., *"International Investment and International Trade in the Product Life Cycle," Quartely Journal of Economics*, May, 1960.

_____, *Economic Environment of International Business*, 2nd ed., *Englewood Cliffs*, New Jersey:

Prentice-Hall, Inc., 1976., and Luois T. Wells, Jr., Manager in the International Economy, 4th 1951(재참조).

American Marketing Association(AMA), Marketing Definition: A Glossary of Marketing Terms, complied by the Committee on Definition of the American Marketing Association(AMA) 1960.

ICC, Incoterms® 2010, ICC publication No. 715E, 2010.

ICC, The Uniform Customs and Practice for Documentary Credits, 2007 Revision ICC Publication No. 600, 2007.

WTO, 2002, Rules of Origin Regimes in Regional Trade Agreements, WT/REG/W/45, WTO

WTO/GATT, General Agreement on Tariffs and Trade.

http://blog.naver.com/PostView.nhn?blogId=komec1&logNo

http://www.asie.co.kr

http://www.blog.naver.com

http://www.connectyou.com

http://www.customs.gov

http://www.iccwbo.org/incoterms/id3040/index.html

http://www.iregent.com

http://www.irmcentral.com

http://www.keic.or.kr

http://www.kli.co.kr

http://www.kr.gobizkorea.com

http://www.lmalloyds.com

http://www.logiskorea.co.kr

http://www.metalland.co.kr

http://www.modalohr.com

http://www.nemopan.com/762264

http://www.nhic.co.kr

http://www.ofmi.or.kr

http://www.rhlg.com

http://www.rightquote.com

http://www.spide.go.kr

http://www.the.or.kr

http://www.tradegoods.com

http://www.tywell.com

# 찾아보기

## ㄱ

ㅅ

ㅇ

A

B

C

D

E

F

G

H

## [저자 약력]


### 권 오

**경력** 경제학박사(건국대)
대한상사중재원 중재인/관세사시험 출제위원 및 선정위원/한국관세학회 고문
공무원 7급, 9급 시험출제위원/한국무역학회 부회장/한국통상정보학회 부회장/
관세청 민관합동규제개혁추진단 위원
관세청 세관선진화추진위원회 위원
기획재정부 관세심의 위원회 위원
한성대학교 사회과학대학 무역학과 교수

**수상** 기획재정부장관상 표창
교육부장관상 표창

**저서** 국제무역실무/현대무역학원론
국제무역보험론/무역대금결제론
국제무역운송론/보험학원론
국제무역분쟁해결론/국제무역관습 및 협약론/ 무역 관련 국내법규론 등

**논문** 해상운송인의 위험대응조치와 적하보험자의 책임에 관한 연구/UCP 600의 서류심사 기준과 eUCP 및 ISBP의 관련규정에 관한 고찰 외 다수

### 홍승린

**경력** 경제학박사(일본 마츠야마대)
한일경상학회 부회장/한국관세학회 부회장/
한국무역상무학회 부회장
Matsuyama University 객원교수 및 연구원
제주대학교 객원교수
기획재정부 세제발전심의위원회 위원
기획재정부 관세분과 평가위원
산업통상자원부 무역위원회(KTC)전문가
문화체육관광부 전문경력관 채용 심사위원
관세청 특허심사위원회 심사위원
Marquis Who's Who 인명사전 등재
경기일보 집필진
한성대학교 사회과학대학 무역학과 부교수

**저서** 무역실무테크닉90/물류개론/글로벌무역문화론/
무역시뮬레이션 등

**논문** e-아세안시대 ASEAN ICT기반 서비스의 수출경쟁력에 관한 연구/Empirical Analysis on Causation among Service FDI, Service Trade and Economic Growth: Evidence from Korea 외 다수



**국제무역의 이해**

초 판 1쇄 발행 —— 2014년 2월 25일
초 판 2쇄 발행 —— 2015년 8월 1일
초 판 3쇄 발행 —— 2019년 2월 20일
지은이 —— 권 오 · 홍 승 린
펴낸이 —— 전 두 표
펴낸곳 —— 도서출판 두남
서울시 강동구 성내로6길 34-16 두남빌딩
신 고 : 제25100-1988-9호
TEL : 02) 478-2065~7, 2311
FAX : 02) 478-2068
E-mail : dunam1@unitel.co.kr
http://www.dunam.co.kr

**정가 19,000원**

ISBN 978-89-6414-507-4 93320